本书由中南林业科技大学森林游憩与公园管理学科
相关经费资助出版

生态文化概论

吴章文　编著

科学出版社

北　京

内 容 简 介

本书从物质、精神、制度、行为四个层面介绍地球自然生态系统中的生态文化。全书共 10 章。第一章介绍文化、传统文化、生态文化的概念、类型、特征、结构、价值及生态文化产生的背景;第二章介绍森林文化;第三章至第六章介绍森林文化中的自然保护区文化、森林公园文化、绿道文化、竹文化;第七章介绍草原文化;第八章介绍荒漠文化;第九章介绍湿地文化;第十章介绍海洋文化及其与大陆文化的区别。旨在引导人们树立和加强生态意识,培养生态道德。

本书可供林学、园林、旅游、草原、湿地、海洋、生态、环境、文化、森林公园、自然保护、防治土地荒漠化等领域的科研、管理、规划等从业人员及广大爱好者使用。

图书在版编目(CIP)数据

生态文化概论 / 吴章文编著 . —北京:科学出版社,2014.6
ISBN 978-7-03-040677-4

Ⅰ.①生… Ⅱ.①吴… Ⅲ.①文化生态学-概论 Ⅳ.①G0

中国版本图书馆 CIP 数据核字(2014)第 102191 号

责任编辑:王海光 韩书云 / 责任校对:钟 洋
责任印制:吴兆东 / 封面设计:北京铭轩堂广告设计有限公司

科学出版社出版
北京东黄城根北街 16 号
邮政编码:100717
http://www.sciencep.com

北京天宇星印刷厂印刷
科学出版社发行 各地新华书店经销

*

2014 年 6 月第 一 版 开本:787×1092 1/16
2025 年 1 月第四次印刷 印张:16 1/4
字数:308 000
定价:88.00 元

我认为：从世界文化的发展趋向看，中国文化包括中国道德的精华，在二十一世纪的将来，会在人类精神文明的发展中，发挥更重要的作用。这是我所期望的。

——季羡林

序

人类进入工业社会以来,科学技术成为推动社会进步的主要动力,创造了工业文化,建设了工业文明。但是,工业社会的激烈竞争和追求利润最大化、滥伐森林、丧失物种、污染环境,破坏了人类明天的生活基础,导致生态环境恶化,自然灾害频繁出现,这是大自然对人类的惩罚。

进入 21 世纪,人类从长期对自然的索取、掠夺、破坏而遭受到的惩罚中逐渐觉醒,一个从征服自然、破坏自然到回归自然、珍爱自然的新理念正在形成。因此,进行生态教育、培养生态道德、规范生态行为、提高人类对生态文化的认识、牢固树立生态文化意识是解决生态问题的重要措施之一。

生态文化作为一种新的社会文化现象,摒弃了工业文化中的"反自然"性质,摒弃了人类统治自然的思想,促使人们形成尊重自然、与自然和谐共处的世界观和价值观,这是建设生态文明的基础和支撑。

《生态文化概论》一书,系统介绍了文化、传统文化、生态文化的概念、特征、类型及其产生与发展,从物质、精神、制度、行为四个层面详细阐述了生态文化的内涵,对于探讨当代中国生态文化的核心内容,呼唤人们的绿色生态意识,倡导生态文化教育,提升人们生态道德行为等具有前瞻性和创新性,对于建设生态文明,培养"有理想、有文化、有道德、有纪律"的四有新人,提升全民生态意识,实施生态文化教育,都具有很好的启发意义。

原科技部部长
中国科学院院士

2014 年 3 月 16 日

前　言

研究生态文化,需要关注生态和文化两个方面的问题。首先要弄清什么是生态,什么是文化,研究生态文化的意义何在。

生态,从字面上简单理解就是指生物的生存状态。生物生存离不开环境,研究生物有机体与其周围环境之间相互关系的学科称为生态学。随着科学的发展,当今生态的研究内容已经不是通常意义上研究生物与环境之间的关系,而是以生态系统的结构、功能及其控制机制为重点。生态系统,是指在一定空间和时间范围内,生物与非生物环境通过能量流和物质循环所形成的一个相互联系、相互作用并具有自动调节机制的自然整体。人是生态系统中的一员,也应该是生态系统的研究重点之一。

余秋雨先生认为,文化是一种已经变成了习惯的生活方式和精神价值。地球上有了人就有了文化,所有的文化都是人与自然关系的结晶。也就是说人的所有行为都蕴含了文化与生态。人类行为道德的最高境界是尊重自然规律和生命秩序。

宣裕方先生认为,生态文化是人与生态环境一体的认识,生态观内化成主体的思维习惯,并在行为中得到体现,以形成一定的生态文化的社会氛围。作者认为,生态文化是一种以社会主义核心思想文化为价值观,以“天人合一”的生态观为行动的生活方式和精神价值。

21世纪是生态世纪,是文化世纪,是人类社会发展的新阶段,将以生态文明替代工业文明,生态文化将成为21世纪的主流文化。因此,认真研究生态文化,树立生态意识,培养生态道德,规范人类行为,建设生态文明,促进社会和谐、持续发展是每个公民的责任。

本书介绍了森林文化、草原文化、荒漠文化、湿地文化和海洋文化。因为森林文化类型多样,涵盖面广,所以书中对森林文化中的自然保护区文化、森林公园文化、绿道文化、竹文化等做了单独叙述。

中国林业在生态文明建设的环境下,将迎来新一轮的发展。生态文化是生态文明建设的重要组成部分,是一个由自然科学和人文社会科学相互交叉融合的综合型学科。对培养生态意识和生态道德,提高人文素质有极为重要的作用,生态文化学、森林文化学等学科群的建设将对我国高等教育,特别是高等林业教育跨越式发展起到决定性作用。

　　本书在编写过程中参考了许多前辈与同行的著作和文献；中南林业科技大学祁承经教授为本书提供了武陵松资料；谢朝柱教授为本书提供了竹产业相关资料；浙江农林大学俞益武教授协助作者搜集了西天目山柳杉相关资料；金旻、李世东、吴敏等为本书提供了古树名木、绿道等有关资料；文首文博士对本书的内容选择及编排提出宝贵建议；编写过程中得到了贺江华、权书文、史俊刚、张双全、梅刚、胡亮梓等硕士研究生和叶晔博士的帮助和支持，一并表示衷心感谢。

2013 年 6 月 5 日

目　　录

第一章　文化概述

21世纪是文化的世纪。文化作为人类的生存方式，是人类创造的，有了人就有了文化，文化与人类一样古老。文化具有与人类同样长的历史。文化，是一个国家和民族的灵魂。

第一节　传统文化

当今世界关于文化的定义已有260多种[1]。不同时代、不同民族、不同学科、不同学者对文化的理解和界定不同。例如，20世纪美国人类学家阿尔弗雷德·克洛依伯和克莱德·克拉克洪1952年出版的《文化：概念和定义批判分析》一书归类出9种基本文化概念，它们分别是：哲学的、艺术的、教育的、心理学的、历史的、人类学的、社会学的、生态学的和生物学的[2]。19世纪英国诗人和文学批评家马修·阿诺德认为文化就是求知的完美，是怎样来获知这世界上同我们有关的最好的思想。文化因此有一种激情，一种追求甜美和光明的激情。而且两者是相通的，凡追求甜美的人，到头来会得到光明；追求光明的人，到头来也能得到甜美[3]。

笼统地说，文化是一种社会现象，是人们长期创造形成的产物，同时又是一种历史现象，是社会历史的积淀物。确切地说，文化是指一个国家或民族的历史、地理、风土人情、传统习俗、生活方式、文学艺术、行为规范、思维方式、价值观念等[4]。世界上每个民族、每个国家都有自己独特的文化，民族文化是民族身份的重要标志。从民族节日和文化遗产中，人们能够深切感受到世界文化多姿多彩。

一、文化的定义

"文化"是中国语言系统中的一个非常古老的词汇，其含义极其丰富。1999年出版的《辞海》对文化的广义解释是指人类在社会实践过程中所获得的物质、精神的创造能力和创造的物质、精神财富的总和。狭义的解释是指精神生产力和精神产品，包括一切社会意识形态、自然科学、技术科学；有时又专指教育、科学、文学、艺术、卫生、体育等方面的知识与设施。《辞源》中定义：文化今指人类社会历史过程中所创造的全部物质财富和精神财富；也特指意识形态。

美国人类学家F.普洛格和D.G.贝茨认为，文化是学习，文化是一种适应方式。

英国人类学家泰勒（E. B. Tylor，1832～1917年）是西方社会第一个系统界定文化的学者，在《原始文化》（*Primitive Culture*，1871）一书中将文化定义为：整个生活方式的总和。这本书中指出文化是复杂的总体，它包括知识、信仰、艺术、道德、法律、风俗及其他作为社会一份子所习得的任何才能与习惯，是人类为使自己适应其环境和改善其生活方式的努力的总成绩。

在拉丁语中，文化（culture）一词是"耕种"、"栽培"的意思。这种用法至今仍在以英语为母语的国家中使用，如农业（agriculture）、园艺（horticulture）等。此外还有"改进"、"发展"的涵义，如小麦改良（culture of wheat）等。西方早期把文化定义为：人类使土地肥沃、种植树木和栽培植物所采取的耕耘和改良措施[5]。

文化是人类独有的现象，它是人对自身的生物性的加工，并对这个生物性做出某一程度的调整[6]。

在我国典籍中，"文化"一词源于《周易·贲卦》中的"观乎天文，以察时变。观乎人文，以化成天下。"意思是说，观察天的规律，以明四时变化。观察人的伦常，以教化天下。西汉文学家刘向禹（公元前77年至公元前6年）最早合用"文化"二字。他说："圣人之治天下，先文德而后武力。凡武不兴，为不服也，文化不改，然后加诛。夫下愚不移，纯德之所不能化，而后武力加焉"[7]。这里，文化主要指人的道德伦常，是与武力镇压相对应的"文德教化"。我国近代学者梁漱溟认为，文化乃是"人类生活的样法"（1920年）。蔡元培认为，文化是人生发展的状况（1920年）。梁启超说："文化者，人类心能所能开释出来之有价值的共业也"（1922年）。胡适说："第一，文明（civilization）是一个民族应付它的环境的总成绩；第二，文化是文明所形成的生活的方式"（1926年）[8]。在这里，我们是从人与自然关系的角度来理解文化。从这样的视角，文化是人类适应自然的生存方式。或者，文化是人类在自然界生存、享受和发展的一种特殊的方式。弗洛伊德说："人类文化——我说的是人类赖以生活并超脱其动物性并区别于动物生活的一切"[9]。人以"文化"把自己同动物区别开来。动物以本能的方式生存，它现成地利用地球资源。当环境发生变化时，动物以自身的变化去适应环境。人以文化的方式生存，用劳动改变环境，以使自然界满足自己的需要，包括适应和使之适应这两个方面。人以文化的方式生存，这是人与动物的本质区别。

所谓文化，指代表一定民族特点的，反映特定历史阶段政治、经济的状况，具有知识价值的精神成果的总和，它是一个包括哲学、宗教、科技、文学、思维方式、风俗等在内的有机整体[10]。

我国文化学家梁漱溟认为："文化，就是吾人生所依靠之一切"，"俗以文字、文学、思想、学术、教育、出版等为文化，仍是狭义的"，"我今天说文化就是吾所依靠的一切，意在指示人们，文化是极实在的东西。文化之本意，应在经济、政治，乃至一切无所不包"[11]。

著名学者钱穆认为"文化即是人类生活的大整体,汇集起人类生活之全体即是'文化'"[12]。

黄高才先生在《中国文化概论》中给文化下的定义是:"文化一方面是指人类在改造自然、优化自身生存环境过程中所创造的,能够见证人类社会发展历史,体现人类智慧和创造精神的历史遗迹、文物、语言文字和符号象征等;另一方面是指人类所创造的各种精神财富,其中主要包括文学、艺术、教育、科学和人们普遍认同的公共道德准则等"[13]。

周一良先生把文化分为三个层次:狭义的、广义的、深义的。前二者用不着再细加讨论,对于第三者,深义的文化,周先生说:"在狭义文化的某几个不同领域,或者在狭义和广义文化的某些互不相干的领域中,进一步综合、概括、集中、提炼、抽象、升华,得出一种较普遍地存在于这许多领域中的共同东西。这种东西可以称为深义的文化,也即一个民族文化中最为本质或最具有特征的东西"[14]。

李军林先生在《中国传统文化概论》中,也将文化分为三个层次,即广义的文化、狭义的文化和专义的文化。广义的文化和狭义的文化不再叙述,专义的文化是指沿袭传统和现实生活中人们对文化的直观理解,即将文化理解为文学、艺术、音乐、戏剧、舞蹈等为主的艺术文化。例如,人们熟知的我国文化部门所管辖的范围。

吴必虎和刘筱娟在《中国文化通志·景观志》中给文化的定义是:"人类在特定的地理区域和历史时期内进行的一切能对自然环境和社会环境产生影响的物质生活和精神活动的过程及其结果的积累。"

著名文学大师余秋雨说:"文化是一种包含精神价值和生活方式的生态共同体。它通过积累和引导,创建集体人格。"这是世界上最短的文化定义之一。余秋雨在答中央电视台主持人马东提问时又说:"文化是一种已经变成了习惯的生活方式和精神价值。"宣裕方认为,人类以人的方式繁衍生息,这种方式就是义化[15]。

关于文化的定义,有260多条,不必一一陈述。当代学者大多认为,文化是自然的人化或人化的自然,即人类主体通过社会实践活动,适应、利用、改造自然界客体而逐步实现自身价值观念的过程。

尽管不同学者从不同的视觉对文化的界定不同,但是有一点大家都明确,即文化的核心问题是人,文化是由人创造的,为人所用的东西,一切文化都是属于人的,纯粹自然的东西不属于文化范畴。例如,野苹果是纯自然的果实,不是文化,而经过人工栽培的苹果成为文化载体;若果农在其生长过程中采取措施,让苹果表皮呈现出一些吉祥、祝福之类的文字,这种苹果就带有文化色彩,但是不能说这种苹果就是文化。海南岛的野生稻谷是纯自然的野生稗子,经过袁隆平等的杂交培育,生产出的杂交水稻也就有了文化色彩。因此,在学习文化时,必须将文化本质与文化现象、文化本身与文化载体予以区别。

也有学者认为文化的概念不能太宽泛。例如，王卫平认为，文化成了包罗万象的"筐"，什么都可以往筐里装，衣、食、住、行都成了文化，不同职业也变成了文化，诸如教师文化、警察文化等。文化研究泛化的结果实际上是消解了文化，削弱了文化的价值，不利于真正文化的发展与繁荣。文化再宽泛也是有边界的，不能无限地泛化。泛化的结果只能是消解了文化[16]。

二、传 统 文 化

传统文化是指在长期的历史发展过程中形成和发展起来的，保留在每一个民族中间具有稳定形态的文化。传统文化强调的是文化的本源和沿着这个本源传承下来的全部文化遗产，它不限于时代，是迄今为止中华民族经过筛选、淘汰、不断丰富又不断增长的人文精神的总和。传统文化是对文化的传承而言，讲究传统不等于复古。

中国传统文化是指在长期的历史发展过程中形成和发展起来的，保留在中华民族中间具有稳定形态的文化，包括思想观念、思维方式、价值取向、道德情操、生活方式、礼仪制度、风俗习惯、宗教信仰、文化艺术、教育科技等层面的内容。文化是一种延绵不断、前后相继的传承，今天的文化是昨天的文化演进而来，明天的文化是今天文化的延续。也就是说传统文化有过去式、现在式和将来式。中国从夏商周至春秋战国，从秦汉魏晋至唐宋元明清，从新中国成立至今出现的观念形态文化都是传统文化。传统文化是一种连接过去、现在和将来的生命之流，是中国人的精神生命。

季羡林先生对传统文化有独到的见解，原文引用如下[17]。

中国传统道德是中国传统文化当中最精华的内容，它在世界人类文明遗产中的特殊性非常之明显。为什么这么说呢？因为世界上任何国家，从古希腊一直到古印度，尽管每个国家都有自己的道德规范，每个民族都有自己的道德规范，可是内容这么全面、年代这么久远、涉及面这么广泛的道德规范，在全世界来看，中国是唯一的。现在中国周围这些国家，像日本、韩国、越南等，有一个名词叫汉文化圈，属于汉文化圈的国家基本上都受我国的影响。

中国人的民族精神集中表现在爱国主义精神，自强不息的开拓进取精神，无私无畏的担当精神，百折不挠的顽强拼搏精神，艰苦奋斗的创业精神，虚怀若谷的包容精神等方面。中华民族的传统美德表现在勤劳俭朴、尊老爱幼、知恩图报、宽厚仁爱、诚实守信、重义轻利、谦和礼让、大公无私等方面。中国人崇尚和谐、做事不走极端，求大同存小异，以和为贵；强调"天人合一"，尊重自然规律，顺应天时，追求天人和谐；凡事坚持以人为本，注重人的价值，强调人的作用，强调人的自由、平等、博爱；重礼崇德，重视人的精神塑造，推崇仁、义、礼、智、信，强调讲诚信、礼义、谦和、敬业、乐群、责任、创新、廉洁、兼听、宽容，以此自律。孔子曰："为之不厌，诲人不倦"，

"发愤忘食，乐以忘忧"，要求做人应积极有为，勇于进取，自强不息。这些都是中国传统文化的精髓。

季羡林先生关于"天人合一"的新解释全文载录如下。

什么叫"天人合一"呢？"人"，容易解释，就是我们这一些芸芸众生的凡人。"天"，却有点困难，因为"天"字本身含义就有点模糊。在中国古代哲学家笔下，天有时候似乎指的是一个有意志的上帝。这一点非常稀见。有时候似乎指的是物质的天，与地相对。有时候似乎指的是有智力有意志的自然。我没有哲学家精细的头脑，我把"天"简化为大家都能理解的大自然。我相信这八九不离十，离开真理不会有十万八千里。这对说明问题也比较方便。中国古代的许多大哲学家，使用"天"这个字，自己往往也有矛盾，甚至前后抵触。这一点学哲学史的人恐怕都是知道的，用不着细说。

谈到"天人合一"这个命题的来源，大多数学者一般的解释都是说源于儒家的思孟学派。我觉得这是一个相当狭隘的理解。《中华思想大辞典》说："主张'天人合一'，强调天与人的和谐一致是中国古代哲学的主要基调。"这是很有见地的话，这是比较广义的理解，是符合实际情况的。我现在就根据这个理解来谈一谈这个命题的来源，意思就是，不限于思孟，也不限于儒家。我先补充上一句：这个代表中国古代哲学主要基调的思想，是一个非常伟大的、含义异常深远的思想。

我认为"天"就是大自然，"人"就是我们人类。天人关系是人与自然的关系。我理解的"天人合一"是讲人与大自然合一。

三、文化的分类

（一）世界四大文化系统

世界上不同地区、不同国度的民族创造了各具特色的文化，其中最著名的四大文化系统如下。

中华文化系统，又称儒家文化系统，涵盖或辐射了中国、日本、朝鲜、韩国、越南等东亚和东南亚国家。

印度文化系统，又称印度佛教文化系统，涵盖或辐射了印度等南亚地区。

阿拉伯文化系统，也称伊斯兰教文化系统，涵盖或辐射了阿拉伯半岛、中东、北非等地区。

西方文化系统，也称希腊罗马文化系统，又称基督教文化系统，涵盖或辐射了欧洲、美洲、大洋洲。

在这四大文化系统中，中国文化以其博大精深、源远流长、延绵不断而独具特色[18]。

（二）中国文化的分类

中国地域辽阔、气候类型复杂、生物多样性丰富、历史悠久、人口众多、民族多样。不同民族、不同地区、不同历史时期创造的文化差异很大。因此，中国文化的类型十分丰富，大致可按下列方式予以分类。

1）按存在形式划分：物态文化（又称物质文化）、心态文化（又称精神文化）、制度文化、行为文化。

2）按认同程度划分：主流文化、亚文化、反文化。

3）按内涵差异划分：高级文化、大众文化、深层文化。

4）按历史时期划分：先秦文化、秦汉文化、唐宋文化、明清文化等。也有将其划分为史前文化、先秦文化、秦汉文化、魏晋南北朝文化、隋唐文化、五代宋文化、元代文化、明代文化、清代文化、民国文化。还有将"五四"新文化运动以前的文化称为古文化或旧文化，将"五四"以后的文化称为新文化或现代文化，即按历史时期又将文化分为古代文化和现代文化两大类。

5）按社会属性划分：自然文化、社会文化、科技文化。

6）按生态系统划分：陆地文化、海洋文化、湿地文化等。

7）按地域划分：中国文化以黄河文化和长江文化为主体，以黑龙江文化和珠江文化为两翼，将其细分为中原文化、齐鲁文化、三晋文化、吴越文化、巴渝文化、湖湘文化、西域文化、徽州文化、荆楚文化、燕赵文化、三秦文化、关东文化、岭南文化、闽南文化等。

8）按民族种类划分：中国56个民族有56种民族文化，即汉文化、蒙古族文化、藏族文化、维吾尔族文化、高山族文化、鄂伦春族文化、鄂温克族文化、土家族文化、苗族文化、侗族文化、白族文化、锡伯族文化等。即使同一个民族在不同地域，文化差异也很大。例如，不同地区的苗族，风俗习惯大不相同。瑶族有盘瑶、花瑶、过山瑶、平顶瑶等不同族系，其风俗习惯、生产生活方式所体现的文化差异也很大。

9）按所属行业划分：农业文化、工业文化、商业文化、环境文化、军事文化、医疗文化、医药文化、建筑文化、钢筋文化、水泥文化、陶瓷文化、丝绸文化、纺织文化、运输文化、旅游文化、园林文化、宗教文化、手工业文化等。

10）按植被类型划分：森林文化、草原文化、湿地文化、荒漠文化、草坪文化等。

11）按生物种类划分：竹文化、松文化、梅文化、兰文化、菊文化、玉米文化、小麦文化、水稻文化、油菜文化、油茶文化、猴文化、狗文化、蛇文化等。

12）按用途划分：服饰文化、饮食文化、酒文化、茶文化等。

13）按社会阶段划分：渔猎文化、农耕文化、工业文化、生态文化。

14）按民俗节日划分：春节文化、清明节文化、端午节文化、中秋节文化、重阳节文化、冬至文化等。

四、文化的结构

(一) 文化的层次

1. 文化特质

文化特质又称为文化元素，是指具有独立文化意义的最小文化单位。文化特质既可以用物质产品来表示，也可以用非物质产品来表示。

2. 文化丛

文化丛又称为文化特质丛或文化集丛，由两个或两个以上功能上相互整合的文化特质构成，这些文化特质彼此为一体，表达一定范围内的文化意义。

文化丛是在一定时间、空间产生和发展起来的一组功能上相互整合的文化特质丛体，如山区的石文化丛、南方的竹文化丛、东海的渔文化丛、沿海的盐文化丛等。

文化丛从某种意义上可以看做一个功能上相互整合的文化特质群，即文化群。大的有工业文化群、城市文化群、乡村文化群；小的有食品文化群、建筑文化群；精神文化上有作家文化群、画家文化群等。

3. 文化系统

文化系统是多种文化特质或多个文化丛经过长期的接触、融合而形成的具有鲜明特征的有机整体——文化共同体，是文化类型与文化模式的统一。

文化模式是文化结构和功能的统一表现。

4. 文化类型

文化类型是各种文化形态体系最有特色的、最能显示一种文化本质属性的特征。

(二) 文化的地位构成

1. 主文化

主文化又称为主体文化或主流文化，是指一个社会中占主导地位的、并为全体社会成员所共同分享的文化。任何一个社会都有自己的主流文化。主文化也就是人们常说的"官方文化"或"大传统"。

2. 亚文化

亚文化又称为副文化或次文化，是指与主文化相对应的那些非主流的、局部的文化现象，是指在主文化或综合文化的背景下，属于某一区域或某个集体所特有的观念和生活方式，一种亚文化不仅包含着与主文化相通的价值与观念，也有属于自己的独特的价值与观念。亚文化是一个相对的概念，是主体文化的次属文化。

3. 反文化

反文化是一种特殊的亚文化，又称为反主流文化或对立文化，是一种否定和排斥主流文化的亚文化，或者说是与主流文化相对立的亚文化。其包括消极落后的反文化、积极超前的反文化[19]。

（三）文化系统的空间构成

1. 文化中心

文化中心是指文化特质在地理位置上分布最集中的地方，它通过文化扩散对文化区产生影响。

2. 文化区域

也称为文化区，是指在文化特征和生活方式上具有同质性的一定区域。

3. 文化圈

一定区域的类似文化丛相连接，其主要的文化特质内容相似或者基本相同，这种地理上相关联的文化现象群称为文化圈。

就大小而论，大则种族、民族、国家、东西半球；小则城镇、村落、风俗区等。凡人类共同生活环境所形成的社会的、语言的、风俗的、道德的、宗教的等共同文化特质群集均可以称为文化圈。例如，宗教文化圈包括佛教文化圈、基督教文化圈。人种文化圈：白种人文化圈、黄种人文化圈、黑种人文化圈。常用的还有华人文化圈、东亚文化圈、汉文化圈、儒家文化圈、东方文化圈、西方文化圈等。

4. 文化边际和边际文化

文化边际指文化的边缘地带，或两种文化的交界地带。一般说来，一种文化的中心地带，往往位于该文化的起源地附近，往往具有比较稳定的、最能代表本文化特色的文化特征。该文化的力量在中心地带最强，因而它接受外来文化影响相对较少。然而在文化模式的边缘地带，本民族的文化特征大大减弱，外来文化的影响较中心文化增强。边际文化是指两个或两个以上文化区域的交汇处出现的一种混合文化。一个文化区域有中心区和边缘处，中心区是该文化的发源地，保存着本民族的最纯粹的文化。边际文化也常出现两种以上文化的混合[20]。

五、文化的价值

文化是一种财富，而且是一种可以产生另一种财富的财富。文化与经济密不可分，文化产业是现代经济的重要组成部分，文化是社会经济发展水平的重要体现，是社会文明程度的重要标志。

（一）价值和价值观

文化可以提高人的素质，可以凝聚人心，可以提供动力，可以塑造形象。著名文学大师余秋雨认为："文化能够滋润生命，生命也能够滋润文化。"这是对文化价值及人与文化关系的高度肯定。

价值是文化精神固有的属性。朱志勇认为："一种文化的精神，就是它实际具有的态度、情感和价值观的总和。"

价值观是指人们对周围可观事物的反映，包括对周围人、事、物的总体看法和评价，是社会成员用来评价人和事物的准则。价值观是人们对利益的认识、判断和选择。在多种多样的利益中，个人利益和公共利益是两种最根本的利益。由这两种利益衍生出的个人主义价值观和集体主义价值观，对其他多种价值观起着支配作用、主导作用，是两种核心价值观。从根本上说个人主义价值观和集体主义价值观是对立的，经常冲突、博弈、交锋。从人类思想观念演变历史看，这两种价值观又常常呈现相互渗透、相互补充的现象。个人主义和集体主义是原始社会解体后到私有制彻底消灭前人类社会中存在的两种最基本的价值观。这两种价值观是社会历史发展的产物。

社会是由个人组成的，个人要求有个人的权利和利益，这是经济存在决定的，随着社会文明和法制进步，个人权利得到张扬。如果不看重个人利益，个人积极性不高，社会就没有活力；如果个人主义猖獗，民族就会失去凝聚力。一个国家只有靠个人的集体主义价值观和民族的凝聚力才能走向繁荣富强。这就是说个人主义、集体主义都不能绝对化、极端化。个人主义价值观极端化，必然导致过分追逐个人利益，而把个人主义绝对化，将导致无政府状态，销蚀一个国家的竞争力，国家利益将会严重受损。把集体主义极端化、绝对化，会严重压抑个人的创造性和对幸福生活的追求，使社会发展失去活力[21]。

（二）社会主义核心价值观

社会主义核心价值观是一种既尊重个人利益，又维护集体利益，实现集体利益与个人利益有机统一的先进价值观。在社会主义核心价值观的激励下，中国人民有共同的理想、追求，这就为中国改革发展和社会进步提供了明确的方向和奋斗目标，而对共同奋斗目标的认同和追求，形成了支撑国家发展的持续的精神动力。

国家发展、民族振兴、人民幸福，不仅需要雄厚的经济实力，而且需要先进思想文化的引领，需要强大的思想文化力量。当今中国，作为思想文化的主题和主流，社会主义思想文化居核心地位。社会主义思想文化坚持以马克思主义为指导，高扬爱国主义、集体主义、社会主义的思想精神；坚持为广大民众服务；坚持面向现代化、面向世界、面向未来；坚持传承与创新统一；坚持用社会主义核心价值体系引领社会思潮。

社会主义核心价值体系是社会主义思想文化的核心部分，包括马克思主义指导思想、中国特色社会主义共同理想、以爱国主义为核心的民族精神、时代精神、社会主义荣辱观等内容。社会主义思想文化弘扬和培育中国人的民族精神和时代精神，用井冈山精神、长征精神、延安精神、西柏坡精神、雷锋精神、铁人精神、"两弹一星"精神、抗洪救灾精神、抗震救灾精神、北京运河精神、载人航天精神，来鼓舞斗志，激发热情与活力。

任何一个国家和民族文化发展，都是在传承既有文化的基础上改革、创新而得以发展的。中国是个文明古国，具有博大精深、源远流长的璀璨文化。中华文化具有海纳百川、地承万物之气魄，丰富多彩，充满活力，远播四方，影响深远；继承中国传统文化中以民为本，坚韧刚毅、自强不息、平等和谐、亲仁善邻、独立自由、团结谦让；勤劳节俭的优秀人文品格和道德风尚，以优秀的社会主义核心价值思想建设新时期的新文化，建设生态文明。

中国文化的价值在于以先进的马克思主义科学思想引导社会成员选择价值取向，坚持集体主义价值观，建设社会主义核心价值体系，逐步地、全面地、系统地实现社会主义道德信念和核心价值，以强大的思想文化力量引领社会发展、国家富强、民族振兴、人民幸福[22]。

六、文化与文明

文化与文明有明显区别。文化是人类社会历史过程中所创造的全部物质财富和精神财富，是意识形态，是灵魂；而文明主要指行为或事物表象，是与野蛮对应的词语，按摩尔根的说法是指野蛮时代后的一个特定阶段即文明时代才有的特征。文化涉及人类的能力、活力和创造的产物，内容广泛；而文明则看重结果。文化产物中有精华有糟粕，可区分为先进文化、落后文化、腐朽文化、反动文化等；而文明只取文化中的先进文化、积极成果，《中国大百科全书》对文明的诠释是："文化中的积极成果作为人类进步和开化状态的标志，便是文明"[23]。

为进一步说明文化与文明的区别，特将季羡林教授对文化与文明的释义抄录如下。

文化与文明两词，在报纸上随处可见，但它们究竟是什么关系呢？如果你查英文词典，会得不到答案，因为"culture"和"civilization"均既指文明又指文化。尽管如此，它们之间还是有差别的，虽然，这两个范畴有相交的地方。具体而言，首先从字源上说，"culture"有"培养"的意思，指"栽种"，而 civilization 是从 civil 来的，字源不一样，有差别。其次，从对立面讲，文化的对立面是愚昧；文明的对立面是野蛮。愚昧主要指智慧的低下，而野蛮则主要指言行粗俗，因而区分是显而易见的。社会科学不同于自然科学，定义非常难下，现存的对文明与文化的定义不下五六百个，谁也不能说服谁。因而我们求其理解，不求定义，明白文化与文明有统一也有区别。国外对此的理解也有区别，英国汤因比（A. J. Toynbee, 1889 ~ 1975 年）的《历史研究》（*Historical Studies*）中把七千年来人类创造的文化归为 23 种文明，而在中国，应该是用文化而非文明。咱们现在天天讲弘扬中国文化，我觉得有很多人混淆了这两个概念。

第二节　生 态 文 化

文化是人类创造的，已成为人类的生存方式，是人类的生存手段和工具。人类用文化解决生存问题，解决人与自然之间的现实矛盾。

生态文化包括陆地生态文化、湿地生态文化、海洋生态文化、社会生态文化，等等。

一、生态文化产生的背景

人类在 300 万年的渔猎文化时期，为了生存导致生物物种损失；在 1 万多年的农耕文化时期，除了破坏森林和破坏土地的生态问题外，仍然存在着物种丧失问题；进入工业文化时期才 200 多年，创造的财富远比过去几百万年创造的财富要多得多。就在人类创造财富的同时，人与自然的矛盾从对立发展成为对抗，环境污染、生态破坏和物种丧失非常严重，导致人类生存危机。工业化的发展和扩大，人口数量的急剧增长，不断进步的科学技术在生产中的应用，社会经济和财富的巨大发展，使人类成为引起全球变化的最重要力量。正如意大利学者、罗马俱乐部创始人 A. 佩切伊指出的："人类创造了技术圈，入侵生物圈，进行过多的榨取，从而破坏了人类自己明天的生活基础。如果我们想自救的话，只有进行文化性质的革命，即提高对站在地球上特殊地位所产生的内在的挑战和责任及对策略和手段的理解，进行符合时代要求的那种文化革命"[24]。

目前人类面临着一系列全球性的严重问题：核毁灭的威胁，全世界环境退化的威胁，人口过多的威胁，发展中国家与经济发达国家之间的差距扩大、矛盾加深的威胁，公共道德和个人道德的沦丧的威胁等。这些问题表明：人类世界历史进程将会经历一次重大的历史性转折，人类文化将从传统文化走向一种新的生态文化。这是历史发展进程的必然选择。

随着工业的快速发展，城市化进程的不断加快，人和社会需求的不断增长，环境问题越来越严重。目前人类面临以下严重的环境问题。

（一）生态破坏，物种丧失

远古时候地球陆地表面，大部分地区覆盖着森林，至 18 世纪 60 年代世界工业革命开始时，全球尚有 76 亿 hm^2 森林。200 多年来，每年损失森林 600km^2，至 20 世纪 80 年代全球森林面积减少至 28 亿 hm^2，每年丧失的森林面积仍高达 1700 万 ~ 2000 万 hm^2，现在仅存 20 亿 hm^2，人均森林面积只有工业革命开始时的 1/80。全世界的森林锐减，森林生态系统遭受严重破坏。

湿地是地球上重要的生态系统之一。湿地被开垦、改造、污染、生物资源的过度利用、泥沙淤积和水资源的不合理利用，导致湿地不断退化和消失，造成水土流失加剧，水旱灾频繁等许多自然灾害。我国海岸湿地被围垦的面积达 119 万 hm^2。我国 20 世纪 50 年代有 5 万 hm^2 红树林，现在不足 2 万 hm^2，减少了 3 万 hm^2。号称"千岛之省"的湖北省，清朝末年有面积大于 6.67hm^2（100 亩①）的湖泊 2000 多个，面积 26 000hm^2；新中国成立初期尚存 1332 个，面积 8528.2hm^2；至 1963 年减少到 574 个，面积 2728hm^2；到 1977 年仅剩 310 个，面积 2373hm^2；1988 年恢复到 843 个，面积 2983hm^2。较新中国成立初期湖泊数量减少了 489 个，面积减少了 5545hm^2[25]。亚洲湿地名录中的 947 处湿地，有 734 处湿地处于受威胁状态。湿地的减少和功能退化，直接破坏生态环境，危及人类生存。1998 年长江流域发生的特大洪水，淹没耕地 188 667hm^2，受灾人口 253 万，损失惨重。这是大自然对人类破坏环境行为的报复。

草原与森林一样，对生态环境起着重要的支撑作用。但是，过度放牧和人类对草原不合理利用，导致草原退化。所谓草原退化，广义来说是指草场植被退化、土地沙漠化、土地次生盐渍化和水土流失。狭义的草原退化指草场产草量降低，草群质量变劣[26]。根据国家环境保护总局统计，我国 90% 以上的草原处于不同程度退化之中。目前我国北方和西部牧区草原退化面积已达 7000 万 hm^2，约占草原总面积的 30%，而且

---

① 1 亩 ≈ 666.7m^2

每年还在以 20 万 hm^2 的速度加速退化。草原退化使得沙丘移动大幅度增强，因草原荒漠化每年导致 12 300 名牧民和 73 800 名半牧民失去生活来源。草原退化缩小了人类生存空间、降低了大气质量、降低了草原的碳汇能力和水土保持能力，导致生物物种丧失。

森林、湿地、草原生态系统的破坏，人类不文明行为的干扰，加速了物种灭绝过程。全球约有 1000 万种生物物种，1600～1900 年灭绝了 75 种物种，平均每 4 年灭绝 1 种；20 世纪以来平均每天有 1 种物种灭绝；现在平均每 6 个小时就有 1 种物种灭绝。按美国著名生物学家爱德华·威尔逊估算，全球每年有 5 万种物种灭绝，即平均每天灭绝的物种达 140 种，美国《国家野生生物》杂志指出，到 21 世纪末可能有 100 万种物种灭绝。这是自 6500 万年前恐龙灭绝以来最大的绝种浪潮[27]。

（二）大气污染，垃圾泛滥

大气习惯上称空气，二者通用。空气与人的生命密切相关。人 5 天不吃饭不喝水尚有生存希望，如果断绝空气 5min 以上必死无疑。清洁新鲜空气对人体健康尤为重要。

如今大规模工业生产排放的废气废物严重污染大气，使空气质量不断恶化，危害人类健康。2001 年，世界银行发展报告中列出的全球污染最严重的 20 个城市中，有 16 个在中国。据世界银行估计，中国有 6 亿人生活在二氧化硫（SO_2）超标的环境中，生活在总悬浮颗粒物超标环境中的人口达 10 亿。据《2011 年中国环境状况公报》显示，325 个地级以上城市中，环境空气质量达标城市比例为 89%，超标城市比例为 11%[28]。

研究表明，大气污染与人类的许多疾病有关，特别是与呼吸系统疾病、心血管疾病、免疫系统疾病、肿瘤疾病的患病率和死亡率密切相关。据墨西哥卫生部公布，在 1800 万人口中，30% 以上的人感觉眼睛不舒服，24% 的人抱怨头痛，12% 的人呼吸困难。全球每年由于城市空气污染造成大约 80 万人死亡。亚洲地区每年因大气污染造成 48.7 万多人死亡。中国每年因城市空气污染而造成呼吸系统疾病，去门诊就医的人数有 35 万，去急诊就医的人数有 680 万。大气污染造成的环境与健康损失的费用，占中国国内生产总值（GDP）的 7%[28]。

城市垃圾问题十分突出，全世界每年生产垃圾 450 亿 t，而且每年以 8.42% 的速度增长[29]。中国的垃圾增长速度为 10% 以上，每年生产的垃圾达 1.5 亿 t，全国城市仅生活垃圾累积堆存量已达 70 亿 t，占地 53 334hm^2。全国 600 多座城市，除县城外，已有 2/3 的大中城市陷入垃圾包围之中，有 1/4 的城市已没有合适的垃圾堆放场所[30]。大中城市如此，小城镇及一些人口较集中的村落的垃圾状况也不容乐观，白色污染、固体废弃物随处可见。

（三）淡水危机，地球增温

全世界每年有大量工业废水和生活污水排入水体，污染了几千条河流、数千个湖泊水库和近海海水。目前有 80 多个国家闹水荒，20 多亿人口缺乏清洁水。水作为一种重要的自然资源，是地球所有生物赖以生存发展的基础。水支持着生命的存在，人体失水 15% ~ 20% 时，就有死亡的危险。据统计，2011 年全国废水排放量为 652.1 亿 t，湖泊水库水的富营养化问题突出，水污染问题不容忽视。

矿物燃料消耗增长使排放到大气中的 CO_2 增加，现在全球每年排放的 CO_2 达 200 亿 t。工业革命以来，空气中 CO_2 浓度从 0.028% 上升到 0.352%。CO_2 在大气中含量增加造成地球增温。科学家估计，到 21 世纪中叶，地球气温可能升高 1.5 ~ 4℃，导致南北极冰层融化，使海平面升高 0.8 ~ 1.8m，从而使许多沿海城市、平原和岛屿淹没在汪洋大海之中。地球大气增温还可导致许多气象、气候灾害。

20 世纪 60 年代以来全球性生态危机日益加剧，除上述几种生态灾害外，人口爆炸，工业化和城市化进程过快，臭氧层的破坏，城市中的电磁污染、辐射污染、噪声污染、光污染，自然界的酸雨、烟雾、核污染及少数富人的奢靡生活等都加剧了环境恶化、生态破坏，导致全球生态危机已经危及人类生存。20 世纪是人类有史以来创造最多、发展最快的世纪，也是付出代价最沉重的世纪，是人类与自然和谐关系破裂，彼此间的冲突日益加剧的时期。全球性生态系统危机的起因不在生态系统本身，而在文化系统。

环境问题的实质是文化问题。全球生态危机，实质是人类文化危机。环境压力迫使人类反思；人类逐渐认识到全球性生态危机主要是由于人类自身的行为失范造成的。环境压力迫使人类从传统文化走向生态文化。

在全球环境问题日益严重，人类对生态危机日益觉醒的背景下产生了生态文化，生态危机催生了生态文化。

二、生态文化的概念

20 世纪，科学技术的发展突飞猛进，但也逐渐暴露出人类面临的生存危机，促使人类反思自身的行为，人们意识到再不能用损害自然价值的方式实现文化价值。因此选择了尊重自然、与自然和谐相处、共存共荣的自然观；选择了社会、经济、自然相协调、可持续的发展观；选择了健康、适度消费的生活观；选择了与自然和谐发展的生态文化。摒弃了把大自然当做索取资源的仓库、把大自然当做排放废弃物的垃圾场的错误思想和行为；摒弃了人统治自然的人类中心主义思想，开始建设"尊重自然"的新的生态文化。

生态文化，从观念上讲是人类根据生态关系的需要和可能，最优化地解决人与自然关系的思想、观念和意识；生态文化包括人类为解决所面临的种种生态问题、环境问题，为更好地适应环境、改造环境、保持生态平衡、与自然和谐相处、求得人类更好地生存与发展所采取的种种手段。生态文化需以生态科学群和绿色技术群为基础，以可持续发展理论为指导[31]。

所谓生态文化，广义概念是：人类新的生活方式，即人与自然和谐发展的生活方式。狭义的概念：生态文化是以生态价值观为指导的社会意识形态、人类精神和社会制度[27]。生态文化，是从人统治自然的文化过渡到人与自然和谐发展的文化。生态文化是21世纪人类克服生存危机的新的文化选择，生态文化是人类文化发展的新阶段[31]。

以生态科学群、可持续发展理论和绿色技术群为代表的生态文化，为人类的文明进步提供了新思想、新观念，表明人类将从传统文化走向生态文化，将从工业文明走向生态文明。

三、人类不同发展阶段的文化特征

一万年前，农业产生，农耕文化代替了渔猎文化，人类经历了第一次文化革命；200多年前，以工业文明代替了农业文明，这是人类第二次文化革命；21世纪将以生态文明代替工业文明，这是人类新的文化革命，也可称为第三次文化革命。

远古时候，人类的生活与动物一样服从自然规律，与自然融为一体，具有自然性，这是人类最早的自然文化阶段，原始社会的渔猎文化展示了这种自然文化形态。人类进入奴隶社会和封建社会后，主流文化是农耕文化，其主要特点是重视人伦和人事，人文科学取得了非常高的成就，从文化形态看农耕文化又可称为人文文化，古代光辉灿烂的农业文明被看做人类文化的主要成就。200多年前，进入工业社会以来，科学技术进步成为核心，科学技术发展使人类生活现代化，推动了社会全面进步，这一时期的工业文化又被视为科学文化。现代社会尊重自然、尊重生命，按照"人与自然和谐"的价值观，实践精神领域的一系列转变，向生态文化新阶段发展。因此，渔猎文化—农耕文化—工业文化—生态文化，又可视为自然文化—人文文化—科学文化—生态文化[27]。

无论从文化内涵还是文化形态分析，不同阶段的文化都具有不同的特征，见表1-1。

表1-1 不同发展阶段的人类文化特征[27]

文化阶段	渔猎文化	农耕文化	工业文化	生态文化
文化形态	自然文化	人文文化	科学文化	生态文化
社会形态	原始社会	奴隶社会、封建社会	资本主义社会	社会主义社会
社会中心产业	渔猎	农业	工业	生态产业
社会中轴	道德	权势	经济	智力
生产方式	全部生产过程由人完成	畜力使用	机械化、自动化	信息化、自动化
技术工具	竹器、木器和石器	青铜器和铁器	机器、电子计算机	智能机
资源开发方向	物质	物质	能量	信息和智慧

文化阶段	渔猎文化	农耕文化	工业文化	生态文化
能源	人的体力	薪材和畜力	煤、石油、天然气、电力和核能	石油、天然气、电力、核能和太阳能
材料	竹棍、木棒和石块	铜、铁	各种金属、非金属	合成材料、超级合金
社会主要财产	动物、植物	土地	资本	知识
社会主体	公社社员	奴隶和奴隶主、农民和地主	工人和资本家	知识分子
知识生产	与物质生产混为一体	从物质生产中产生	从物质生产中分离为独立部门	独立发展
科学形态	萌芽	经验	理论	信息
人与自然关系	崇拜自然	掠夺自然	掠夺自然	人与自然和谐
哲学表达方式	图腾崇拜自然崇拜	天命论	人统治自然	尊重自然
主要环境问题	物种资源丧失	土地和森林被破坏、物种丧失	环境污染、物种严重丧失	环境极少污染

生态文化注重自然因素、自然规律、生态环境对人类社会的影响、人对自然的姿态。生态文化是人类社会发展到一定阶段后物质生产和精神生产高度发展，自然生态与人文生态和谐统一的文化。生态文化是人类创造的自然文化、人文文化、科技文化之后的第四种新文化，是人类文化发展的新阶段。

四、生态旅游的文化分析

关于生态旅游的定义有 200 多条，在 2007 年第一期的《旅游学刊》的"生态旅游概念的研究"一文中已有阐述，说明生态旅游的内涵十分丰富，此处仅从人类需求视角予以概述。

所谓生态旅游是指城市和集中居住区的居民为了解除城市恶劣环境的困扰，为了健康长寿，追求人类理想的生存环境，到郊外良好的生态环境中去保健疗养、度假休憩、娱乐，达到认识自然、了解自然、享受自然、保护自然的目的[32]。

（一）人类回归自然、返璞归真的需求

生态旅游是人类"生态觉醒"的产物，在人们回归自然、返璞归真的需求中，良好的生态环境成为重要的旅游资源，这里的环境是指社会环境和自然环境。环境的范围大到宇宙环境、地球环境、区域环境，小到某一个或整个生物局部的生存空间，甚至是一棵树、一个树枝、一片树叶的内部环境。这些环境作为旅游资源是旅游的物质基础。环境旅游资源中的自然环境，如大气运动、光照、温度、湿度等，以及土壤、地形、生

物，社会环境中的各种景观实体都属于物质文化载体；各种与环境和旅游相关的法律、法规、管理办法、管理条例等属于制度文化；旅游者的旅游动机、旅游需求是一种心态文化；旅游者在旅游中的各种行为表现是一种行为文化。而作为旅游介体的旅游经营者提供的各种旅游服务则涵盖了上述四种文化的综合性文化，也属于行为文化。

（二）生态旅游的文化分析

生态旅游是一种新的先进的旅游思想和旅游方式，吴楚材教授将生态旅游者的需求概括为："健康长寿、舒适快乐、优雅安全"，这表明生态旅游从理论到行为，追求的都是文明与进步。从物质、精神、制度、行为、效果各个方面综合分析，生态旅游者追求的 12 字蕴含着十分丰富的文化内涵，人的"健康长寿"需要良好的生态环境、社会环境和本人的健康心态，这里包括了饮食文化、民俗文化、养生文化、福寿文化等多种文化；旅游者"舒适快乐"需求，除了优越的生态环境，还有对美的内在追求，这就与旅游地的景观文化、森林文化、湿地文化、草原文化及文学作品、音乐戏曲、美学艺术等多种文化密切相关；旅游者的"优雅安全"需求与旅游地良好的生态环境，有序的生活节律，合理的管理制度，文明的经营行为及和谐的社会环境等一系列因素有关，这些又都是物质文化、精神文化、制度文化、行为文化的集中体现。

生态旅游以环境生态学、森林生态学、生态伦理学、景观生态学、湿地生态学、草原生态学、海洋生态学、社会生态学、森林医学、森林旅游学、地质学、地理学、经济学、美学、文学、艺术、技术等多种理论为基础，与森林文化、草原文化、湿地文化、海洋文化、民俗文化、旅游文化、饮食文化、中医药文化、养生文化、酒文化、茶文化、水文化等多种文化密切相连。

（三）生态旅游的教育干预

干预是在事物的发展过程中，通过施加外在因素而引起事物内在变化，从而改变事物发展方向，或阻断其发展过程的活动。教育干预是运用一定的人为手段，主动引导或控制教育对象针对某一问题的认知、态度和行为的过程。生态旅游地游客教育干预，是将教育干预方法引入生态旅游地游客教育工作，建立一套促进生态旅游系统平衡的教育体系，为我国生态旅游健康发展提供推动力。

据中国人与生物圈委员会调查：目前我国有 22% 的自然保护区因开展生态旅游而造成环境破坏，11% 的旅游资源出现了退化。造成这种损害的原因有二：一是产业运行达不到生态旅游要求；二是游客素质达不到生态旅游要求。据国家环境保护总局和中国社会科学院 2005 年的调查表明：全国城市公众的环境知识平均权值为 7.05 分，若以百分制计算还达不到及格线。可见，目前城市公众的环境知识处于较低水平。因此提高国内游客的素质，抑制游客对旅游地的消极影响，引导游客在旅游过程中坚持自觉和自律，以尊重自然和保护自然为宗旨，以未来人类的继续发展为着眼点，树立与环境相协调的生态价值观，培养游客在旅游活动中的环境保护技能，追求人与自然的相互依存、相互促进、共生共荣。生态旅游地游客教育干预，是实现人与自然和谐的一种典型方式，是人类走向生态文化的重要手段[33]。

21 世纪，是人类由传统文化向生态文化发展的新阶段。生态旅游是 21 世纪旅游业发展的热点。生态旅游的活动规模较小，不需要太高的资金投入；开展生态旅游对旅游地必须有严格的保护措施，不对旅游地环境造成不利影响，不破坏资源；生态旅游者对吃、住、行要求简朴，消费适度，以自然为中心，关爱自然、保护自然、体验自然、享受自然。生态旅游中的生态环境保护教育是生态旅游的基本功能之一，也是生态旅游地游客求知、求美、求乐的主要途径。

教育是促进可持续发展和提高人们解决环境与发展问题的能力的关键[29]。当前生态旅游业最重要的工作，就是通过各种宣传教育使游客了解有关生态环境与生态旅游的基础知识，了解破坏生态环境可能造成的损害，引导游客在旅游消费中自觉地保护环境、保护生态。

生态旅游地游客教育干预是生态旅游中的行为文化，通过教育干预培养旅游者环境意识和生态道德是生态文化和生态文明建设的重要手段。因此，生态旅游是生态文化的重要组成部分。

第二章 森 林 文 化

森林是植物、动物、微生物及其赖以生存的土壤、水分、阳光、大气的综合体。森林是覆盖在地球表面的一种植被。植被是地球表面所有植物的总称。森林是以乔木为主体的一种木本植物群落。植物群落是在一定的自然条件下，由一定的植物种类组成的一种有规律的组合单位[34]。森林除了具有一般植物群落的基本特征外，还必须具有一定大小的地段面积和一定的组成、层次、密度、结构；同时，还必须能影响所在地段及周边的环境而形成一种森林环境；在这种森林环境里，乔木树种能有利于发挥生产有机物产量的最优化生产性能和有利于发挥自然生态环境平衡的最优保护性能，只有这样，才能称为森林。森林环境是指在一定地段面积上森林生长后，由于森林对所在地环境的影响作用，在一定程度上改变了原来的环境特点，形成一种新的小环境特点。森林环境是森林长成以后，在森林影响下形成的环境。

第一节 森林文化概述

森林文化是指以森林为背景或以森林为载体的文化现象[35]。森林文化形成于原始的蒙昧时代，人类文化由森林文化进入农耕文化。因森林具有绿色外观特征，森林文化又被称为绿色文化，又因森林生态系统是陆地生态系统的主体，故森林文化又被称为生态文化。

森林是人类最早的发祥地之一。人类从依赖森林到走出森林又接近森林，到当今的渴望森林，人类始终与森林相依相伴。人类在与森林的长期相处中，不断地调整和适应，不断地积累和沉淀，森林给人类以生态影响，人类给森林留下智慧烙印，逐渐创造出森林文化。

一、森林文化定义

关于森林文化的定义，不同的学者在不同时间，从不同角度给出的定义不同。例如，郑小贤 1999 年的定义是："以森林为背景，以人类与森林的和谐共存为指导思想和研究对象的文化体系[36]。" 2000 年，郑小贤又将森林文化定义为："森林文化是指人类对森林（自然）的警卫、崇拜与认识，是建立在对森林各种思索表示感谢的朴素感情基础上的反映人与森林关系中的文化现象[37]。" 但新球认为："森林文化是指人类在社会实践中，对森林及其环境的需求和认识及相互关系的总和[38]。"苏祖荣、苏孝同认为："森林文化是指以森林为背景或以森林为载体的文化现象。"作者赞同二位苏先生的定义，因为森林文化是传统文化的一个分支，是文化系统中的一种类型，而文化定义中已将人类在社会实践中所获得的物质和精神创造能力，以及其制造的物质财富和精神财富的总和表达清楚，所以给森林文化定义时，只需指出其背景或载体即可。二位苏先生对森林文化的定义简明扼要。

二、不同历史时期的森林文化

（一）原始社会的森林文化

人类从站立到拿起工具，就以森林为基本的生活和生产资料。人类发展是个漫长的过程，在 100 万 ~ 300 万年前地球上出现了类人猿，有数十万年的时间人类始终栖息于森林中，所有的活动都是为了在森林中攫取生存资料，过着茹毛饮血的生活。这一时期，人智未开，人与自然界浑然一体，完全依赖自然力生存，是一片混沌的世界，与此伴生的这种原始的森林文化仅仅体现在单一的物质层面的文化初始状态。

（二）蒙昧时代的森林文化

远古人类栖息在森林中，完全依赖森林生存，饱受风霜雨雪之苦，毒蛇猛兽的威胁。先民们为了生存，为了减少威胁，赤裸裸地走出森林，顶多在下身围几片树叶或兽皮，或走向洞穴，或傍水而居，食禽兽肉，食林木果，构木为巢，约在 50 万年前开始使用木棒、石块猎取食物，过着渔猎生活。这是人类第一次背离森林，但先民们仍然要从森林中获取衣、食、住、行所需物质，还得亲近森林。这一时期，人类开始有自己的意志，但很朦胧，拿起木棒和石块为工具是这一时期的标志。

原始人类从自然因素引起的森林大火中得到启发，火焚后的森林更容易得到食物，于是开始保存林火，点燃森林，驱赶野兽，焚烧野兽，获取熟食，开始了"火猎"行为。林火的保存、熟食的出现，促进了大脑进化，人类智力开始得到发展，开始在焚烧过的林地上种植谷物，"杖耕火种"、"刀耕火种"的渔猎、采摘、火猎生活，无意识地毁坏一处又一处的森林，由于无法抗衡制约人类生存的种种自然现象，产生了对自然的敬畏和崇拜，把某种自然现象或某种动物或某种植物看作自己的亲属、祖先和守护神，禁打、禁杀、禁食、并奉祀为崇拜对象，产生蒙昧时代的图腾。例如，我国炎帝族以牛为图腾、黄帝族以熊为图腾、蚩尤族以水牛为图腾等。当时人类之所以做图腾崇拜的原因：一是依靠大自然提供衣食之源，依靠森林避风挡雨；二是惧怕大自然的威胁，以图腾崇拜乞求大自然的恩赐与保护。这说明当时人类已意识到生物和自然现象的重要意义。这是人类最早的生态思想和实践。这一时期的物质文化表现为石器、木棒、火。这一时期的图腾现象便是初始的"森林文化",虽粗俗、野蛮,但却是"农耕文化"的根基。

蒙昧时代的森林文化,随着林火的保存和劳动工具的出现,人类开始了"刀耕火种"的生活。这时人类开始毁坏森林,开始创造农耕文化和农业文明。尽管蒙昧时代的森林文化原始粗放,但它是多种文化的源头,是华夏文化的始祖。

(三)农耕社会的森林文化

在距今5000~6000年时,人类开始有意识地毁坏森林,开辟农田,栽培谷物,开始了原始农业生产,人类开始进入农耕社会。种植业的产生,是人类社会从蒙昧时代进入古代文明时期的标志。

据赵冈推算,我国远古时期的森林覆盖率为64%。凌大燮估计,公元前2700年,森林覆盖率为49.6%。这说明我国进入农耕社会时,国土基本为苍郁的森林所覆盖。古时森林翁郁,树木挡道,影响耕作,于是毁林造田,刀耕火种,大量森林变为农田,加上帝王宫殿建造对森林的破坏,历代战争对森林的毁坏,外国列强对森林的掠夺,我国森林日益减少,至明末清初,森林覆盖率下降到12.5%。1949年新中国成立时,森林覆盖率只有8.6%[39]。

农耕时期以牺牲森林为代价换取社会文明与进步。这一时期,从古人对茶的品味到文人墨客的山、水、树、石情怀,从屈原的《橘颂》到"松竹梅岁寒三友,桃李杏春风一家";从神农氏"教民稼墙"到"湖广熟,天下足";从结绳记事到竹简文化,再到纸张发明,继而到活字印刷术,贯穿了整个农耕社会。由以纸为媒体的纸媒质文化为主线,衍生出山水诗歌、绘画刺绣、园林艺术、竹木工艺等,森林文化在农耕文化时期呈现出全面的精彩和辉煌,这一漫长的农耕社会经历了5000~6000年。

在漫长的农耕时期,人类第二次背离森林。人类虽然走出森林,但仍然依山傍水而居,不断地接近森林。森林不仅满足了人类的物质需要,而且协调人与人之间的关系。无论在林荫绿地、花前月下,还是春天的桃红柳绿、夏天的万木葱郁、秋天的漫山红遍、冬天的琼枝玉叶,无不以森林树木为构架,叙述着季相的变化,生命的代谢。森林本身是一种生命、一种生态、一种生机、一种文人墨客寄托各种情感的万能载体。农耕时期,诗歌、戏剧、小说、音乐、史诗、散文、舞蹈等文学、文艺作品层出不穷,是森林文化从发迹到成熟再到持续发展的灿烂时期。这一时期,农耕文化逐渐发展,森林文化虽退出主流文化地位,但其积累丰富,沉淀深厚,成果辉煌,孕育了农耕文化。森林文化是农耕文化的始祖,长期与农耕文化并存。

(四)工业社会的森林文化

从18世纪60年代开始,木材作为工业原料、建筑材料和能源被广泛利用,一些率先发展工业的国家，迫于工业对原材料的需求，疯狂地砍伐木材，致使大量森林被毁坏，大片林地变成荒地。英国的工业毁灭了本国 95% 的森林；法国的工业革命，毁灭了本国 47% ~57% 的森林；美国有 4 亿 hm^2 原始森林，随着工业革命的兴起，原始森林被吞噬了 95%；西班牙、意大利、德国等许多国家和地区的森林迅速消失。进入 20 世纪，工业发达国家把砍伐森林的目标移向东南亚地区，使那里的森林面积锐减 80%。而后又将拉丁美洲和非洲的热带雨林作为砍伐目标[39]。经济发达国家的政府制定保护本国森林的法律、禁令，使本国成片的人工林得到精心保护的同时，却在更加疯狂地进口木材，毁坏其他国家的森林。

工业社会竞争和追求利润最大化，肆无忌惮地毁灭森林，忽视了自然生态规律，使人类在浅尝工业社会的甜蜜之时，就饱尝了生态破坏的恶果，遭到大自然的报复，干旱、洪涝、风灾、沙尘暴、地震、海啸不断出现。大自然对人类破坏森林、污染环境，导致生态恶化的行为敲响了警钟。人类开始反思自己的行为，开始了生态觉醒，对森林资源的关注和生态建设的实践发生了变化。发达国家大力植树造林，全球森林面积有所增加，森林覆盖率呈现回升趋势。

新中国成立后，森林资源变化可分为以下 3 个阶段[40]。

20 世纪 50 年代初至 70 年代末为第一阶段。生产木材，满足国家建设需要，是林业的首要任务。1958 年，全民大炼钢铁，森林作为燃料，被砍殆尽；60 年代，国家集中财力、物力、人力，组织大兴安岭林区和金沙江林区会战，使我国林业又一次遭受重创；1966 年开始的 10 年"文化大革命"，农村乱砍滥伐成风，使森林第三次遭受严重破坏。

20 世纪 70 年代末至 90 年代后期为第二阶段。森林资源处于木材利用为主，兼顾生态建设的并重阶段。

20 世纪末至今为第三阶段。林业建设开始步入以生态建设为主的新时期。进入 21 世纪，贯彻"生态建设、生态安全、生态文明"的战略思想，坚持"严格保护、积极发展、科学经营、持续利用"的指导方针，我国森林面积持续增长；森林蓄积量稳步上升；森林质量得到改善；林种结构有所调整；非公有制森林份额有所增加；森林的生态服务功能有所增强；森林文化呈现出百花齐放的多元化发展态势。

当今世界进入现代文明社会，但人类对森林仍然有很强的依赖性。森林除了为人类提供木材和非木材产品外，森林的精神价值和文化功能更加宝贵。森林是人类祖先最早的发祥地之一，森林文化是一种最古老的文化形态，是人类文化的源头。森林文化与草原文化、湿地文化、农耕文化一起构成了灿烂的中华文化。

第二节　森林文化的特征

随着科学技术的发展，当代经济的浪潮一浪高过一浪，人们的观念和生活方式不断改变，不断追求时尚，森林文化也不断地被赋予新内涵。现代森林文化具有生态性、人文性、民族性、地域性、多样性、统一性和社会性等许多特征。

一、森林文化的生态性和人文性

森林具有涵养水源、保持水土、防风固沙、净化空气、减弱噪声、美化环境、生产有机物、为人类提供木材、生活能源和林副产品、为野生动植物提供生存环境、保护生物多样性、维护地球生态平衡等多种生态功能，满足人类生存的需要；森林可以协调人与人的关系，为人类提供形态、色彩、声音等方面的艺术享受，满足人类精神、情感等心理需要。森林本身是一种生态、一种生命、一种生机。

中国现有森林 17 490.92 万 km^2，森林覆盖率 20.36%。中国的森林对缓解全球气候变暖起着重要的作用，这些森林每年净吸收二氧化碳 5 亿 t，相当于同期全国温室气体排放量的 8%，释放氧气 16.5 亿 t[40]。随着经济发展和环境变化，森林的生态价值日益凸显，森林文化的生态特征更加显现。

森林作为一种物体，处处留着人类精神的烙印。人类热爱森林，常以森林比喻和表达人的精神向往，如以"松竹梅岁寒三友，桃李杏春风一家"表述友好、和谐的人文精神和社会风尚，以松柏表达常青挺拔，比喻人的刚正不阿，以竹表达虚心气节，以梅表述凌霜傲雪。诗歌、散文、绘画中还有许多这类情感都是以森林、树木比喻人的精神，体现了森林文化的人文性，在人类生活中用松枝、柏叶表示长青、长春、长寿，以梅开五福、竹报平安、花开富贵、兰桂齐芳、桃李满园、喜鹊登枝等词语表达人的情感与期望。森林文化的人文性积淀在传统的福文化、平安文化、吉祥文化中。森林的人文精神表现为森林的独立精神、坚韧精神、包容精神、固守精神、创造精神等方面。

一些景区的古树，由于年代久远，成为人们欣赏的对象，如泰山的古树，人们通过长期的审美活动赋予其某种特有的品格，使这些阅世数千年的古树名木融进了深刻的文化内涵。从"松为人君"、"槐之言怀也"的美誉，到"一品大夫"、"摩顶松"、"五大夫松"、"赤眉斧痕"等古树名木，都与泰山寺庙的建筑史、宗教文化配合默契，动静结合，使人文的"古"和自然的"古"和谐地融为一体。这些古树名木见证了泰山的悠久历史，也是考古学可靠的参照物。

二、森林文化的地域性和民族性

中国地域辽阔、地形复杂、气候差异大。不同地域分布着不同类型的森林，有着不同的森林文化；不同地域居住着不同的民族，有着不同的生活习俗和不同的生产方式，对森林文化产生不同的影响，使得森林文化具有地域性和民族性特色。例如，生活在海南热带雨林地区的黎族，崇拜椰树，认为古老的椰树是守护神，椰果里有神气渗入，人们以饮椰子水为福，认为椰子水为琼浆玉液，能使人延年益寿。黎族的先民认为森林、大树均有灵魂，这种灵魂能养育人类。黎族人人爱护树，无论大人、小孩从不损伤古树。湖南湘西土家族先民认为是水杉神灵使土家族得以延续。新疆哈萨克族崇拜胡杨树。维吾尔族崇拜榆树和胡杨树。贵州的苗族崇拜枫树。云南的哈尼族把森林奉为神仙，民谣唱到："有山有林才有水，有田有粮才有命"。这些都是我国不同地区不同民族传统森林文化的体现。不仅中国如此，欧洲的希腊人和意大利人崇拜橡树，美洲的印第安人崇拜树神。世界各地的人们都把树木、森林与人的生命联系在一起，感悟到人与自然同生共荣的关系。

古代如此，现在也不例外。生活在东北地区的鄂伦春族，内蒙古的鄂温克族，在长期的游牧生活中创造了丰富的树皮文化、兽皮文化、桦树文化、狩猎文化、森林文化、游牧文化，使鹿文化和生动的鄂温克史诗歌舞剧名扬世界。大兴安岭林区的林业工作者对当地方言、土语进行文字释义，总结了林区的"25怪"、林区生产行话录，内蒙古根河市建立了北方狩猎民族桦树皮文化博物馆。以上这些仅仅是森林文化地域性和民族性的部分体现。我国56个民族，32个省（直辖市、自治区），不同地域、不同民族有不同的文化，中国森林文化的丰富程度由此可见一斑。

三、森林文化的多样性和统一性

中国疆域辽阔，自然地理条件差异极大，横跨世界上两个主要的生物地理界，大部分国土位于古北界的东部，南部狭条热带区形成印马界的北限。中国有许多地区在冰川期是温带物种的避难所，保护了许多温带的物种，这些因素使中国成为世界上生物多样性最丰富的国家之一。中国有脊椎动物6300多种，高等植物32 000多种，是世界上动植物资源最丰富的国家之一。丰富的生物多样性孕育了丰富的森林文化，每一种生物都有自己的特性，都是文化的载体，仅苏祖荣、苏孝同合著的《森林文化学简论》中描述的树文化就有29种之多，提及名称但未加阐述的树种文化18种；不同的森林类型有不同的文化内容，不同的地区有不同的森林类型和不同的文化内容；同一地区分布着多种不同类型的森林，承载着不同的树文化和森林文化；同一树木或同一类型的森林分布在不同地区形成的森林文化又有不同的内涵，使得森林文化多姿多彩，极为丰富。例如，贵州省梵净山国家级自然保护区，是我国亚热带森林生态系统保存较为完整的典型地区之一，保护区内，群峰交叠，峡谷幽深，飞瀑悬挂，怪石突兀，森林生态系统完整；在原始森林中生长着珙桐、鹅掌楸和紫薇等多种起源古老的珍稀树木，栖息着滇金丝猴等珍稀动物。这其中蕴含着山文化、石文化、水文化、树文化、猴文化等多种文化。由森林派生的森林美学、森林哲学、森林法学、森林经营学、森林生态学、森林旅游学、森林经理学、森林伦理学、森林医学、木材学、林产化学、林产品加工利用等多种学科及技术均是森林文化的外延。

虽然森林文化的内涵和外延都极为丰富，但森林文化却始终具有自己独特的风格。森林文化具有森林生态系统的共同特性。森林文化体现的风格和人文精神与中华民族传统文化的人文精神一致，人类在长期的生活生产实践中，把自身的品格深深地烙在森林和树木中，又把森林树木的品格渗透到人的精神中，达到"天人合一"的境界。这是森林文化具有统一性和综合性的表征。

第三节 森林文化的存在形式

当人们离开森林，开始破坏森林，开始农耕文明时，其能源、材料、部分食物仍然依赖森林。森林文化源远流长，种类繁多，包括树文化、花文化、竹文化、森林公园文化、自然保护区文化、绿道文化、各种动物文化等数千种，本书从物质、精神、制度、行为四个层面叙述。

一、森林物质文化

树木、森林和栖息在森林中的动物是孕育森林文化的物质基础。5000年前中国的原始植被是森林和草原，当时中国的大地上除了冰川、石山、沙漠、戈壁、沼泽外，凡是能生长树木的地方都布满了森林。当时的东北山丘、山东丘陵、太行山、秦岭、阴山、六盘山、横断山、阿里山、玉山、南岭、东南丘陵、十万大山、大巴山、武陵山脉等各大山脉、坡地、高原及平原中的岗地都分布着原始森林。森林是当时人类的生存环境，在这种以森林为生活和生产实践所产生的森林文化是一种原始的森林物质文化。时至今日，森林物质文化的内涵和外延有了新的拓展，内容更加丰富多彩。

（一）中国森林资源

中国现有森林 17 490.92 万 hm^2，森林覆盖率 20.36%。其中除了香港、澳门、台湾外，天然林面积 11 576.20 万 hm^2，人工林面积 5325.73 万 hm^2。属于优势树种的针叶树种有 140 余种，其中最主要的树种有马尾松、杉木、柏木、银杉、红松、落叶松、樟子松、华山松、油松、黄山松、湿地松、思茅松、黑松、赤松、水杉、云杉、冷杉等。属于优势树种的阔叶树种有 400 多种，其中最主要的有樟树、楠木、檫木、桉树、楸树、国槐、刺槐、椿树、苦楝、泡桐、核桃、板栗、枣树、栎树、椴树、桦木、杨树、柳树、榆树、水曲柳、胡桃楸等[40]。由众多树种构成的森林分布在全国各地，在当地环境的相互影响下形成不同的森林生态系统，承载着不同地域的森林物质文化。

中国的森林，特别是天然林主要分布在东北、西南、东南、海南四个地区。

位于东北地区的大兴安岭林区和小兴安岭林区是中国最大的天然林区。大兴安岭林区位于中国最北部，总面积846万 hm^2，有林地面积730万 hm^2，森林覆盖率86.3%，1964～2008年累计为国家贡献商品木材近11亿 m^3，居全国首位，是中国最大的针叶林区。小兴安岭林区位于黑龙江省东北部，有林地面积280万 hm^2，森林覆盖率72.6%，因其红松蓄积量占全国红松蓄积量的一半以上，故有"红松故乡"之美称。长白山林区位于吉林省东南部，山体面积超过8000 km^2，有林地面积129.5万 hm^2，原始森林面积9.96万 hm^2，森林覆盖率62.4%～76.0%，拥有森林景观保存完整、生长良好的温带原始森林生态系统，树种有800多种，是一处罕见的温带植被景观、绚丽多姿的森林博物馆。其木材年产量居全国第二位。

西南林区位于青藏高原东南部，主要包括四川、云南、西藏三省（自治区）交界处的横断山区，面积近920万 hm^2，森林覆盖率达20.2%。主要树种有云杉、冷杉、高山栎、云南松等，是仅次于东北林区的中国第二大天然林区。西双版纳热带雨林国家级自然保护区位于云南省南部边陲，面积4.67万 hm^2，有保存完好的原始森林，有高等植物3500多种，珍贵树种100多种，有橡胶树、金鸡纳树、油棕树、椰子树等多种经济林木。

武夷山国家级自然保护区，位于福建省西北部武夷山脉北段，面积6.68万 hm^2，森林覆盖率92%，核心区的原始森林覆盖率高达95%，其中分布着银杏、南方铁杉、半枫荷、红豆杉等许多珍贵树种。台湾地区森林面积186万 hm^2，占台湾岛面积的92%，经济价值较高的树种有300多种，阿里山的红桧被称为"神木"，台湾地区东部樟树甚多，所产天然樟脑占世界总产量的2/3，台湾的油桐被视为观赏树种，每年4～5月台湾各地的"桐花祭"旅游活动盛况空前，内容丰富，文化氛围极浓。

神农架林区位于湖北省西北部，有林地面积16.18万 hm^2，森林覆盖率88%，是全国唯一以"林区"命名的行政区，下辖一区三园，即神农架国家级自然保护区、神农架国家森林公园、神农架国家地质公园、大九湖湿地公园。神农架林区是地球上中纬度地区唯一一块保存最好的原始林区，是第四纪冰川时期各种动植物的避难所和栖息地，近3000m的海拔落差，几乎囊括了北自漠河，南至西双版纳，东至日本东部，西至马来西亚的所有动植物物种，其森林文化极为丰富；"神农架野人"更是驰名中外，吸引着人们去探索科学之谜。

海南省森林覆盖率高达59.6%，拥有世界最美的热带动植物和热带雨林，其原始森林面积近千万亩，是我国仅有的两大热带天然林区之一，是生物多样性最丰富的地区，是地球上同纬度地区的绿色明珠。海南省已发现植物约4200种，隶属198科1109属，有乔灌木1400多种，占全国乔灌木种类的28.6%。海南林相景观丰富，四季常绿，热带雨林风景资源千姿百态，"绞杀"、"附生寄生"、"老茎生花"、"高板根"、

"藤本攀附"、"根抱石"等六大森林奇观称奇于世，另外还有"空中花园"、"根帘"、"独木成林"、"千年古树王"、"滴水叶尖"等神奇景观。

中国丰富的森林资源是中国森林文化的载体，承载了丰富的森林文化。

(二) 森林产业文化

在漫长的农耕文化进程中，森林文化内涵也日益丰富，竹文化、松文化、柏文化、茶文化等千姿百态的森林文化不断涌现并逐渐形成产业。时至今日，人类对森林及其产品的需求进一步扩大，促使人类培育森林，从而促进林木种苗业、木材加工业、木材运输业、森林旅游业、园林产业、杨树产业、古树产业等产业的发展，森林物质文化衍生出的森林产业文化多种多样。

(1) 杨树产业

杨树在全国分布广泛，已形成庞大的杨树产业体系。例如，江苏省宿迁市有"杨树之乡"的美誉，是黑杨派南方型杨树无性系的引种发源地。1996 年以来，年年深入开展植树造林，连续开展"杨树产业年"活动，平均年植树 2000 万株以上。至 2011 年，有杨树 15.33 万 hm²，活立木蓄积量 1500 万 m³，2007 年宿迁市被全国林业产业协会评为全国林业产业先进市。因为杨树产业，带动了杨树文化产业，编撰了《科学栽植意杨》系列快板书，《杨树食叶害虫防治》快板书，杨树主要病虫害发生及防治月历，杨树栽植管理工作月历，宿迁林业之歌，讴歌宿迁林业的作品层出不穷，仅 2011 年搜集的《宿迁林业颂》短文就有 66 篇。森林物质文化带动了林业产业文化，林业产业文化催生出森林、文学、艺术、戏曲、歌舞、史诗等许多精神文化产品。

(2) 枣树产业

山东省乐陵市是金丝小枣的主产区，拥有百万亩枣林，年产干枣 1 亿 kg，枣产品深加工产值达 20 亿元。自 1989 年以来，已连续举办了 24 届枣文化节。2012 年 9 月的枣文化节，云集了全国各地的行业专家、学者、客商，搭建了一个智慧碰撞和财富交流的大平台，举办了枣产业发展的学术研讨会和枣产品展销会。研讨会上专家、学者们就金丝小枣的深加工、枣树病虫害防治、枣产业结构调整等方面，进行了广泛深入的讨论和交流。文化节期间进行了企业和产品评选，共评选出 4 家中国著名枣产品企业、35 个优质枣产品。文化节期间还举行了重点项目签约仪式，41 个项目引进投资额共 176.47 亿元。枣产业通过文化技术交流与经济合作，取得了"兴枣富民，共赢发展"的效果。

此外，辽宁省还举办了"槐花节"、"蓝莓节"，贵州省举办了"国际杜鹃花节"，湖南张家界国家森林公园从 1991 年就开始举办"森林保护节"，至今已举办了 16 届，节庆期间，音乐、舞蹈、绘画、摄影、戏曲、诗歌等文学、艺术作品及科学技术交流精彩纷呈，文化气氛十分浓烈。

森林除了竹木材料、松香紫胶、薪柴木炭等林产品外，还有菜蔬花卉等丰富多样的林副产品，由此产生的建筑文化、花文化、古树名木文化、园林文化、竹木装饰文化、森林公园文化、自然保护区文化、森林生态文化、绿色饮食文化、森林运输文化等物质层面的森林文化极为丰富。总之，森林给了人类无数的财富和认识空间。

（三）森林小火车

20 世纪中后期的北方林区，铁路和森林小火车是主要的交通运输工具，仅东北林区的森林铁路总长就有上万公里。由于林区公路网的建成及林业生产由伐木转为生态建设，林区铁路和森林小火车已被闲置或废弃，森林小火车运输已成为历史。遗存的森林铁路和森林小火车已成为一种森林物质文化景观，例如，大兴安岭根河林业局的根河—萨吉气森林铁路（根萨森铁）等就是这段历史的见证。根萨森铁始建于 1958 年 1 月，全长 86km，全线有 7 个车站，至 1998 年止，共运输木材 830.31 万 m^3，客运 454.735 万人次。1998 年根萨森铁进行汽运改造时保留了 500m 铁路线、1 辆小火车、1 节首车、1 节车厢。当人们驻足车前便回想起当年森林铁路运送木材和乘客的繁忙景象。

内蒙古自治区的甘河镇境内保留了 40km 窄轨森林铁路，现在还在运行的蒸汽机火车头 4 台，整列火车有普通客运车厢 5 节，包厢 1 节，可同时容纳 200 人乘坐，是林业职工上、下班或进出林区的交通工具。另一种小火车是林区往外运送木材的货车，在列车的最后面挂一节客车车厢也载客。目前，鄂伦春旗准备将森林小火车作为旅游资源开发利用。

内蒙古阿尔山、根河、甘河、阿里河 4 个林业局的木材全靠森林小火车运输，仅阿里河林业局的森林铁路干线就长达 100 多公里，像一条纽带把所辖的北部的几个林场连接起来。每个林场相距 10 多公里，都有自己好听的名字，如红星林场、阿源林场等，但人们习惯以森林铁路的里程称呼这些林场，如 16km、36km、60km。森林小火车在林区生产和生活中有举足轻重的作用[41]。

森林铁路只有标准铁路的一半宽，最早用的小型蒸汽机火车头，烧就地取材的木柴，重量仅 5t 重，俗称"小五吨"，最高时速 30～40km，在路况不好的岔线速度更慢。尽管如此，在冬季生产木材的黄金季节，每天的运输量突破 2000m^3，可见任务之重。

一般一辆小火车头上有司机、副司机、司炉 3 位机务人员。司机是机长，负责驾驶和瞭望，副司机协助司机工作，司炉俗称"小烧"，负责往锅炉里添煤和清理炉渣等工作。驾驶小火车是件非常艰苦而又危险的工作，每到防火期火车头上还要添 1 人，在驾驶室里观察火情和监督司乘人员的防火情况。驾驶室并不宽敞，司机和副司机坐在很小的折叠凳上，手握气门把手，掌握运行速度，还要探出头来观察调车员的信号和瞭望前方路况。小火车头锅炉的炉口很小，司炉只能用半蹲姿势左手拉炉门，右手握短柄小铁锹往锅炉里不停地铲煤，非常辛苦。运行一个台班下来，一脸煤灰，满身污垢。有一段"有女别嫁机务郎，一年四季守空房。有朝一日回家转，穿回一堆脏衣裳。"的顺口溜真实地反映出当时机务人员的工作面貌与心酸。

2000 年 5 月，运行了 40 年的阿里河林业局的森林铁路停运，铁轨拆除，当年煞是壮观的阿里河森林小火车退出历史舞台。

阿尔山林业局的森林铁路是内蒙古大兴安岭林区最早建设的。在日本侵略我国时期，为掠夺我国森林资源，日本侵略者从伊尔施向山里修了上百公里长的森林铁路，将木材运回日本，或作为战争物质运往各地。新中国成立后，这条森林铁路仍在使用。起初火车没有烧煤，燃料是木材劈成的棒子，发热量不如煤大，往往蒸汽压力达不到，需要停车烧汽，达到一定压力后才能继续行驶。阿尔山的森林铁路有的地方坡陡。据说，一年秋天，火车正吃力地往一个长坡上爬时，司机发觉火车行驶越来越缓慢，往外一望，看见一头黑熊后腿蹬地，前腿搭在车头前面，拼命往反方向推火车头，与火车较劲。司机只得长时间鸣笛，吓跑黑熊后，火车才顺利上了坡。后来，这段故事，成为人们茶余饭后谈论的趣闻。

2002 年，阿里河林业局为发展旅游，在相思谷风景区重建了一条 5km 长的森林铁路，并修复了一台火车头挂上两节客车车厢和一节守车，形成了旅游专列。虽然只有短短几节，与当年火车长龙的壮观景象无法比拟，但喷着白色蒸汽的火车头，牵引着墨绿色的车厢，绕山穿林而行的场景，为绿色林海增添了勃勃生机，使人在别具风韵的森林之旅中，体会老一代务林人的创业艰辛[41]。

建西林区森林铁路由福建省建西县房道乡至鹰厦铁路建西火车站，总论 142.66km，是中国南方最长的森林铁路，始建于 1958 年，1992 年停运，1993 年全线拆轨，历时 35 年。期间运营 32 年。当年，该路段拥有职工近千人，蒸汽机 6 台，内燃机 5 台，运林车、平板车、矿斗车、客车、行李车等 304 辆，车站和养路工区 12 个。共运输木材 $340×10^4m^3$、矿石 $82×10^4t$、运送旅客 $503×10^4$ 人次。当年党和国家领导人多次莅临视察，还吸引了苏联、日本等外国林业和铁道专家前来考察。我国首部反映南方林区生活的电影《青山恋》的外景在此拍摄。当年"汽笛声声脆，长龙滚滚来。迎接八方客，送走栋梁材。"的诗句反映了当年建西森林铁路的繁荣景象[42]。

我国台湾阿里山的森林铁路是世界上仅存的 3 条高山铁路之一，全长 72km，海拔由 30m 升至 2274m，沿途经过 86 座桥，66 个隧道，因顺应陡峭山势，铁路出现 3 次螺旋环绕上升，令人称奇，特别是第一分道的"Z"字形爬升更令人叹为观止，凸显出阿里山森林铁路的奇特与伟大。阿里山高山森林铁路两旁的森林由山下的亚热带森林逐渐过渡到山上的温带森林，景观的变化丰富了人们的视觉感官，蕴藏着深厚的森林文化（图 2-1，见图版）。

二、森林精神文化

森林能为人类提供林产品，是一种物质存在；森林能为人类提供文化产品，又是一种精神存在。森林是人类永恒的朋友，是人类文明的摇篮。人类对森林的认识源于人类衣、食、住、行与森林的密切关系。在原始社会，人类把树木或动物作为神，凡是能够给人提供衣、食、住、行的动植物都在先民们的头脑中占有重要的地位，成为崇拜的对象，每一个氏族都从当地的动物或植物中想象出一个神奇的始祖和保护神，制成图腾。每到傍晚，氏族首领向聚集在图腾像前的全氏族人讲述图腾的神话故事，渐渐地形成了原始的图腾文化——原始社会的精神文化。原始社会的宗教也由此发生。在人类与森林的和谐相依、同生共荣中，人的精神融入森林，使森林人格化；森林的风格映入人的思维，影响人的精神，使人格自然化。在这种相互影响中，产生了精神层面的森林文化。

森林精神指以森林生态系统为载体所传达的精神意蕴，是森林文化的最高表达。森林精神包括独立精神、坚韧精神、包容精神、顽强精神、固守精神、协作精神、奉献精神、和谐精神等。

1）独立精神：森林树木以高大、直立、挺拔的外观表征给人类留下了深刻印象，其内涵是森林树木的独立、自由、不事权贵、不随波逐流的精神和品格。

2）坚韧精神：森林、树木坚贞如一、风雨不动、富贵不移、威武不屈、宠辱不惊、矢志不移。

3）包容精神：森林容纳不同科、属、种的植物，容纳飞禽走兽、昆虫鱼类和微生物，任其生长繁衍。其博大胸怀，包容万物。

4）顽强精神：森林在强烈阳光下，吐故纳新、从容自如；在云雾浸淫中，腾云驾雾，飘飘欲仙；在严寒冰霜里，银装素裹、玉洁冰清；在风吹雨打下，安然不动、不卑不亢。这体现的是一种在逆境中顽强拼搏，积极向上的精神。

5）固守精神：森林树木的地下根系庞大复杂、纵横交错、盘根错节，有"张村李村，枣树连根"之说。庞大的根系保守故土，支撑着树木、森林这座绿色大厦。固守是信心、力量和智慧，是坚定、诚信、纯洁和自律。有了森林的固守，人类才有了绿洲。

6）协作精神：在地上，森林枝丫交错；在地下，森林盘根错节。不同的树种、植物、动物和微生物组合在一起，形成了不同的林分，不同的森林生态系统。不同树种，不同物种无私无欲、团结协作；抗御风沙、改善环境；调节气候、吐故纳新、净化空气；固守大地、绿荫人间。这就是森林协作精神和奉献精神的体现。

7）和谐精神：森林顺应天时，适地而生，容纳万物，庇护人类，平衡生态，体现了森林与天、地、人之间的和谐共生。

森林是陆地上最庞大、最丰富、最有生命的构建系统，能包容人类和天下万物，以其独立、坚韧、包容、固守、协作、奉献和善于适应的精神品格影响了人类，谱写了森林精神文化，使森林文化更加辉煌。

三、森林制度文化

森林资源是人类赖以生存的条件，从夏朝开始，萌生"五行"观念，周朝初期"五行"思想有所发展，对"木"有了认识，随后国家开始对森林资源实行保护与管理，逐渐出现了中央和地方政府对森林资源和林业生产管理的规章、制度和法律，产生了森林制度文化。

（一）古代的林业思想和林业政策

远古时代，先民将森林视为神灵，产生了对森林、动植物图腾的崇拜，在长达1300年的夏、商、西周时期里，先民们在长期的森林利用和保护实践中，产生了"天人合一"的生态思想。春秋战国时期，出现有关政令、制度和乡规民约，其内容涉及禁山护林、植树造林、采伐利用、林业经营管理，以及公路河堤植树、墓地植树、封山育林等。例如，《管子》之《立政》篇中提出国君的五个主要任务中都与林业有关，其中将"山泽救于火，草木殖成"作为首要任务，当时设置专门机构和官吏管理林业。《立政》又曰："修火宪，敬山泽林成积草，天财之所出，以时禁发焉。使民足於宫室之用，薪蒸之所积，虞师之事也。"管子主张依法治林，林业主要由虞师负责。汉朝设"司竹长丞"管制，专门管理竹林。到清末，除中央政府外，地方官府也制定林业法规章程。例如，光绪初年福建省官员制定出《福建省劝民种树利益章程》。该章程共16条，前8条讲种树的利益，后8条讲种树的政策，"无论松、杉、柏、榆、桃、柳、楠、花梨、香樟土性所宜分别栽种，"可见当年已讲究适地适树原则。

中国古代对于人与自然的关系，除了"天人合一"的核心思想外，还有许多制度性的安排。例如，《礼记·月令》中写道："孟春之月'命祀山林、川泽，牺牲毋用牝'；仲春之月，'毋焚山林'；季春之月'树木方盛，乃命虞人入山行木，毋有斩伐'。"月令指导和约束当时人们的行为，对后世有重要影响，现在仍然可作为重要的制度性资源，体现和贯彻到相关学术领域，形成较为完整的森林制度文化[43]。

（二）现代森林制度文化

民国时期，国民党政府于1932年起草制订了《森林法》，继续了先人依法治林的传统。当时政府林业官员、林业教育家姚传法于1944年提出："《森林法》应作为国家大法之一，应与《刑法》、《民法》、《土地法》相提并论。"1949年10月1日新中国成立后，政府十分重视林业，设有林垦部。1951年11月5日林垦部改为林业部，专门管理全国林业生产和建设，从省到县乡各级地方政府均设有林业厅、林业局和林业站，管理地方林业建设和林业生产。不仅如此，全国人民代表大会常务委员会还先后公布实行了《森林法》、《野生动物保护法》、《种子法》、《防沙治沙法》、《农村土地承包法》、《水土保持法》、《环境保护法》、《海洋环境保护法》等 10 多部法律；先后颁布了《风景名胜区管理暂行条例》、《陆地野生动物保护实施条例》、《水生野生动物保护实施条例》、《基本农田保护条例》、《自然保护区条例》等 10 多种条例。我国 2008 年实行的"集体林权制度改革"，依法将集体林地经营权和林木所有权承包给农户，确立农民作为林地承包经营的主体地位。2010 年开始实行的土地流转制度等都是森林制度文化不断优化的体现。各级地方政府也颁布了许多相应的条例和实施办法，许多林区村委会、村民组制定了护林育林和造林公约，例如：安徽徽州地区已发现民间经营、管理保护山林、风水林、道路林的石碑，木牌 40 多处，有些家族的族谱里写有造林、护林的家规。中国林业的法律法规和乡规民约覆盖了林业生产和生态建设的全部领域，形成了完备的政策、法律、法规体系，完善的森林制度衍生了完美的森林制度文化。

四、森林行为文化

（一）政府植树行为

新中国的第一任林业部部长（1949～1958 年）梁希在 1946 年曾提出：中国林人的奋斗目标是"黄河流碧水，赤地变青山"。主张"用国家的力量来经营森林，同时，推动和奖励民营造林"；主张护林、造林、育林并举，主张林业及其教育独立发展。

1950 年，林垦部在北京召开第一次全国林业业务会议，确定林业工作方针和任务是普遍护林、重点造林、合理采伐、合理利用；在毛泽东主席"绿化祖国"、"实现大地园林化"的号召下，1956 年开始实施第一个"12 年绿化运动"；1979 年，第五届全国人民代表大会常务委员会第六次会议确定每年的 3 月 12 日为中国植树节；1981 年，全国人民代表大会通过了《关于开展全民义务植树运动的决议》，决议提出每年凡条件具备的地方，年满 11 岁的公民，除老弱病残外，每人每年植树 3～5 棵，义务植树作为一项公民必须履行的义务付诸实施；1982 年，国务院通过了《关于开展全民义务植树运动的实施办法》；1984 年，全国人民代表大会常务委员会通过《中华人民共和国森林法》；1997 年，江泽民主席发出"再造秀美山川"的号召；1998 年，国务院批准《全国生态环境建设规划》；2003 年，国务院做出《关于加快林业发展的决定》；由于中国幅员辽阔，气候差异大，各地适宜植树的时间不同，许多省市规定了自己的植树日、植树周、植树月。

在全民植树行为中，党和国家领导人身体力行，以身示范，全国人民积极参与，涌现了许多感人事迹。例如，邓小平坚持义务植树 11 年，1979 年带领全家到北京玉泉山植树，1983 年到北京十三陵植树，在全国许多地方都留下了他植树的身影。

新中国从 1956 年开始建设自然保护区，1982 年开始建设国家森林公园，至 2011 年年底，已经建立自然保护区 2640 处，其中国家级 335 处，保护面积 14 900 万 hm²；截至 2012 年年底，全国共建森林公园 2855 处，规划总面积 1738.21 万 hm²，其中国家森林公园 764 处，国家级森林公园旅游区 1 处，面积 1205.11 万 hm²。广东、山东、浙江、江西、河南、福建、四川、山西、湖南 9 个省的森林公园数量超过 100 处。国家自 1998 年开始实施的天然林保护工程，1978 年启动的三北（西北、东北、华北）和长江中下游地区重点防护林体系建设工程，退耕还林、退耕还草工程，环北京地区防沙治沙工程，野生动植物保护即自然保护区建设工程，以及许多城市的"城市森林"建设，广东省及全国各地的"绿道"建设等许多林业生态建设都是政府行为，政府在各项林业建设中不断地继承传统森林文化，不断地创造着新的森林文化。

（二）民间植树行为

中国人古往今来讲究植树造林：乡间的村边、房屋、坟头均有种植"风水树"的习俗，村寨周围茂林修竹，古树参天的景观随处可见。有些地方还种植"女儿林"、"带崽林"。例如，湖南省会同县乡间历史上，家里生了个女儿，就种一片杉树，待女儿出嫁时，杉树也成林成材，可以砍伐为女儿做嫁妆，这片杉树称为"女儿林"。湖南省怀化市北部侗族人家生了儿子便栽一棵杉树或柏树苗，作为儿子的同年树，预祝孩子健康成长，日后成为栋梁。由这种树组成的林，称为"带崽林"。

如今全民植树，年年造林，民间涌现了一批又一批的植树造林模范。

黑龙江省铁力林业局的马永顺是新中国第一代伐木工人，全国劳动模范，1982 年退休后，决心把一辈子砍伐的树重新栽回小兴安岭，全力以赴义务植树。1991 年，78 岁高龄的马永顺还带领全家上山义务植树，被人称为"林业老英雄"。1998 年，联合国环境规划署授予他"全球环保 500 佳"称号。

吉林省红石林业局桃洲林场伐木工赵希海，1962 年开始伐木，是当时远近闻名的伐木能手。1989 年，赵希海退休了，他暗下决心，要在 70 岁之前为国家义务植树 10 万株。此后，赵希海在荒山荒地植树造林 17 年，没有花国家 1 分钱。2007 年，69 岁的赵希海义务植树 18 万株，育苗 21.6 万株，他把这些树和苗木全部无偿献给国家，这一年他被评为"2007 绿色中国年度人物"，获得"绿色中国年度人物奖"，这是中国首个由政府颁发的环保人物大奖。

以马永顺和赵希海为代表的伐木工人，用实际行动实现了朱镕基总理"下决心把砍树人变成种树人，把伐木职工手中的油锯变成种树的锹镐。"这是中国林业主导思想从理论到实践实现了由木材生产为主到生态建设为主的历史性转变，是森林文化的新篇章。

陕西省定边县海子梁乡四大塬村农民石光银是全国承包治沙第一人，他 20 岁开始带领村民植树治沙。1984 年，他举家搬进沙区，联合 7 农户成立"石光银治沙集团"。几十年来，石光银承包荒沙、荒滩 15 200hm^2，植树 2000 万株（丛），治理沙漠 1300hm^2，在毛乌素沙漠南缘筑起 100km 长的绿色屏障。石光银先后被评为"全国劳动模范"、"全国治沙英雄"、"全国绿化十大标兵"、"全国绿化先进工作者"、"全国绿化十杰"，并获得"全国十大扶贫奖"，期间两次应邀出席联合国国际防治荒漠化会议，介绍治沙经验。2000 年、2002 年，石光银又分别获得"世界优秀林农奖"、"世界林农杰出奖"。

45 岁的北京市民韩雪江，参加义务植树 20 余次。仅 2008 年全国参加义务植树的人数就达 5.4 亿，植树 23.1 亿株，全国造林 477 万 hm^2[30]。

1979～2013 年，世界上规模最大，参与人数最多，成效最显著的全民义务植树活动在中国已持续了 35 年，并且还将继续。中国人在用实际行动实践着先辈们让"黄河流碧水，赤地变青山"的美好夙愿；用实际行动保护生态，建设国家，让祖国山川更加秀美，让博大精深、源远流长的森林文化更加灿烂辉煌。

（三）林区生产行为

我国幅员辽阔，气候差异大，东南西北林区的生产生活方式差别显著，为方便人们更多了解森林文化，作者将大兴安岭根河林区的部分林业生产行话和部分方言摘录如下，目的是从中了解森林行为文化。

1. 林区生产行话

佛爷座子：大树墩子；鱼眼圈：伐倒的树木其枝丫砍掉的地方，像鱼眼圈；脱裤子：集材拖拉机履带脱轨；串坡：将木头从山坡上放下来；大滑斜：装木材车的工具；刨沟：流送的工具；套子：运木采用的牛、马爬犁；倒套子：用牛或马爬犁把木头拉到楞场；吊卯：归山楞；摊煎饼：木材散乱未归，放满楞场；上楞：将木材归成垛；垫杆：上楞时在跳板上加的横木；把门：六至八人抬木头时用的工具；哈腰挂：抬木头时弯腰挂钩；画龙：抬木头时左右摇摆；耍龙：抬木头时对最后一副肩的代称；搪桥：木头两头着物，中间悬空；王八坑：山陡坡中间的平坦的地方；中枋：把木材集中在山场；卧槽：木头冻结在地上；水槽：冬季在河道刨开的水道等。

2. 林区部分方言

林区方言是语言文化的一种类型。祖祖辈辈生活在林区的山民不仅形成了与当地自然环境相适应的生产生活方式，还产生了生动形象的地方语言文化。此处将大兴安岭根河林区部分方言摘录如下：兴崩儿：少见，稀少；得济：得到好处；耳残：耳屎，耳垢；疙瘩：地方，一小块；就和：迁就；竟意儿：故意；抠搜：吝啬；老鼻子：很多；就手儿：立刻，顺便；化开拐：想通了，醒悟了；画魂儿：犹豫不决；气管子：打气筒，又比喻爱生气；溜严：严实，无懈可击；白唬：瞎说、善讲；妈灵：蜻蜓；埋汰：脏，挖苦，讽刺；尿性：有骨气，顽强；小店儿：吝啬，小气；随分子：随礼，送礼；赤挠：痒痒；秃撸扣：事情中途变故；挨排儿：依次，顺序；二五眼：不好；二五子：一知半解；掰扯：分析，计算；搭葛：联系，交接，理会；冰流子：冰柱；不吐口儿：不答应；围着火炉吃冰块：林区人冬天爱吃冰糕；邮局休礼拜：林区个别镇人口少；六月大雪青菜盖：有时六月份下大雪；电报没有平信快：指过去设备落后；手闷子别在腰带外：手套等。

3. 根河林业局森林旅游"三大纪律，八项注意"

（1）三大纪律

第一，切忌单独进入未经开发的原始森林，以免迷路、失踪，遭遇饥饿寒冷或野兽的袭击，导致人身伤害。

第二，不能在林区或自然保护区内随意采集标本、摘尝野果。有些植物的汁液、花朵或果实鲜艳惹人，但很可能有毒，如果随意采摘，很容易导致中毒。

第三，在林区或自然保护区内，不能随便砍伐、狩猎、野外用火、遗弃垃圾等。当第一棵树被砍倒的时候，人类的文明开始了；当最后一棵树被砍倒的时候，人类的文明就结束了。爱护大自然，保护野生动物，义不容辞。

（2）八项注意

第一，弄清目的地最佳旅游季节。一般说来，北方森林公园的春、夏、秋三季，景观特色比较明显，尤其当地举办登山节、山会的前后，是最佳旅游时节。

第二，提前制定游览路线，科学安排游览时间，以免到了目的地手忙脚乱，耽误行程。

第三，如果要去比较偏僻的林区或未开发的原始森林，需要找当地向导带路，以免发生意外。

第四，在森林中穿行，鞋子要防水防滑，同时要戴上帽子或头巾，穿长衣长裤，防止被树枝挂伤或被毒虫毒蛇咬伤。

第五，在茂林里穿梭很容易迷路，除要备带指南针外，还要留意溪流的走向，顺水觅路，不失为上佳的寻路方法。

第六，在山里要懂得求生之道，多留意动物的出没，鸟雀及猴子吃的野果之类，人类基本也能食用。

第七，若在山里遇上暴风雨，首先要认清方向，找一处较开阔的坪子，既不致迷途也可避开雷击。

第八，随身携带手电、哨子、军刀、绳子等物品，会有意想不到的用途。同时，带上备用的急救药品，关键时刻可以救命。

4. 南方油茶林的垦复行为

（1）"和团"管茶山

油茶是南方的主要特产之一，各乡均有。油茶林区，自古以来有"和团"管山习惯，即地方联合制定禁山条约：①不准砍活茶树；②茶子成熟，未到统一开山日期，任何人不得提前开山；③未收摘完的茶山，未经山主同意，不得进山捡茶子。还推选一名禁山的打锣师，巡回乡间，打锣鸣禁。如有违犯禁约，轻者没收刀子、篓子、箩筐之类的工具，重者罚款，抬猪游乡示众。

（2）打鼓锄茶山

有油茶山的地区都有打鼓锄茶山的习俗。每年农历六七月，21～30名身强体壮的茶农聚集成挖山队，每人只穿一条短裤，腰系汗巾，头戴斗笠，手持长四尺①、宽七八寸②的鱼尾锄，排好左右两队。起初开挖时，打鼓师以"鸭婆洗澡"的鼓点催挖，随后用"行雨过界"的急促鼓点加快速度，左边落后，便到左后边击鼓，右边落后，便到右后边击鼓，以促使你追我赶。当击打"懒马碎步"之鼓点时，锄山者便放慢速度，调匀气息，恢复臂力，以利再干[44]。打鼓挖山工效高，质量好。

（四）民俗风情文化

中国地域辽阔，不同地域、不同类型的森林中居住着不同的民族，形成了不同的生活习俗，孕育了具有地域性和民族性特色的民俗风情文化。例如，广泛流传湘西、湖北、重庆、四川、贵州等地区的茅古斯舞、摆手舞、接龙舞、芦笙舞及海南三亚槟榔谷的黎族风情等。

湘西土家族茅古斯舞（图2-2，见图版）是一种古老的舞蹈，有中外专家认为茅古斯舞是中国民族舞蹈的最远源头、古老文化艺术的"活化石"。茅古斯舞在土家族语中称："谷斯拔帕舞"、"帕帕格次"或"拔步卡"，是老公公的意思。它是土家族纪念祖先开拓荒野、捕鱼狩猎等创世业迹的一种古老舞蹈，主要流布在湘西的龙山县、永顺县、保靖县、古丈县。它以近似戏曲的写意、虚拟、假定等艺术手法表演土家先民渔、猎、农耕等生产内容，既有舞蹈的特征，又有戏剧的表演性，两者杂糅交织，浑然一体，是融歌、舞、话为一体的原始祭神戏剧。茅古斯舞动作特点别具一格，表演者屈膝，浑身抖动，全身茅草刷刷作响，头上五条大辫子左右不停摆动，表演中碎步进退，

---

① 1尺≈0.33m
② 1寸≈0.033m

左右跳摆，摇头抖肩。"打露水"、"扫进扫出"、"围猎"、"获猎庆胜"等内容，可根据表演动作清楚地分辨出来。该舞蹈最突出的特色在于服饰的风格，表演者身穿草衣树皮，古朴大方，极具原始风情。

摆手舞（图2-3，见图版）又名"社巴"，以祭典舞蹈、歌唱等为表演形式，以讲述人类起源、民族迁徙、英雄事迹为内容。其起源于酉阳酉水河流域，流传于湖南永顺、龙山、保靖及湖北恩施、重庆渝东南酉阳、秀山、彭水、黔东南交界的土家族聚居地区。摆手舞在唐末时已流行，初与祭祀有关，后演为风俗，是土家族最有影响的大型舞蹈。2002年5月，文化部把酉阳命名为中国民间艺术之乡；2008年6月，国务院把酉阳土家摆手舞列为第二批国家级非物质文化遗产名录。摆手舞分大摆手、小摆手。大摆手3~5年一次，有数县上万人参加，历时7~8天。舞蹈中有复杂的军事、狩猎内容，并有套路阵法。小摆手则在本村本寨每年举行，以农耕为内容。有的地方在摆手堂前设有土王庙，庙前坪场空旷，场中栽有杉树，树上挂着彩灯，土家人围着杉树跳舞。有的地方则在田边地角跳舞。

湘西苗族接龙舞（图2-4，见图版）来源于湘西苗族人世代相传的祭祀习俗。在每年的春耕和秋收后，苗族人都要举行"接龙"活动，传说龙是苗族人敬仰的神灵，苗族人把龙看成吉祥幸福、繁荣昌盛的象征，为了迎接龙的到来，"接龙"人们手拿着各种五色斑斓的彩旗，跳起优美、欢快的接龙舞。祈求龙能除灾去病，能保佑风调雨顺、人畜兴旺。接龙舞在起源和发展中经历了原生态的表演形式和后来舞台上的艺术加工创作。1957年，湘西苗族接龙舞参加了北京举办的全国民间文艺调演，周总理和朱德副主席接见了全体演员。从此，接龙舞由民间的广场文化开始向舞台艺术发展。

芦笙舞（图2-5，见图版）是广泛流行于中国南方苗族、侗族、水族、仡佬族、彝族、拉祜族、傈僳族、纳西族等少数民族地区的民间舞蹈。以男子边吹芦笙边舞蹈为其主要特征。芦笙舞是苗族民间舞中流传最广、最有代表性的舞蹈形式之一。早在明代《南诏野史》中就有"男吹芦笙，女振铃合唱并肩舞蹈，终日不倦"的记载。清《苗俗记》中也记有"每岁孟春，……男女皆更服饰妆。男编竹为芦笙，吹之而前，女振铎继后以为节，并肩舞蹈，回翔婉转，终日不倦。"芦笙舞的表演，鼓点铿锵，舞姿纯朴，表现了山民耕作、狩猎的生活情景，风格粗犷剽悍。表演者虽谈不上有很高的艺术感觉，但从他们演练的舞步中让人领略到的是热情，是奔放，是令人心胸宽阔的想象。

槟榔谷景区位于海南省三亚市甘什岭自然保护区内，是海南省最丰富、最权威、最纯正的民族文化"活体"博物馆，保存着最原始、最淳朴的黎族风情，是海南本土文化的聚集地，它的一切东西都是原汁原味的"海南味"。黎族是海南的土著民族，民居以船形屋（图2-6，见图版）为主。走入槟榔谷这一片神秘雨林地，就走入了黎家文化，能感受到原汁原味的黎族风情。槟榔代表黎家，在黎家，没有槟榔不成礼，没有槟榔不成婚，"槟榔"二字可以说是海南黎族人的文化字符。槟榔谷本土居民最大的特征是"雕题离耳"。所谓"雕题"就是纹脸，即在脸上刻图案；"离耳"就是耳朵上佩戴大的耳环。在槟榔谷，具备这些基本特征的人处处可见，成为一道珍贵的人文风景线。

目前，源于森林的诸多民俗风情文化被包装为形式多样的娱乐形式，成为森林公园等景区重要的旅游项目。

第四节　森林游猎文化

在中国北方大森林里，生活着鄂温克族和鄂伦春族两个历史悠久，文化丰富，特色鲜明，只有本民族语言无文字，至今还延续着原始部落生活的少数民族。因这两个民族以森林为家，以狩猎为业，过着逐水草鸟兽而迁徙的生活，故作者将他们所积累创造的狩猎文化称为"森林游猎文化"。

一、鄂温克族使鹿文化

鄂温克族，大森林里的原始部落，中国北方森林驯鹿文化的传承者。

（一）鄂温克族概述

鄂温克族是一个以使鹿为生的游牧民族，历史上曾被称为"索伦"、"雅库特"和"通古斯"，有布利托天、固德林、索罗共、卡尔他昆4个姓氏，鄂温克语称姓氏为"奥毛克"，其含义是"有血缘关系的人"。部落里的老人认为卡尔他昆与鄂伦春族的柯尔特依尔是同一姓氏。相传400年前在其首领马克西姆·布利托天的带领下，由俄罗斯迁徙而来，并入索罗共开始了大兴安岭的森林游牧生活，其游牧的对象主要是"驯鹿"。1958年3月，内蒙古自治区人民政府批准废除"索伦"、"雅库特"、"通古斯"等旧称，统称为"鄂温克"。

鄂温克部落生活在我国根河以北，漠河以南约20 000km^{2}的深山密林里，人口30 505人，驯鹿1200头，由猎户自愿结合组成了6个猎民点，分布在根河林业局、金河林业局、阿龙山林业局的作业区内，过着随鹿而居的生活。鹿随食物而移，人随鹿而迁。近30年来，饲养驯鹿逐渐代替狩猎。驯鹿还是野外牧养，自行觅食，其主要食物是苔藓、石蕊、桦树嫩叶、蘑菇。猎民除了不定期给驯鹿喂盐外，还在冬季或春季干旱时喂少许豆饼或草料。

（二）驯鹿文化

驯鹿（*Rangifer tarandus*）（图2-7，见图版），鄂温克语称"奥伦"，是400多年前鄂温克人从俄罗斯的列那河带来的。驯鹿个体较大，多为灰褐色、灰黑色，仅有少量纯白色，性情温顺，善于在沼泽、森林、深雪中行走，还善于游泳，有"森林之舟"的美称，是鄂温克人的主要交通工具。传说驯鹿是圣诞老人的坐骑，也是姜子牙的坐骑。

驯鹿脸似马、身似驴、蹄似牛，雌雄头上都长鹿茸，故又被称为"四不像"，这一群驯鹿是中国唯一，也是全球分布最南端的驯鹿种群。2000年，驯鹿被列入中国《国家保护的有益的或者有重要经济、科学研究价值的陆生野生动物名录》。驯鹿只能生活在没有污染，苔藓、石蕊丰富的苔原森林中。驯鹿让鄂温克人继续留在大森林里，过着原始部落生活，使传统的驯鹿文化得以保护和传承。因此，鄂温克族被称为北方驯鹿文化的传承者[45]。

鄂温克人在驯鹿背上构建了独特的文化，其衣、食、住、行、生产生活方式均有自己的特色，他们把一年分为以下六季。

1）诺勒吉：公历2、3月，是打鹿胎期。鹿胎成为商品后，猎人开始猎打怀孕期的马鹿了。

2）农念：公历4、5月，打鹿茸期。这个季节鄂温克人在狩猎间隙还会挡鱼梁子，捉到的鱼晒成干备用。

3）允喀：公历6、7月，是蹲碱场打鹿期。这时的马鹿肉很膘肥，是晒肉干的好季节。

4）保罗：公历8、9月，是猎取鹿鞭的季节，晒肉干也延续到这个季节。

5）西格勒：公历10、11月，是猎取食用肉的季节。

6）土额：公历12月到翌年1月，狩猎活动停止。

鄂温克人的住所是便于搭盖的"斜仁柱"（图2-8，见图版），即用较细而通直的木棍，上端捆在一起，下端散开，斜插地面，像一把半撑开的伞。外面用兽皮或桦树皮围拢，不封顶，留有进出门洞，面积2~3m²，里面可住人，可摆放物品，可烧火煮食物。鄂温兑人的传统食物是"列巴"，列巴制作方法简单，用驯鹿奶发面，不加任何添加剂，发酵后，烘烤熟便可食用，储存期长，盛夏时节能储存10天左右（图2-9，见图版）。

鄂温克人在森林搭建的高脚仓库称为"靠老宝"，又称"考利宝"（图2-10，见图版），是一种用"乌力楞"（未经加工的原木条）搭在离地约3m高的储物箱，用来储存食物和用品，以预防棕熊和鼠类偷食，一般50~100km一个，这种高脚仓库不随猎人迁徙而搬迁，需要的物品任何人都可取用，留有原始公有制的余韵。

鄂温克人的狩猎工具有猎枪、地箭、背夹、鹿哨、滑雪板、猎刀和桦皮船。驯鹿和猎狗是鄂温克猎民的亲密伙伴。鄂温克部落有严格的狩猎规矩制约人们的贪婪。

2008年，鄂温克部落所在的敖鲁古雅乡被内蒙古自治区命名为"驯鹿文化之乡"。

（三）兽皮文化

鄂温克人在与动物长期打交道中，积累了丰富的制作和加工皮革的经验，皮制品的种类繁多，如皮衣、皮帽、皮围子、皮被子、皮褥子、皮口袋、皮饰品、生活用品等。皮制品上绣有各种精美花纹，图纹有藤蔓形、水波形、云卷形和一些随兴趣自创的图形。皮制品的原料大多是狍皮、鹿皮，其次是狗皮。兽皮制品体现在鄂温克人的衣、食、住、行的方方面面，形成了独特的风格，创造了精美的"兽皮画"，继承和发扬了鄂温克人独特的审美意识，堪称"兽皮文化"。

（四）桦树皮文化

桦树有白桦、红桦之分。桦树素有"纯情树"的美誉。白桦是桦树中的佼佼者，高可达 27m，胸径可达 1m 左右，枝叶扶疏、树干通直、树皮纯白。白桦的树皮为薄片，容易剥落，小块的薄片可用来做饰品和用品，大块的被用来做"斜仁柱"的围子和桦树皮船。桦树皮船简称桦皮船（图 2-11，见图版），鄂温克语称为"佳乌"，船身长 7m 左右，高 70cm，船腹宽约 60cm，两头呈锥形向上翘，两个人可以完成桦树皮船的制作。大的可乘 4 或 5 人，载重量约 200kg，顺水每小时可行 15～20km，逆水每小时行 5～8km，具有小巧、轻便、快速、容易制作等许多优点，是鄂温克人和鄂伦春人的水上交通工具。桦皮船平时放在河边，如果迁移，一个人就可扛起搬走。

鄂温克人制作和使用桦树皮用品的历史久远，桦树皮制品手工精湛、种类繁多、轻巧耐用。桦树制品有盒、篓、桶、碗、盆等小型器具，也有桦皮船、桦皮围子等大型用品，制作技法有雕刻、压印、绘画、拼接等。在桦皮制品上雕以自然界、动植物、生活场景、纹饰，古朴大方，具有实用价值、收藏价值、科学价值、文化价值，体现了鄂温克人的独特审美情趣，形成了独特的桦皮文化。2007 年，桦树皮制作技艺被列入国家非物质文化遗产名录。2008 年，鄂温克猎民所在的敖古鲁雅乡被内蒙古自治区命名为"桦树皮文化之乡"。2010 年在根河的敖古鲁雅乡建立了中国唯一的桦树皮文化博物馆。

鄂温克部落在生活和文化变迁中延续着传统文化中坚韧无畏的精神，同时又把握着现代化进程中开拓创新的理念，他们中已有一些人走出原始森林，步入现代新生活，他们创造的大型史诗歌舞剧，已经登上海拉尔、满洲里、北京等地的舞台，已经走向欧亚 30 多个国家的剧院（图 2-12，见图版）。

鄂温克原始部落及其创造的"驯鹿文化"、"兽皮文化"、"桦皮文化"是森林文化中的奇葩，民族文化中的明珠，中华文化中的瑰宝。

二、鄂伦春族游猎文化

中国北方古代民族文化的守望者——鄂伦春族。

（一）鄂伦春族概述

"鄂伦春"这一名称最早的记载出现在清康熙二十二年（1683 年）。在元代，成吉思汗 1207 年曾派术赤征"林中百姓"，包括了鄂伦春族的先民们。由于鄂伦春族的生产生活基本上围着大兴安岭的崇山峻岭，鄂伦春人普遍认同自己是"山岭上的人"。大兴安岭最高峰 2035m，平均海拔 1200～1300m，数千条大小河流发源于大兴安岭腹地，众多湖泊散落在群峰之间，广袤无际的原始森林中分布着数千种野生植物和 400 多种野生动物，密如蛛网的江河湖泊中游弋着品种数量繁多的鱼类。鄂伦春人在这草木欣荣，动物喧嚣的大兴安岭过着"棒打狍子，瓢舀鱼"的富裕生活。

鄂伦春族早期主要分布在贝加尔湖以东，黑龙江以北，至库页岛的广大地区。1653 年以后，鄂伦春族的绝大多数迁移到黑龙江南岸大兴安岭、小兴安岭的森林里，过着"住所迁徙不定，逐鸟兽水草而居，此处鸟兽毕猎，即迁移他处"的游猎生活。新中国成立后，1951 年 4 月，中央人民政府批准成立鄂伦春族。1952 年 5 月 31 日，鄂伦春自治旗在鄂伦春族聚居地成立，归呼伦贝尔盟管辖。鄂伦春自治旗曾于 1969 年 8 月 1 日划归黑龙江省大兴安岭地区管辖。1979 年 7 月 1 日重新划归内蒙古自治区呼伦贝尔盟管辖。

鄂伦春自治旗位于呼伦贝尔市东北部，大兴安岭南麓，嫩江两岸，总面积 59 800km²，自治旗内居住着鄂伦春、鄂温克、蒙古、达斡尔、汉、回、满、朝鲜等 21 个民族，总人口 30 万人，其中鄂伦春族仅占总人口的 0.7%。据 2000 年人口普查数据，全国鄂伦春族有 8196 人，其中居住在内蒙古自治区的有 3573 人，在黑龙江省的有 3871 人，还有 752 人分散在全国各地。

（二）鄂伦春族文化

1. 鄂伦春族的狩猎智慧

狩猎是鄂伦春族生存的物质支柱。狩猎生产是鄂伦春族物质文化和精神文化的物质基础。

鄂伦春族男孩一般五六岁时就用弓箭和木枪做狩猎游戏，七八岁练习骑马，十岁开始练习射箭和射击，十二三岁跟长辈到猎场，十四五岁便开始单独狩猎。鄂伦春人在长期的狩猎生产中，积累了丰富的经验，创造了多种狩猎方法，追捕、围捕、诱捕、狩猎等方法都是鄂伦春人狩猎智慧的体现。

1）追捕：猎人行进在密林中，凭借对动物习性和地理环境的了解，根据动物在树枝间刮蹭的鬃毛、动物排泄物、蹄印，草丛树叶上的露珠、雨点判断动物踪迹，加上猎犬的帮助，成功地追捕密林中的长茸的公鹿、野猪、老虎等。

2）围捕：三四个猎人和一些猎狗组成一个狩猎组，分工合作，共同合围捕杀野猪群或大型动物。在这种围捕中，猎人根据野猪只跑直线，不改变奔跑方向的习性，准确射击。猎狗在围捕中相当重要，几条猎狗可以将三四百斤①的野猪摁倒。

3）诱捕：秋季是鹿和犴发情的季节，公鹿和公犴发出"呦呦"、"嗷嗷"叫声呼唤母兽，猎人用鹿笛模仿动物叫声，引诱公兽出来保护母兽，可成功猎捕公兽。

4）穴猎：穴猎又称"狩猎"、"蹲泡子"，鹿和犴等动物夏季夜间喜欢出来舔盐，猎人埋伏在盐场下风口，趁机射杀。冬季，黄鼠狼、紫貂、熊等一些动物喜欢躲进洞穴御寒或冬眠，猎人用烟熏、引逗等方法迫使动物出动而趁机猎杀。

5）捕鱼：鄂伦春人主要以狩猎为主，闲暇时也捕鱼。他们利用鱼叉、拉毛钩、挡鱼梁子等许多方法捕鱼，并将捕获的鱼晒成鱼干或盐渍储藏备用。

6）采集：鄂伦春人根据植物生长的物候周期，在不同季节采集植物不同部位。例如，春天采植物的嫩芽、枝叶，夏天采花蕾，秋天采集果实和块根。

总之，无论是狩猎、捕鱼或采集，鄂伦春人都会根据不同地点、不同时节采取不同方法。这些方法是鄂伦春人在生产实践中的创造，充分体现了鄂伦春人的狩猎智慧。鄂伦春人"一个人，一匹马，一杆枪，闯林海"的英勇形象深深地植根于人们心中，被人们成为"森林骄子"。

2. 鄂伦春族的"木杆房屋"

鄂伦春人住所迁徙不定，逐鸟兽水草而居，此处鸟兽尽，而迁移他处。鄂伦春人选择住所的条件是：前有河流草场，后有茂密的山林，阳光可以充分照射，狂风有山体和森林遮挡。一个地方最多住十天、八天或两三个月，就要随季节变化和野兽活动而搬迁。

鄂伦春人居住的房屋称"仙人柱"或"斜仁柱"，汉语称"撮罗子"，是用30～40根顶端带枝杈的细桦木杆，下端斜插入地面6～7cm，上端困在一起的圆锥形木架，外围用树皮或兽皮围拢，在东南方向留1m高0.8m宽的门。挂上帘子就成了鄂伦春人的安身之处——"仙人柱"。一般两三个人几十分钟就能搭建一个。"仙人柱"非常容易拆迁，猎人迁移时，只把围子拆下，打成卷包好运走，木杆构架在林中随处可见，不必搬走。"仙人柱"大的内地面积8m²，小的4～6m²。"仙人柱"的顶端留有一小口，用于采光、通风、放烟，遇雨雪时加以遮盖。

在"仙人柱"的中央设有一个常年不灭的火塘，家人在此做饭、进餐、取暖、闲谈，充满着浓浓的亲情。鄂伦春人认为火不仅带来光明、温暖，还可以驱赶野兽，防止野兽侵害，保护人身安全。另外，黑夜的火是猎人联系伙伴、寻路求宿的信息。总之，

---

① 1斤=0.5kg

火给鄂伦春人的生产生活带来了许多好处。因此，鄂伦春族有崇拜火的习俗。常年不灭的火塘延续着鄂伦春人的崇火习俗。

"仙人柱"中有许多规矩。一个"仙人柱"内有三个铺位，正对门的铺位是老人和男性客人的居处，称为"玛路"；左侧是儿子、儿媳等的居处，称为"奥路"；右侧是长辈父母的铺位，也称为"奥路"。子孙较多的，结婚后另搭"仙人柱"分居，留下最小的儿子和长辈一起住。若有人故去，其生前的铺位，必须空留一年，因为鄂伦春人认为人死后灵魂直到周年祭的时候才离开，所以只有周年祭之后别人才能住这个铺位。

鄂伦春人的"仙人柱"中，在对着门的正中高处悬挂着四五个桦树皮盒，里面供奉着"博如坎"（神的偶像），每次吃饭饮酒前，要用筷子蘸点食物向上扬一扬，用手蘸点酒向上弹一弹，意为请神先尝。女人禁止到上方供有神偶的"玛路"上坐卧，也不许到"仙人柱"后面去，那里也供着神偶。正因为"仙人柱"后面也供有神偶，所以建造多个"仙人柱"时不能一前一后，只能排成一横排或排成弧线。鄂伦春人孕妇将要生产时，必须搬到离家中"仙人柱"70～80m远处，由家人临时为其搭建简易产房"亚塔柱"中去生产。一般产妇要满月后才能搬回"仙人柱"，产妇月子内穿过用过的衣物，婴儿用过的器皿必须烟熏后才能拿进"仙人柱"。

3. 鄂伦春族的婚姻制度

鄂伦春族是典型的游猎民族，世世代代以山林为家，从事游猎生产，寒冷的气候，出没的野兽，简陋的住所等生存环境，不利于人口繁衍，因此鄂伦春族特别盼望人口增长，族群壮大，由此形成了早婚和祈子习俗。鄂伦春族的男孩、女孩，一般十五六岁就可以结婚成家。

鄂伦春族的婚俗经历了血缘婚、对偶婚、自愿婚、抬夫婚、童养婚、试验婚等一系列阶段，现行一夫一妻制。鄂伦春族的祖先对男婚女嫁订立了许多规矩。例如，①氏族内部或辈分不等的男女不能通婚，表兄弟姊妹可以结婚。②由父母包办婚姻，可指腹为婚；逃婚和私奔是大逆不道。③有女无儿家庭可以招婿养老。④哥哥死亡，弟弟可娶嫂子为妻；但弟弟死亡，哥哥不能娶弟媳。⑤严惩通奸行为。⑥一般不许离婚，若非离不可，所生男孩由男方抚养，女孩经男方同意后可随母亲。若男方提出离婚，家产平分；女方提出离婚不分家产，不带走嫁妆。⑦丈夫去世，孀妇未满20岁可以再嫁。若孀妇已有男孩，一般不许再嫁；若再嫁，必须将男孩抚养长大成人后才可以。

鄂伦春族以上这些规矩到20世纪20年代以后逐渐淡化，婚嫁形式逐渐趋向文明。

4. 鄂伦春族的萨满文化

鄂伦春人信奉萨满教。萨满在鄂伦春语中具有"知晓"、"晓彻"的含义。鄂伦春人认为萨满是本民族中的智者、能人，能趋吉避凶、寻找食物、追踪野兽，能为人看病，疏导心理，因而博得人们敬重。萨满通过跳神仪式来祭神、祛病、祈福，萨满用高歌、狂舞、铿锵锣鼓激发热情，振奋人心，带领族人向大自然祈求，争取与大自然和谐共处的权利。萨满从本民族中产生和传承。萨满穿的神衣用兽皮制作，绣上各种象征图腾崇拜的图，配有神铃、神镜等。萨满通过鼓语与神对话；通过跳神舞请善神，驱赶邪恶。萨满神舞靠鼓点节奏操控，鼓手情绪高涨，舞者手舞足蹈高唱"萨满调"与神沟通交流，获取神的旨意和救助，以表达对神的崇敬。萨满神舞蕴含着鄂伦春族先民们的审美情趣。现在鄂伦春族的萨满神舞已从篝火旁跳上了舞台，使古老的民族文化遗存得到传承。

5. 鄂伦春族的民间文学

鄂伦春族是一个能歌善舞，民间文学十分丰富的民族。神论、故事、传说、民歌均以口相传，从远古流传至今。民间文学的内容主要反映了本民族的历史、社会风貌、狩猎生产、生活风俗、风土人情等。其中比较著名的有《起源神话》、《萨满神话》、《吴达内的故事》、《懂鸟兽语的猎手》、《空改乌娜吉》、《仑巴春巴》、《蒲妹》、《毛考代汗猎奸》、《聋猎人》、《逃婚的故事》、《黄毛打日本鬼子》、《金刚圈》等，数不胜数。

鄂伦春人喜欢用歌声抒发感情，民歌多即兴填词，一些非常优美的民歌有比较固定的词曲，如《赞达仁》、《鲁日给嫩》、《萨满调》等。鄂伦春族从古代流传下来的《斗熊舞》，通过模仿黑熊在激烈搏斗时的动作，表达对熊图腾的崇敬，向往像图腾那样英勇强悍，表达了鄂伦春人信奉"万物有灵"，崇拜自然的心理[46]。

第五节　古树名木文化

古树指树龄 100 年以上的树木。树龄 300 年以上（含 300 年）的树木为一级古树；树龄在 100 年（含 100 年）以上，300 年以下的树木为二级古树，不能确定树龄的树木，按胸高和直径确认并分级。名木指国内外稀有的珍贵的以及具有历史价值和纪念意义及重要科研价值的树木。古树名木标牌：一级古树标牌红底白字，二级古树绿底白字，名木银底白字。古树名木编号：以中华人民共和国行政区划代码为综合代码，在综合代码"—"之后编区划内古树名木流水号。例如，北京市东城区 30 号古树编号为110101—00030，湖南株洲东区 5 号古树编号为430202—0005。古树名木文化是指以古树名木为载体构成的景观或氛围。

中国森林面积大，生物多样性丰富，古树名木数量多，分布广，文化积淀深厚。北京市区有百年以上的古树 19 237 株，三百年以上的古树 3804 株，加上郊区共有 50 000株古树。据全国绿化委员会 2007 年颁布的资料：全国拥有古树名木 285.31 万株，其中国家一级古树 5.11 万株、二级古树 104.29 万株、三级古树 175.33 万株，国家级名木

0.58 万株。在这众多的古树名木中，本书仅介绍作者较熟悉的几种。

各地古树名木中蕴含着许多故事。例如，北京北海团城承光殿东侧的一株高大油松，据传为金代所植，树龄 800 多年，巨冠浓密、苍劲挺拔，像一把撑开的大伞。相传有一年夏天，乾隆皇帝在团城游玩，由于天气闷热难当，便坐在此树下，立时清风拂面、暑热全消。乾隆顿时心旷神怡，封此树为"遮阴侯"。又传说乾隆一次到江南游玩时骄阳似火，可他头顶上总有一片形似"遮阴侯"的云彩遮阳；此间团城的"遮阴侯"油松的树冠突然枯黄，直到乾隆回到北京，"遮阴侯"树木恢复原状。人们说"遮阴侯"随乾隆下江南了[47]。

全国各地的古树民木故事之多，不胜枚举，其文化内涵深刻，保护古树名木的过程是一种增长知识、丰富阅历的过程。愿更多的古树名木得到妥善保护。

一、青松翠柏文化

松柏苍翠挺拔，松科植物有 10 属，230 多种。松树为常绿乔木，耐瘠薄，耐干旱，耐寒冷，适应性强，分布广，是荒山造林的先锋树种。松树的高大挺直、常绿常青是其独立精神的外在表现，给人一种崇高威严的感觉，严寒过后，万木凋零，松柏仍青翠欲滴，令人肃然起敬。孔子曰："岁寒，然后知松柏之后凋也。"其指松柏树常绿常青的坚真品格和经严寒而不凋的浩然正气。陶铸的《松的风格》，陈毅的"大雪压青松，青松挺且直"，京剧《沙家浜》中"俺要做泰山顶上一青松"，都说明人类崇尚松的独立精神，将松树人格化。独立的人格、独立的精神在任何时候都具有不寻常的意义，是一种崇高精神和品格。

全世界有 150 多种柏树，我国有 44 种。柏树同松树一样，有深厚的文化积淀。柏树寿命长、树冠简洁，人们从周朝开始在坟墓附近栽植松柏，《春秋纬》记载："天子坟高三丈①，树以松；诸侯半之，树以柏。"松柏精神是森林独立精神、坚韧精神、固守精神、奉献精神的集中体现。

柏树长青长寿，许多陵园、宫殿、庙宇、名胜古迹等处都留下许多古柏，如四川剑阁古道两旁的苍翠古柏；成都武侯祠的"丞相祠堂何处寻，锦官城外柏森森"；陕西黄帝陵前的"轩辕古柏"，传为黄帝手植；太原晋祠的"周年齐柏"相传为周代所植，已有三千多年的历史。《德阳县志》载：明朝初年，四川德阳县倡导山民"广植柏木"，连年种植，岁岁不止，柏林广布（图 2-13，见图版）。明末清初四川德阳县和新镇周围爆发 3 次瘟疫，远近地区死人无数，横尸遍野，唯独居住于这些地区中心地带的和新镇的人安然无恙，很可能是因为得到了柏木林释放的芳香气体形成的天然屏障的保护，延

---

① 1 丈 ≈ 3.3m

绵 500 多年一直都是长寿之乡，每百万人中百岁寿星 4.9 人。柏木可除瘟避秽，延年益寿。据中南林业科技大学森林旅游研究中心两位硕士研究生张双全、史俊刚实地调查得知：在北京工作的陈女士因常年工作忙碌，压力较大，导致疾病缠身，经医治病情并无好转。2011 年 5 月，陈女士回到德阳县老家，并由朋友抬至德阳县和新镇的普渡寺。普渡寺坐落在浓密的柏木林中，陈女士在柏木林中身体逐渐好转，2 个月后居然可正常行走、爬山（图 2-14，见图版）。

二、古树名木文化

我国已登记在册的古树名木有 2 853 100 株，除了这些已被列入名录受到关注和保护的之外，还有千万株，甚至上亿株仍"养在深闺人未识"。不过也正是因为如此，这些古树名木才得以保存，在本乡本土自由生长。

（1）世界银杉王

银杉（*Cathaya argyrophylla*）在第三纪时期曾广泛分布于欧亚大陆，由于第四纪冰川袭击，银杉在地球上几乎绝迹。该系植物花粉曾在法国西南部的渐新世至中新世交界的沉积物中发现，其球果化石则在苏联的第三纪沉积物中找到。1953 年在我国南方山区首次发现该植物，故有植物"活化石"之称，为我国特有濒危一级保护植物。广西大瑶山银杉王发现于 1986 年 3 月 10 日。大瑶山银杉王（图 2-15，见图版）有 3 个"世界之最"：水平分布纬度最低，在北纬 24°9′~24°24′；植株最大，胸径 86.9cm；树干最高，树高 30.65m。

（2）丽水柳杉王

柳杉（*Cryptomeria fortunei*）。丽水柳杉王是浙江省丽水市景宁畲族自治县大漈乡西岸底村时思寺门前东侧斜坡上的一株大柳杉，胸径 447cm，胸围 13.4m，原树高 47m，其主杆被雷击截断，削去大半截，现仅有 28m，主杆苍老雄劲。据专家考证，柳杉王树龄达 1500 多年。柳杉王根部有一个形似门户的洞，一人可自由进出，进到树洞中，抬头可见日光，如同坐井观天。树洞空间奇大，可摆一张大桌，供 10 余人围桌共餐。其树干空心，如同皮包骨头，让人称奇。2001 年秋，时任浙江省林业局局长的程渭山经过多方比较，认为丽水柳杉王是世界上最大、最古老的柳杉树，并为之题名"柳杉王"（图 2-16，见图版）。

（3）神农架铁杉王

铁杉（*Keteleeria davidiana*）。湖北神农架林区海拔 1000m 的小当阳村（神农坛所在地），生长着一株巨大的铁坚杉，又名铁坚油杉，高 48m，胸径 245cm，冠幅 530m^2，木蓄积 86m^3，树龄 1200 多年，人称"千年铁杉王"（图 2-17，见图版）。传说，很早以前当地有个山霸，见此树高大雄伟，生机勃勃，认为此树是采天地之灵气、取日月之精华,有灵气,因此要砍此树做自身棺木,以求尸骨不腐。当地百姓得知后,为了保护此树,立即在树干上钉了许多铁器,山霸来砍此树,刀斧无法砍入,以为神仙显灵,吓得逃之夭夭。这棵树的树干基部有个凹入的孔洞,当地百姓便稍加修葺,供奉神像,成为树庙,随着星移斗转,岁月推移,树体孔洞逐渐愈合,神像被包入树内,形成一个巨大的树瘤。此树虽经历坎坷,但至今生长茂盛,1984 年政府拨专款维护此树,围竹篱、安避雷装置。

(4)乾隆皇帝敕封的"大树王"

"大树王"为柳杉(*Cryptomeria fortunei*),又称"千秋树"。在天目山张公舍东面不远处,1 株高 26.5m,胸径 233cm 的大柳杉树前立着一块石碑,碑上刻着"头枯腹空,下身裸露(梢萎心空,主干下部无皮)"。慎蒙在游记中描述:"树大九围,其枝皆下向,复昂势如虬龙"。据此推算,其树龄当在 1500 年左右,清代乾隆皇帝在乾隆十六年(1751 年)和四十九年(1784 年)南巡时,曾两次上天目山,惊叹其高大,敕封为"大树王"。由此相传"大树王"皮可治痼疾、延年益寿,信徒竞相采之,致使主干以下树皮被剥光,"苟延残喘"至 20 世纪 30 年代枯亡至今,虽已时隔 80 年左右,但其胸径仍为天目山柳杉之最。"大树王"所在的天目山素以"大树华盖"驰名神州。在西天目山海拔 300 ~ 1100m 分布有柳杉群,树龄在数百年直至千年以上(图 2-18,见图版)。1983 年,对 512 株柳杉进行每木测径、标号。最高的 45m 以上,其中胸径 200cm 以上的有 15 株,180cm 以上的有 36 株,100cm 以上的有 398 株,近 100cm 的有 114 株[48]。柳杉材质好,质量轻,纹理通直,结构粗松,收缩性小,不翘不裂,是良好用材。柳杉枝叶茂盛,冠幅大,每公顷柳杉每日能吸收 60kg 的 CO_2,同时能吸收 SO_2,阻滞空气中悬浮粒,起到净化空气的作用。

(5)天山云杉

天山云杉(*Picca schrenkiana var. tianshanica*)(图 2-19,见图版)是第三纪森林植物中的残遗,是中亚和亚洲中部山地的特有树种,我国仅见于新疆。一般分布在海拔 1400 ~ 2800m 的中山带,下缘带与高大的阔叶树混交,中上部多为纯林。天山云杉是新疆山地森林中分布最广、蓄积量最大、材质优良的主要用材树种。在库尔德宁云杉保护区,每公顷蓄积量在 1000m³ 以上,最高可达 1200 ~ 1400m³/hm²。单株材积最高为 50m³ 以上,单树最高 70m 以上,胸径 200cm 左右。森林里几人合围的大树随处可见。一棵棵高大的云杉形似宝塔,昂然屹立。

(6)南方古红豆杉

南方红豆杉(*Taxus chinensis var. mairei*)(图 2-20,见图版)因其叶似杉树,果实圆豆形,假种皮红色而得名。唐代王维诗曰:"红豆生南国,春来发几枝。愿君多采撷,此物最相思。"红豆杉主要产于南方,果实鲜红浑圆,晶莹如珊瑚,南方人常用以镶嵌饰物。在王维诗中,红豆象征相思、爱情,这是红豆意象的本义。红豆的形象,红艳艳、亮晶晶，红豆的性格，热烈、温润、玲珑、精致、坚贞，也确实是爱情的绝妙象征。在中国诗歌史上，从王维起，红豆与相思结下了不解之缘。唐敦煌曲子词《云谣集杂曲子·竹枝子》第二首："口含红豆相思语，几度遥相许。"唐诗中常用它来关合相思之情，而相思不限于男女情爱范围，朋友之间也有相思的，如苏李诗："行人难久留，各言长相思"即例。全世界 11 种红豆杉中，中国有中国红豆杉（*Taxus chinensis*）、南方红豆杉（*Taxus chinensis var. mairei*）、云南红豆杉（*Taxus yunnanensis*）、东北红豆杉（又称紫杉）（*Taxus cuspidata*）、喜马拉雅红豆杉（*Taxus wallichiana*）5 种，均属国家一级重点保护野生植物。用红豆杉提取的紫杉醇是目前世界上治疗癌症最好的药物之一，红豆杉也因此成了世界许多国家争相开发的植物药明星。中国的 5 种红豆杉中均含有抗癌药物成分紫杉醇，以云南红豆杉的紫杉醇含量最高。南方红豆杉的叶片含 α-蒎烯 88.76%、莰烯 1.43%、桧烯 0.21%、β-蒎烯 4.99%、柠檬烯 0.40%；木材含 α-蒎烯 86.54%、莰烯 1.59%、桧烯 0.75%、β-蒎烯 5.26%、柠檬烯 0.43%。这些单萜烯和倍半萜烯是红豆杉释放的具有保健功效的芳香化学成分，对人体健康十分有益[49]。在云南省腾冲县马站乡云华村有 1 株高 40m，胸径 200cm，树龄 600 多年的红豆杉。广西金秀县金秀镇六段村有两株红豆杉，其中一株胸径 105cm，树高约 22m，冠幅 16m²，年龄约 200 年。

（7）长白山红松王

红松（*Pinus koraiensis*），产于长白山林区及小兴安岭林区。乔木，高可达 50m，胸径 100cm 以上，树皮灰褐色或灰色，纵裂或不规则长方形鳞状块片脱落，内皮红褐色，树干上部分叉，枝平展。球果圆锥状卵形，种子可食用。叶片和木材的单萜烯含量分别为 71.80% 和 95.03%，倍半萜烯含量分别为 11.27% 和 1.54%。长白山红松王树高 35.5m，胸径 124cm，冠幅 204m²，树龄 500 多年。"红松王"（图 2-21，见图版）位于吉林省露水河林业局东升林场林班 1 小班，红松母树林良种基地内，是吉林省的重点保护古树。"红松王"出生于明朝正德年间（1506 年），是经历了长白山三次火山爆发的幸存者。露水河林业局的天然红松林一般平均树龄 180～200 年，平均胸径 46cm，平均树高 25m，露水河天然红松林经过漫长的自然演替，成为长白山植物区系的"顶级群落"。1986 年，在长白山国际生态学会期间，中国、美国、英国、瑞士、奥地利、苏联、朝鲜、日本、芬兰等 13 个国家的生态学家和林学家考察了露水河天然红松林，共同呼吁保护长白山"红松王"，与会代表们还分批在"红松王"古树前合影留念。

（8）新会巨榕

广东新会城区以南 10km 的天马村，380 年前，河中一个土墩上有一截系船的树桩上长出一棵榕树，历经近 400 年的岁月，长期繁衍形成一个枝覆盖达 10 000m² 以上的天然公园，树上栖鸟千万只，鸟树相依，人鸟相处，和谐奇特，是世界罕见的一道美丽的天然风景（图 2-22，见图版）。1933 年，文学大师巴金乘船游览此地，叹为观止，写下优美散文《鸟的天堂》。"小鸟天堂"由此得名。真是美文赞美景，美景更称奇。

（9）榕树

榕树（*Ficus microcarpa*）属桑科植物，大乔木，树干粗大，盘根交错，枝叶浓密，四季常绿，生命力旺盛。一截榕树干，插入湿地，当年便长成一棵树，日后便可独木成林。榕树品格高尚，绿树浓荫，气根长垂，容纳万象，有圣者的爱心，老者的慈祥，长者的宽容。在福建、台湾、澳门地区人们宠爱榕树，认为榕树最有灵气，喜种榕树，有"无榕不成村"的说法。北宋治平年间（约 1066 年），福州太守张伯玉，发动市民种榕，20 年后"绿荫满城，暑不张盖"，故福州又称榕城。1100 年苏轼被贬南下，在广州游净慧寺，院内 6 颗参天巨榕使他游兴大发，挥笔写下"六榕"两字，由此寺名改为"六榕寺"。榕树还是人文墨客抒发情感的对象，明代黄道同的《榕颂》，现代蔡其侨的《榕树》，流行歌曲《在榕树下》等都展现了精神层面的森林文化。

（10）项王手植槐

在江苏省宿迁城区"项王故里"的庭院中，有棵古老遒劲的槐树（国槐，学名 *Sophora japonica*），树龄 2200 余年，树高 10.2m，胸径 123cm，冠幅 10m^2。据《江南通志》记："相传项羽亲手所植"，故曰："项王手植树"（图 2-23，见图版）。项羽虽然在楚汉相争中战败，但是，宿迁人民对他仍是深切地同情和怀念。有诗曰："率子弟八千终酬大志，留槐花一树好壮英风"。

"项王手植槐"历经沧桑。据《淮阴风物志》介绍，宋初，黄河夺淮，下相城（今宿迁古城）湮圮，但项王故里的槐树幸存。明嘉靖十三年（1534 年）修西楚霸王庙。清康熙四十二年（1703 年）宿迁县令胡三俊立"项王故里"碑，直到 1935 年建"安槐亭"，后因战乱，"项王庙"、"安槐亭"皆已倾圮，唯项王手植槐"几经枯萎，侧枝生成"。主干中空可对弈，树冠分两枝东西横生，曾遭雷击，西枝断裂，又萌枝与东枝做伴。1981 年江苏省政府拨专款修建项王故里，"项工手植槐"列为重要旅游景点，吸引八方来客。

（11）胡杨

胡杨（*Populus euphratica*）是一种古老的树种，我国古代习称胡桐，由于叶形变异大，故又称异叶杨。距今有 300 万 ~ 600 万年历史。胡杨是一种生命力极强的树种，既有明显的主根，又有庞大的侧根，使胡杨能有效地抵御荒漠中大风的侵袭。胡杨一生中要长三种不同的叶子，在幼苗期长出的叶子像细线一样，可以最大限度地减少体内水分消耗；5 ~ 15 龄，树叶由线形向柳叶形转变，以增强光合作用，加速生长；15 龄以后，树叶向银杏叶发展，使光合作用进一步加强。成年胡杨叶片和小枝上覆被着蜡质和短绒毛，能够减少体内水分消耗，适应干旱缺水的荒漠气候。胡杨在最高气温 41℃，最低气温 -39℃，年降水量只有 50mm，年蒸发量 3700mm 的气候条件下也能生存生长。

胡杨是植物中的"长寿"树种，胡杨林一般寿命 100 ~ 140 年，单株可达 150 ~ 400

年，在哈密地区伊吾县荒漠河岸有一株 725 年的老胡杨，树高 15m，胸径 127cm，冠盖如伞，挺立于荒漠。维吾尔族民间用"活着不死一千年，死后不倒一千年，倒下不朽一千年"赞美胡杨顽强的品格（图 2-24，见图版）。在沙漠中，胡杨即便被沙漠淹没，只剩树冠在外，依旧枝叶繁茂，一副傲沙的英雄气概，被称为沙漠中的斗士。

（12）武陵松

武陵松"苍劲虬曲挂绝壁，不逊黄山迎客松"的武陵松（*Pinus massoniana var. wulingensis*），（图 2-25，见图版）分布在武陵山系的张家界、慈利、石门等市县，之前被误认为台湾松，当地群众称为岩松。针叶粗短，两针一束，球果较小，罕见抱围大树，长相奇特秀丽，生命旺盛，树根穿石扦岩，树冠倒挂岩壁，1500 多年树龄老树，高不过 4m，胸径不过 10cm。武陵松多生长在岩石裸露地或悬崖峭壁石缝中及山脊，土层极薄，风大雾多，海拔 900m 以上形成群落，面积较大，常与乌冈栎（*Quercus phill-yraeoides*）混生，林下有灯笼花（*Enkianthus chinensis*）、无梗越橘（*Vaccinium henryi*）、波叶红果树等，草本植物稀少。其生境与 900m 以下的马尾松明显有别，即使在马尾松与武陵松交叉分布地带，其外形差异也十分显著，一目了然[50]。武陵松是镶嵌在张家界国家森林公园和武陵源风景区砂岩峰林绝壁悬崖上的绿色翡翠，闪烁着生命的顽强与执着。

（13）神奇的杜仲树

杜仲（*Eucommia ulmoides*）（图 2-26，见图版）是树名，又是人名。据古代医学家李时珍考证，"杜仲"原是一位古人，由于他长期服用一种树皮而得道成仙，后人怀念先人，称该树为杜仲。杜仲的树皮、树叶、种子内布满白色橡胶丝，又称"丝绵树"、"银丝树"。杜仲是仅存的古老孑遗树种，我国特产。远在公元前 100 多年，我国先民就发现了杜仲的医用功能，我国第一部药书《神农本草经》就记载了杜仲的药效。李时珍在《本草纲目》中记述了杜仲的叶、皮、种子均可入药，久服可以轻身耐老、润肝燥、补肝虚。20 世纪 60 年代初，原北京林学院的任宪威教授在慈利索溪峪发现过 1 株野生杜仲王。慈利江垭林场、岩泊渡一带曾大面积种植杜仲。杜仲不仅可以提取药用成分，酿造杜仲酒，还可提取杜仲胶，用途广泛，经济价值高。目前，杜仲开发已出现强劲势头。

（14）香柏

香柏（*Thuja occidentalis*）（图 2-27，见图版）又称北美香柏，为柏科崖柏属，常绿乔木，高可达 20m，胸径可达 200cm。柏木中的香柏被称为百木之长，树龄可达 3000年，木质坚实厚重，色彩金灿华贵，万年不腐不朽，有美容美肤，消炎镇痛，能缓解松弛神经，安抚波动情绪，减轻心理压力等功效。据分析鉴定香柏含有 23 种化合物，以酮类为主要成分。人们认为香柏树是正气、高尚、长寿、不朽的象征。文学家将香柏颂为森林之王；君王将香柏视为能力的象征，势力稳固的图腾。福建农林大学用香柏木材制成精美礼品馈赠高雅之士。香柏具有物质文化、精神文化、行为文化等多种文化价值。

（15）崖柏

崖柏（*Thuja sutchuenensis*）（图 2-28，见图版）又称四川侧柏，是中国特有珍稀濒危树种，生长在海拔 700~2100m 的悬崖峭壁上，扎根艰难，在石缝中迎风霜、战严寒、求生存，恶劣的生长环境铸就了其矮小、扭曲的身形；塑造了其顽强、沉稳的品格；赋予了细腻、馨香的内涵。

1892 年法国传教士在四川（今重庆市）城口发现崖柏，1899 年崖柏标本珍藏于法国巴黎、德国森根堡、美国皇家爱丁堡、英国皇家克佑四个博物馆，并被多国科学家、植物学家研究而后引用；但在此后一百多年中，再无人发现其踪迹，1998 年世界自然保护组织宣布崖柏灭绝；1999 年 10 月重庆重新发现崖柏，并在 2000 年第三期《植物杂志》发表"崖柏没有灭绝"。崖柏生长缓慢有"百年高不盈尺"之说，年径生长量仅为 0.2cm，崖柏香气四溢；新鲜叶片含有 31 种萜类化合物，促进内分泌和生长激素，贮藏 10 年的木材仍含有 35 种化学成分，其中有 24 种萜类化合物。萜类化合物有镇痛、驱虫、祛痰、利尿、抗炎、抗风湿、抗肿瘤、降血压等多种生理功效，用崖柏萃取的精油，有"芳香开窍、嗅觉复兴"功效[51]。李时珍的《本草纲目》中记载："采当年新生叶阴干为末，白蜜为丸，以下酒，服一年延命十年，服二年延命二十年。"现在崖柏根雕、崖柏精油、崖柏面膜、崖柏养生茶已先后问世。可见崖柏的精神文化内涵不仅仅是"松柏常青"、"坚忍不拔"的树文化，而且已经外延至医药文化、养生文化和产业文化，有极为重要的科研价值。

（16）剑州路柏

剑州路柏位于四川省北部山区的剑阁县境内，民间又称"皇柏"、"张飞柏"，是由 2 万多株古柏木（*Capressus funcbris*）组成的长约 150km 的绿色长廊，它以历史文化名城剑阁为中心，东南至阆中，西南至梓潼，东北至广元昭化，像一条绿色巨龙，沿着起伏的山峦，跨越沟壑深涧，蜿蜒盘旋于崇山峻岭之间。自清代诗人乔钵题写："剑门路，崎岖凹凸石头路。两旁古柏植何人，三百里程十万树。翠云廊，苍烟护，苔花阴雨湿衣裳，回柯垂叶凉无度"（图 2-29，见图版）之后，"翠云廊"这个充满诗情画意的名字便成了"剑州路柏"的雅名。"翠云廊"树势雄伟，古朴苍劲，千姿百态，翁蓊郁郁。"翠云廊"古柏，虽经历沧桑，仍然枝繁叶茂，生机益然，是世界上罕见的人工种植的古老行道树群体，被誉为"蜀道奇观"。1993 年 9 月林业部批准建立剑门关国家森林公园，"翠云廊"便是其中重要景区。千百年来，"翠云廊"古柏因遭天灾战乱劫难，株数少了许多，但仍气势如故，古貌犹存[52]。

关于"翠云廊"的形成，众说纷纭。民间最普遍、最多的说法是，三国蜀汉名将张飞任巴西（今阆中）太守时，号令士兵与百姓"植树表道"，以利军需；另有史籍记载明朝正德乙亥年间（1515 年），为剑阁知州李壁倡导所植；但从最早记载剑门蜀道修路植树的"种松碑"上，又说明东晋年代这里沿路植树已成规模。根据文献记载和科学工作者对现存古柏的研究、考证，得到众多专家共识：古蜀道大规模植树有 7 次；剑阁境内驿道的整治和驿树的补植有 6 次。今天的"翠云廊"，始于秦汉，完备于明朝，是历代劳动人民用汗水浇灌而成的艺术长廊。

（17）松柏常青树

松柏常春树（图 2-30，见图版）位于四川省剑阁县古驿道旁，古木编号 1027 号，树高 27m，胸径 116cm，材积 10.9m³。据专家考证，此树生于秦惠文王时代，树龄 2300 多年，树枝叶似柏像松，球果形状似松果，而种子却是柏树颗粒，因此当地人将其称为"松柏常青树"。1963 年，朱德来视察，亲临树下，嘱咐当地党政领导要好好地保护这棵松柏树，继后邓小平、杨尚昆、郭沫若等中央领导多次来此视察，引起林业部门的重视，1978 年四川省林业科学研究院的分类专家鉴定，认为此树是一种新品种，是世界稀有品种，定名为"剑阁柏"。1987 年四川省人民政府批准此树为四川省三级重点保护树种，列入珍稀树种保护名录。

（18）珙桐

珙桐（*Davidia involucrata*）（图 2-31，见图版）又名鸽子树，是珙桐科珙桐属单种落叶乔木，中国特有树种。珙桐是第三纪古热带植物区系的孑遗树种，当时在世界各地分布很广，第四纪冰川后，仅存于中国南方的局部山区。1869 年法国神甫戴维斯（A. David）在四川穆坪（今宝兴）首次发现珙桐，引起各国植物学界重视，纷纷来中国采集标本，称它为"中国鸽子树"。珙桐主要残存在四川、云南、贵州、湖南、湖北等省的山区。湖北宣恩有一片 60hm² 以上的珙桐纯林；四川卧龙自然保护区内有大约 700hm² 珙桐与其他常绿树种形成的常绿落叶阔叶混交林；湖南桑植八大公山生长着 241hm² 珙桐群落，其中有大树 6966 株，最大的一株，树高 25m，胸径 110cm，冠幅 550m²，树龄 300 多年，被称为"珙桐王"[52]。

珙桐在湖北民间还流传着一个动人的神话故事：古代有个皇帝，生有一女名叫白鸽，美若天仙，才华过人，皇帝视若掌上明珠，不论临朝或出游均携之左右。一日游经一村小憩，恰遇农家小伙名珙桐，眉清目秀，仪表非凡，公主一见钟情，乘父王不察，将所戴碧玉簪一折为二，分小伙一半，并作终身誓约。后被皇帝发觉，视为大损尊严，即择吉日为公主另招驸马，并派人将珙桐抓往深山杀死。噩耗传来，公主连夜淡妆素裹，逃出深宫，寻至珙桐受害处，抚尸痛哭，泪飞如雨，感动了上苍，尸体忽化为小树，形同半截碧玉簪，葱茏上长不已，公主随伸展双臂扑向树冠，顷刻变成洁白花儿，欢居枝头。

珙桐以其花朵奇特美丽而成为世界上著名的观赏树，受到各国园艺界的重视。在每年盛花期，两个洁白苞片似白鸽双翅，在阳光下闪闪发光，伴随轻风，满树"银花"，如群鸽栖枝展翅欲飞，令人赏心悦目，流连忘返。

三、树木象征文化

我国民间的象征语言，以一种语言的第二种形式，贯穿于人们的信息交流之中，它比一般语言表达的意义更隐含，有更深入的效果，树木象征语言就是民间丰富多彩的象征语言中的一种。举例如下。

1）杜鹃花（azalea）：杜鹃花又被称为"布谷鸟的花"，由于布谷鸟脖子上的一圈红色与红杜鹃花颜色相似，有的地方将布谷鸟称为"杜鹃"。四川山区多杜鹃花，在四川民俗中杜鹃花和布谷鸟都占有重要地位。杜鹃花常被用来比喻漂亮女人。

2）荔枝（lichee）：中国南方将荔枝核、干龙眼放在新婚夫妇床上，祝他们早生贵子。干龙眼和荔枝在一起象征"伶俐"。

3）梅（plum）：梅花被称为"冰肌玉骨"，比喻嫩芽和天真纯洁的姑娘。梅象征冬天与处女。王安石诗云：

> 墙角数枝梅，凌寒独自开。
>
> 遥知不是雪，为有暗香来。

梅花的五个花瓣，象征着五个吉祥之神。人们常用二度梅比喻再婚。

4）石榴（pomegranate）：石榴是三大吉祥果之一，另两种是桃和佛手。这些水果象征丰裕和充足。石榴象征着多子。一幅画着石榴半开的画是最好的结婚礼物，称为"榴开百子"。石榴花在农历五月开放，正是夏天，与兰花、蝴蝶花、海棠花一起称为"四季花"。画面上如果有石榴、官帽、肩带，则象征家族中的官职将世代相袭[53]。

5）枣（date）："枣"与"早"同音，象征"快"或"早"。枣树与荔枝果画在一起，表示祝您赠了人早生贵子；樟树与枣树画在一起，表示祝被赠予人后代仕途顺利。湖南湘西北土家族人，新媳妇进门第一脚要踩在一个用红纸糊面的纸盒上，盒内装着枣子与花生，一脚踩破红纸，露出枣与花生，表示希望新媳妇"早生贵子"，而且要男孩、女孩插花着生。

6）黄杨（boxwood）：黄杨象征长寿。

7）桂（cinnamon Tree）：桂树的花散发着迷人的芳香，"摘桂"意味着通过了科举考试。将桂花与桃花画在一起，象征着"长寿和富贵"。

8）木兰花（magnolia）：木兰花在古代，只有得到皇帝同意才能拥有这种花，一代又一代，皇帝赐花给谁，就表示谁得到了皇帝的恩宠。木兰花象征着美丽的女子。

9）橘（orange）：橘子被认为是好运气的预告者。一般春节后第二天吃橘子，皇帝在这天将橘子赐给他的臣子。潮汕人春节后第一次串门出访，一般会给主人带四个橘子，"橘"与"吉"谐音，表示祝主人四季红火，大吉大利。

10）桃（peach）：桃被最广泛地应用于象征文化之中。桃花、桃木与桃子均可用于避邪，桃花瓣可作护身符。民间传说王母娘娘的仙桃可益寿延年，因此桃象征长寿。在诗词中，桃也是一个受人喜爱的主题。例如，李白的"桃花流水窅然去，别有天地非人间"。

11）梨（pear）：梨花常用于形容美好的事物，如"梨花带雨"形容女子的娇美。"梨"与"离"同音，情人间、朋友间、亲人间忌讳分食一个梨。

12）苹果（apple）：因"苹"与"平"同音，象征平安，是受人欢迎的礼物。

13）杏（apricot）：杏代表中国旧历法中的二月。杏核用于比喻漂亮的眼睛。

14）竹（bamboo）：竹是谦虚，刚直不阿的象征，竹与梅画在一起寓意夫妻，画中如果还有一对男女，寓意新婚幸福。

15）桐（wood oil tree）："桐"与"同"音一样，画一个喜鹊站在桐树上，表示"同喜"。

16）柳（willow）：柳自古以来用于形容美丽的女子，如柳枝比喻腰身，柳叶比喻弯眉。民间相传柳枝可祛邪，因此在古代给亲人朋友送行时，会送一根柳枝。

第三章 自然保护区文化

自然保护主要是指自然资源和与之相关联的各种环境的综合保护。自然保护在社会学范畴来讲，它是一种政府行为，主要应通过国家法律、法规和政策对自然资源进行合理地开发利用，使自然资源和生态环境得到良好的保护和改善。

概括地讲，自然保护有以下几个目标。

1）保护人类赖以生存、发展的生态系统，使其免遭退化、破坏和污染。

2）保证生物资源的永续利用。

3）保存生物物种资源和遗传物质的多样性。

4）保留自然历史遗迹和地理景观。

目前要达到上述自然保护的目标，一个重要的途径就是划定自然保护区，对保护区覆盖的区域进行保护。

第一节 自然保护区概述

一、自然保护区定义

概括地说，自然保护区是为了保护自然资源，而划出一定的空间范围加以保护的地区。

（一）国外的定义

世界自然保护联盟（IUCN）在 2008 年发布的保护区管理分类体系新指南中，对自然保护区定义是"明确界定的地理区域，经由法律或其他有效方式得到认可，旨在对自然、相关的生态服务和文化价值进行长期保护和有效管理[54]"。这个定义反映了对自然的更广义看法：包括生物多样性和对自然保护的重视。同时 IUCN 还强调，只有那些主要目标或结果是保护自然的区域才是保护区，也包括以保护其他的目标的区域，文化或精神层面同等对待，但是自然保护是最优先考虑的。

（二）国内的定义

我国自然保护区划定始于 1956 年。在 1956 年林业部制定了《关于天然森林禁伐区

（自然保护区）划定草案》，当时自然保护区也称天然森林禁伐区，《草案》提出了自然保护区的划定对象、划定办法和划定地区，并在全国 15 个省（区）划定 40 余处禁伐区方案，但并未就自然保护区给出明确定义。

我国关于自然保护区的定义，主要有两个。在我国《自然保护区类型与级别划分原则（GB/T 14529—1993）》中，对自然保护区的定义是国家为了保护自然环境和自然资源，促进国民经济的持续发展，将一定面积的陆地和水体划分出来，并经各级人民政府批准而进行特殊保护和管理的区域。在 1994 年发布的《中华人民共和国自然保护区条例》中，对自然保护区的定义是对有代表性的自然生态系统、珍稀濒危野生动植物物种的天然集中分布区，有特殊意义的自然遗迹等保护对象所在的陆地、陆地水体或者海域，依法划出一定面积予以特殊保护和管理的区域。作者认为《中华人民共和国自然保护区条例》中的定义更能体现自然保护区的资源特点和设立自然保护区的目的。

二、自然保护区分级

目前世界各国对自然保护区的分级不尽相同。美国的保护区分为多个体系，但基本上分为两个级别，即国家级和州级。其中国家级保护区（国家公园、国家野生生物避难所、国家荒野区、国家海洋保护区等）由联邦政府相关部门负责管理；州级保护区则由州相关部门负责管理。日本、加拿大和南非等国也有类似规定[55]。

我国把自然保护区分为国家级、省（自治区、直辖市）级、市（自治州）级和县（自治县、旗、县级市）级四级。国家级自然保护区，是指在全国或全球具有极高的科学、文化和经济价值，并经国务院批准建立的自然保护区。省（自治区、直辖市）级自然保护区，是指在本辖区或所属生物地理省内具有较高的科学、文化和经济价值及休息、娱乐、观赏价值，并经省级人民政府批准建立的自然保护区。市（自治州）级和县（自治县、旗、县级市）级自然保护区，是指在本辖区或本地区内具有较为重要的科学、文化和经济价值及休息、娱乐、观赏价值，并经同级人民政府批准建立的自然保护区[56]。

自然保护区的名称需按国家规定命名，从自然保护区的名称就可以看出其级别，如广东象头山国家级自然保护区、广东古田省级自然保护区、惠东县红树林自然保护区。

三、自然保护区的类型

自然保护区是一个泛称，实际上，由于建立的目的、要求和本身所具备的条件不同而有多种类型。

（一）世界自然保护联盟保护区类型

自然保护区分类是自然保护区管理与信息交流的基础。自 1872 年美国黄石公园建立以来，世界自然保护区事业已经历了 100 多年的发展历史。国际上对自然保护区类型的划分一直未能最后统一。在世界自然保护联盟（IUCN）2008 年的保护区管理分类体系新指南中，将保护区分为 6 个类型，分别为：Ⅰa 严格的自然保护区类型，Ⅰb 原野保护区类型；Ⅱ国家公园类型，Ⅲ自然历史遗迹或者地貌保护区类型；Ⅳ生境、物种管理区类型；Ⅴ陆地或海洋景观保护区类型；Ⅵ自然资源可持续利用保护区类型。

（二）中国自然保护区类型

自然保护区类型划分的探索始于 20 世纪。随着自然保护区事业的不断发展，1980 年全国农业区划委员会自然保护区专业组曾根据保护区的主要客观类型和保护对象，将自然保护区初分为 3 种类型，即森林及其他植被类型、野生动物类型和自然历史遗迹类型，这是我国保护区类型划分的雏形。1993 年《中国自然保护区类型与级别划分原则》被作为国家标准（GB/T 14529—1993）由原国家环境保护总局和国家技术监督局联合发布，执行至今，仍是现行标准。该标准根据自然保护区的主要保护对象，将自然保护区划分为 3 大类别，9 种类型，详见表 3-1。

表 3-1　自然保护区类型划分表

类别	类型
自然生态系统类	森林生态系统类型
	草原与草甸生态系统类型
	荒漠生态系统类型
	内陆湿地和水域生态系统类型
	海洋和海岸生态系统类型
野生生物类	野生动物类型
	野生植物类型
自然遗迹类	地质遗迹类型
	古生物遗迹类型

还有一些学者按照保护的主要对象来划分，自然保护区可以分为生态系统类型保护区、生物物种保护和自然遗迹保护区 3 类；按照保护区的性质来划分，自然保护区可以分为科研保护区、国家公园（即风景名胜区）、管理和资源管理保护区 4 类。

不管保护区的类型如何，其总体要求是以保护为主，在不影响保护的前提下，把科学研究、教育、生产和旅游等活动有机地结合起来，使它的生态、社会和经济效益都得到充分发展。

四、自然保护区的功能

自然保护区可简单理解为"受到人为保护的特定自然区域"。从国内外自然保护区的建设情况来看，自然保护区主要功能体现在以下 6 个方面。

（一）保护天然本底

自然保护区所处的区域一般是具有一定的代表性、稀有性和生物多样性（biological diversity），保留了一定面积的各种类型的生态系统，自然保护区是就地保护生物多样性的最有效手段，可以为子孙后代留下天然的本底。这个天然的本底是今后子孙利用、改造自然时应遵循的途径，为人们提供评价标准及预计人类活动将会引起的后果。

（二）保护生物物种

自然保护区拥有丰富的生物多样性和自然生态系统，是各种生物物种的储备地和储备库，也是拯救濒危生物物种的庇护所。例如，长白山是由于火山的不断喷发而形成的典型火山，其主体是由火山岩和其他火山废弃物组成。长白山的地貌主要有火山锥、倾斜熔岩高原、熔岩台地三种。长白山火山的最后一次喷发是 1702 年，距今 310 多年。长白山生物圈保护区位于吉林省延边朝鲜自治州境内，面积 20km²，建立于 1960 年，境内最高峰 2697m；年均气温-7.3℃，年平均大风日数 269 天，年降雪日 145 天，积雪时间 258 天，年降水量 1333mm，年平均风速 11.7m/s，是个寒冷、湿润、多大风的地区。长白山生物圈保护区是东北保护较好的原始森林，拥有许多特有、珍稀动植物物种，是世界著名的基因库之一。保护区内的 2277 种植物、1225 种野生动物均受到良好保护。在 2277 种植物中，有 25 种珍稀濒危植物，尤其是长白山的土著种瓶尔小草（*Malus komarouii*），世界级珍惜濒危物种野山参（*Panax sinsens*），以及境内的 10 种杜鹃科植物；76 种国家级保护动物。在长白山这个严寒的大风高山火山区能储存 3502 种生物物种实属罕见。

（三）研究自然生态场所

自然保护区拥有完整的生态系统，丰富的物种、生物群落及其赖以生存的环境，为开展相关的科学研究提供了得天独厚的实验室。其是环境保护工作中观察生态系统动态平衡、取得检测基准的最佳实验场所。这种研究包括：生态学和生物学，研究内容为保护对象与自然环境间的关系；经济学，内容为在人为保护条件下，自然资源发展的趋势和经济潜力；社会学，研究人类活动对自然资源与环境的影响。

（四）维护生态平衡

自然保护区的森林、雪山、湿地、果园等能在涵养水源、保持水土、改善环境和保持生态平衡等方面发挥重要作用。

（五）宣传教育天然基地

自然保护区是宣传教育活的博物馆。自然保护区是宣传国家自然保护政策的讲坛，可以普及自然知识和自然保护法律，向当地人和旅游参观的人介绍资源保护和持续发展的意义，可以开展生态文明教育，让人们了解大自然、享受大自然、保护大自然。自然保护区内的美景还能令人心旷神怡，使人精神焕发，燃起生活和创造的热情，培养生态道德，培养审美能力。

（六）发展生态旅游

自然保护区以其优越的生态环境条件，可发展生态旅游。生态旅游是一种欣赏和认识自然的高层次旅游活动。它所倡导的是人与自然的和谐统一，注重在旅游活动中通过人与自然的情感交流，能真正体会到大自然是生命的源泉，是人类发展的基础。同时，开发利用一些有观赏价值的景观资源，开展以自然景观为主体的生态旅游活动，也是我国自然保护区建设中的一种特殊方式。自然保护区内的各种生态旅游设施具有乡土风情，朴实而富有野趣，与其他类型景区旅游相比，可谓别具一格，是参观游览者获得自然科学知识的理想课堂。保护区发展生态旅游可为保护区带来巨大经济效益。例如，神农架国家级自然保护区近年来的旅游收入每年 2000 万元以上，鼎湖山国家级自然保护区每年旅游门票收入超过 4000 万元，成为当地纳税大户，有力地支持了地方社会和经济发展[31]。为了平衡自然保护和利用间的矛盾，越来越多的人自觉或不自觉地认识到自然保护区不应该再作为一个封闭的、孤立的区域来管理，而应该是一个多功能（或用途）的复合体或系统，1998 年 Davey 即提出过此观点。基于这样的考量，联合国教科文组织"人与生物圈"计划即在 1995 年于《世界生物圈保护区网络章程框架》中提出开放式、参与式和适应式管理保护区的理念，以建立利用保护方式来解决自然保护和人类发展面临的矛盾的区域。

在"人与生物圈"保护区功能的基础上，我国自然保护区管理者或研究人员也在不断地思考我国自然保护区的功能，叶万辉、欧阳学军、张欣认为，在保护生物多样性和自然环境的同时，自然保护区应该服务于科学研究、科普教育、交流与合作及区域社会经济发展，自然保护区应具备自然保护、科学研究、科学普及、交流合作和促进社区发展五项功能，这样就能较好地总结我国自然保护区应具备的功能[40]。

五、自然保护区的发展

（一）世界自然保护区的建立与发展

1872 年世界第一个自然保护区——美国黄石公园的依法设立被认为是现代保护区建设的开端。同时，北美、澳洲和非洲大陆的一些新兴国家开始兴建首批自然保护区。到 20 世纪末，几乎每一个国家都通过立法设立自然保护区。除了在地区和国家水平上建立自然保护区外，一些在区域或全球和世界遗产地、湿地公约等范围的自然保护区网络也相继建立起来（如欧洲的 Natura2000）。20 世纪 80 年代以来，世界保护区事业在世界保护联盟的推动下获得了空前的发展。据世界自然保护监测中心（WCMC）统计，至 2009 年，全世界的自然保护区已超过 11 万处，陆地自然保护区面积 $1710 \times 10^4 km^2$，占陆地总面积的 14.72%。90% 自然保护区是在近 40 年里建立的。自然保护区占国土面积的百分比已成为衡量一个国家自然保护事业发展水平、科学文化水平的重要标志。目前，全世界自然保护区数量和面积仍在不断增加，同时其功能也在发生变化。保护区已成为促进人与自然协调、建设持续社会的基本单元。保护区不仅对保护生物多样性起重要作用，而且通过提供环境效益保证工农业安全生产、促进可更新资源的持续利用和发展生态旅游等，使各地在环境保护、社会发展和经济建设上获得了巨大利益。

"人与生物圈"（MAB）计划是联合国教科文组织（UNESCO）针对全球面临的人口、资源、环境问题，于 1971 年发起的一项政府间跨学科的大型综合性的研究计划，其总目标是在自然科学和社会科学的范围内，为合理利用和保护生物圈资源及改善人与环境的关系提供科学基础，预测目前人类活动对未来世界的影响，从而增强人类有效管理生物圈自然资源的能力。该计划的主题思想和理念在于"人"是生物圈的有机组成部分，因此由环境及其保护所带来的一切议题和问题的解决不能脱离"人"及其社区的生存需要。该计划的终极目标是实现人与环境的和谐共处。

设立生物圈保护区是实现"人与生物圈"计划目标的重要措施，它强调把保护区及周边地区人民的生活改善、经济发展、社会进步与生态环境保护结合起来，进而找出一条既可以保护自然资源、文化资源，又可以促进经济可持续发展的模式。因此，生物圈保护区具有保护、发展，支持开展研究、监测、宣传，培训的三大功能。

经过 40 年的发展，世界生物圈保护区网络已包括 114 个国家的 580 个生物圈保护区，面积达 5.7 亿 hm^2，约占全球陆地面积的 4%。各地区及保护区依照生物圈保护区的理念，根据自身实际寻找各自的发展模式，它们的经验与教训为网络成员及其他不同类型的保护区的管理提供了比较研究、实验和学习的样板。生物圈保护区为生物多样性的保护和人类社会经济可持续发展及互惠互利之间建立一种和谐关系找到了努力的方向。

(二) 中国自然保护区的建立和发展

1956 年 9 月第一届全国人民代表大会第三次会议上，秉志、钱崇澎等科学家提出《请政府在全国各省（区）划定天然林禁伐区，保护自然植被以供科学研究的需要》的 92 号提案。这个提案由国务院交林业部会同中国科学院办理。1956 年 10 月，林业部制定了《关于天然森林禁伐区（自然保护区）划定草案》，提出了自然保护区的划定对象、划定办法和划定地区。同年在广东省肇庆市建立了以保护南亚热带季雨林为主的中国第一个自然保护区——鼎湖山国家级自然保护区。1963 年，全国人民代表大会代表竺可桢等科学家又在全国人民代表大会上，提出开展自然保护工作的建议，对于在我国自然保护工作开展情况做了系统发言。1980 年以来，随着我国经济建设的发展和世界自然保护事业的兴起，中国自然保护得到各级政府的重视，自然保护区由一种类型发展为多种类型，由一个部门管理扩大到多个部门管理。特别是自 1922 年世界环境与发展大会以后，中国积极参加一些自然保护组织和签订有关国际公约，自然保护区建设获得迅速发展。截至 2011 年年底，我国已经建立 2640 处自然保护区，其中国家级自然保护区 335 处，各级自然保护区总面积为 149 万 km^2，陆地自然保护区面积约占国土面积的 14.93%。截至 2010 年年底，我国还建立了近 5 万个自然保护小区，100 处国家湿地公园。这些自然保护区，有效地保护了我国 90% 的陆地生态系统、85% 的野生动物种群和 65% 的高等植物群落，以及 20% 面积的天然林群落。调查结果显示，我国 20% 面积的天然林群落，50.3% 的自然湿地，85% 以上的珍稀野生动植物物种，特别是大熊猫、金丝猴的野外种群，都依靠自然保护区得到了有效保护。我国共有 28 处自然保护区加入联合国教科文组织"人与生物圈"保护区网络，37 处被列入国际重要湿地名录，18 处被列为世界自然遗产名录，相当一部分自然保护区是全球生物多样性保护的重点地区，在世界生物多样性保护中发挥着十分关键的作用，具有广泛的国际影响。目前，在全国形成了一个布局基本合理、类型齐全、功能逐渐完善的自然保护区网络体系。

六、自然保护区的管理

(一) 部门隶属状况

目前我国建立并管理自然保护区的部门有林业、环保、农业、国土资源、海洋、水利、住房和城乡建设（住建）等，一些科研院所、高等院校、乡村社区也建立并管理了一些自然保护区，但林业、农业、国土资源等自然保护区主管部门管理的自然保护区数量仍占绝大多数。自然保护区隶属主管部门图如图 3-1 所示[41]。

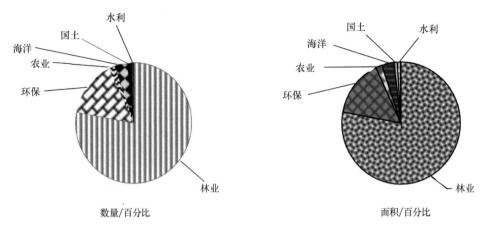

图 3-1　自然保护区隶属主管部门图

林业部门归口管理的自然保护区 1958 个（其中国家级自然保护区 251 个），保护区面积 11 604.49 万 km²，分别占全国自然保护区总数和总面积的 74.17% 和 77.51%，列各部门之首。与 2010 年相比，自然保护区数量增加了 40 个，面积增加了 18.51 万 km²。

环保部门归口管理 253 个自然保护区（其中国家级自然保护区 47 个）。

农业部门归口管理的自然保护区 100 个（其中国家级自然保护区 9 个），保护区面积 257.33 万 km²，分别占全国自然保护区总数和总面积的 3.79% 和 1.72%。与 2010 年相比，自然保护区数量增加了 6 个，面积几乎没有变化。

海洋部门归口管理的自然保护区 103 个（其中国家级自然保护区 13 个），保护区面积 510.25 万 km²，分别占全国自然保护区总数和总面积的 3.90% 和 3.41%。

国土部门归口管理的自然保护区 71 个（其中国家级自然保护区 11 个），保护区面积 131.82 万 km²，分别占全国自然保护区总数和总面积的 2.69% 和 0.88%。

水利部门归口管理的自然保护区 39 个（其中国家级自然保护区 2 个），保护区面积 127.59 万 km²，分别占全国自然保护区总数和总面积的 1.48% 和 0.85%。

住建部门归口管理的自然保护区有 10 个，总面积 9.83 万 km²。

除上述部门外，科研院所、高等院校、旅游等相关、单位（统计中列入其他）管理的自然保护区 106 个（其中国家级自然保护区 1 个），保护区面积 77.29 万 km²，分别占全国自然保护区总数和总面积的 4.02% 和 0.52%[57]。

（二）自然保护区的管理机制

近十年来，我国自然保护区事业发展迅速，数量和面积均居世界首位，为了自然保护区的健康、稳步、有序发展，必须加强保护区的管理，其主要管理内容如下。

1. 法制管理

在自然保护区法制管理中需要依据相关的国际重要公约，相关的法律法规，相关的国家政策、地方和保护区政策文件。

2. 组织管理

包括管理体制、人事管理、决策管理、冲突管理等。

3. 规划管理

包括规划制定、审批、变更、实施等内容。

4. 日常管理

包括日常管理、行政管理和技术管理、巡护管理、监测管理、火灾防护管理、保护对象管理、生态旅游管理、资源经营利用管理、科研管理、宣传教育管理、信息管理、技术管理、社区共管等。

5. 财务管理

包括资金来源与支出管理、计划管理。

6. 分区管理

主要指保护区内按功能进行分区管理。

我国人口众多，自然植被相对较少，保护区不能像有些国家那样采用原封不动，任其自然发展的纯保护方式，而是采取保护、科研、教育、生产相结合的方式，在不影响保护区的自然环境和保护对象安全的前提下，允许适当和旅游业相结合，开展一些生态旅游活动。因此，我国的自然保护区内部划分为核心区、缓冲区和实验区进行分区管理。

核心区是保护区内未经或很少经人为干扰过的自然生态系统的所在，或者是虽然遭受过破坏，但有希望逐步恢复成自然生态系统的地区。该区以保护种源为主，又是取得自然本底信息的地区，不允许非研究人员进入。缓冲区是核心区与实验区的过渡区域，是核心区的保护地带，一般人员也不能随意进入。实验区是保护区的最外围区域，也是保护区的生产生活区域，旅游活动一般只能在这个区域开展。

随着科学技术的跨越式进步，科技人员的思维也在与时俱进。叶万辉、欧阳学军、张欣在对保护区的功能分区上有些新观点，既承接了将自然保护区分为核心、缓冲区、实验区三大功能区的理念，又对各功能区的内涵赋予了新的内容。

（1）核心区：不仅具有保护功能，同时还能提供各种生态系统服务，而这些服务可以带来价值（如碳固存、土体稳定、提供清洁的水和空气等）。

（2）缓冲区：除了缓冲作用外，还具有链接核心区和过渡区的生物多样组分的连接功能，以及维护人类学、生物学和文化多样性的"独立功能"。

（3）实验区：除了具有发展功能外，也有保护社区环境的功能；政治边界和保护区边界间的协调也值得认真考虑（如跨境保护问题）。

第二节　自然保护区文化的存在形式

一、自然保护区物质文化

我国已有 2640 个各种类型的自然保护区，面积 149 万 hm²。保护区内资源丰富，拥有生物多样性资源、景观资源、土地资源、水资源、新鲜空气资源、人文资源等，拥有森林、河流、湖泊、草原和数以千万计的生物物种资源。对自然保护区上述资源的管理是一门复杂的学问，涉及的学科门类多、知识面广、技术性强，蕴含着丰富的文化。

例如，长白山自然保护区具有温带山地生态系统及自然景观，境内拥有特殊的火山岩地貌、中国东北最高的山峰、火山口湖泊、温泉、植被垂直分布带、原始森林、高山苔原、森林湿地、孑遗植物、特有动植物、珍稀濒危动植物、濒危物种等多种物质，以及传说中的天池怪兽等，都承载着源远流长、博大精深的中华文化。1985 年建立的长白山自然博物馆，20 世纪 80 年代后期建立的永久性标语牌、广播站、画廊及各种生态旅游设施等直接展现了长白山自然保护区丰厚的物质文化。

二、自然保护区精神文化

（一）鼎湖山精神

自然保护精神是文化内涵的体现形式之一。1956 年，我国在被誉为"北回归沙漠带上的绿色明珠"的广东肇庆鼎湖山建立了第一个自然保护区，这标志着我国自然保护事业的历史开端。在 56 年的建设历程中，广东鼎湖山国家级自然保护区栉风沐雨、开创进取，创造了难能可贵的"鼎湖山精神"，作者将其概括为：开拓创新精神、勇敢担当精神、执着务实精神。

1. 开拓创新精神

老一辈科学家陈焕镛、秉志、钱崇澍、杨维义、秦仁昌等慧眼识珠，敢为人先，确定鼎湖山有重要科学价值，倡导成立了鼎湖山自然保护区。有老一辈科学家、建设者、领导人的开拓创新精神，才有自然保护事业的先锋，才有了鼎湖山这个"全国首创"。

2. 勇敢担当精神

1958 年，在全国"大跃进"、"大炼钢铁"的浪潮中，为了砍伐树木烧炭炼钢，当地部分群众也磨刀霍霍对准鼎湖山的参天大树，黄吉祥、石国梁、谢福七等鼎湖山的第一代守护者，带领全体职工，历尽千辛捍卫这片绿洲。"文化大革命"期间有人再次将利斧对准鼎湖山的森林树木，还是鼎湖山的第一代守护者，敢于担当，保住了鼎湖山这颗绿色明珠。改革开放初期，随着旅游业各项建设热潮的兴起，自然保护区与地方旅游开发的矛盾凸显，鼎湖山面临着地方政府全面开发旅游的巨大压力，何绍颐研究员毅然上书给国务院副总理方毅，方毅将信转给赵紫阳总理。赵总理批示：我同意鼎湖山保护区必须得到切实保护，不要因开展旅游而遭到破坏。何绍颐的胆识和举措，使鼎湖山自然保护区避免了因旅游开发而遭受重创，这是鼎湖山勇敢担当精神的又一体现。

3. 执着务实精神

鼎湖山自然保护区的孔国辉研究员，虽已年老，还经常上山检查督促保护工作；叶万辉研究员，在经费运转极其困难的情况下，多方奔走呼吁，解决了保护区经费渠道不畅问题。从 2011 年开始，鼎湖山自然保护区管理局每年将直接从中国科学院获得运行经费的支持。叶万辉研究员经过多方不懈努力，从国家环保总局争取到 100 万元资金，建成了鼎湖山自然保护区第一座科普楼。一位又一位、一代又一代的鼎湖山自然保护区的开拓者、研究者、建设者、守护者，以他们淡泊名利、潜心研究、勇敢捍卫、踏实执着的求真务实精神、踏踏实实的工作，使鼎湖山的科研和管理工作成绩斐然。目前，鼎湖山自然保护区已成为优秀科学人才的培养基地、高度开放的学术交流基地、具有较强创新能力的国家野外科学观测试验站、国际知名的生态系统综合研究平台、全国青少年走进科学世界科技活动示范基地和广东省环境教育基地等多种科学教育和科普活动基地。

（二）自然保护区的固守精神

任何一个自然保护区都有一个始终不渝的"保护"使命：保护自然环境、保护自然资源、保护土地、保护生物多样性、保护完整的自然生态系统。任凭世事如何变化，社会如何动荡，自然保护区始终保护着自己的领地、自己的森林、一草一木。1958 年的"大跃进"、"大炼钢铁"运动，多少森林树木被利斧砍去烧炭炼钢；"文化大革命"期间乱砍滥伐成风，多少茂密的山林被削为荒山秃岭。就在那样的年月，自然保护区的工作人员仍然恪尽职守，使保护区的森林依然苍翠如黛。保护区工作人员的恪守精神和人格力量与森林的挺拔坚韧融为一体，守护着大自然对人类的赐予。这些都体现了自然保护区的固守精神。

（三）　自然保护区的包容精神

任何一种自然保护区内都容纳着多种多样的森林、树木、草类、兽类、鸟类、鱼类等，大自然的万物在自然保护区内应有尽有。各种生物不仅在保护区内生存、繁衍生息，而且生物与生物之间，生物与环境之间，人与生物之间，人与环境之间长期和谐共处，平衡发展，体现了自然保护区的包容精神。

（四）　自然保护区的奉献精神

从自然保护区具有的功能可以看出，自然保护区就地保护了一定面积的生物多样性和生态系统，为当代人和子孙后代留下了天然本底；储备了大量生物物种；维护着大自然的生态平衡；为人类提供生态研究场所和天然实验室；提供宣传教育基地；提供国际学术交流与合作平台；提供生态旅游场所，从而提高人的素质和科学文化水平，这些都是自然保护区全方位为人类服务的奉献精神之所在。

（五）　自然保护区的进取精神

自然保护区自成立以来，不仅数量和面积不断增加、类型不断增多，而且一直在完善、改进各种管理方法，不断追求进步，中国古代就有朴素的自然保护思想，例如，《逸周书·大聚篇》就有"春三月，山林不登斧，已成草木之长。夏三月，川泽不入网罟，已成鱼鳖之长"的记载。官方有过封禁山林的措施，民间也经常自发地划定一些不准樵采的地域，并制定出若干乡规民约加以管理。此外，所谓"神木"、"风水林"、"神山"、"龙山"等，虽带有封建迷信色彩，但客观上却起到了保护自然的作用，有些已具有自然保护区的雏形。新中国成立后不断采取措施保护森林。从1956年成立自然保护区开始，保护区的数量由少到多，面积由小到大，质量不断提高，管理办法不断完善，服务功能不断增强，人与自然间进一步和谐，这些都体现了自然保护区的进取精神。

三、自然保护区制度文化

法律、法规、管理条例、管理办法、乡规民约等都是一种管理事物和行为的手段。不同的国家、不同的民族、不同的行业、不同的时期有不同的管理办法，呈现出五彩缤纷的制度文化。自然保护区的制度文化，主要表现在如下几个方面。

（一）《中华人民共和国自然保护区条例》的主要内容

1994年9月，国务院发布《自然保护区条例》（以下简称《条例》）。该条例共分五章四十四条。总则中《条例》规定将自然保护区的发展纳入国民经济和社会发展计划。规定国家对自然保护区实行综合管理与分部门管理相结合的管理体制，即国务院环境保护行政主管部门负责全国自然保护区的综合管理，林业、农业、地矿、水利、海洋等部门在各自的职责范围内，主管有关的自然保护区。在自然保护区建设一章中，《条例》明确了自然保护区建立的条件，自然保护区级别分为国家级和地方级自然保护区，国家级自然保护区实行申请、评审和批准制度。《条例》还规定：自然保护区的撤销及其性质、范围、界线的调整和改变，应当经原批准建立自然保护区的人民政府批准。《条例》还对自然保护区的命名、内部功能区划分等做出了明确规定。《条例》设立专门的"自然保护区管理"和"法律责任"章节，规定国家级自然保护区由其所在的省（自治区、直辖市）人民政府有关自然保护区行政主管部门或者国务院有关自然保护区行政主管部门管理。地方级自然保护区，由其所在地的县级以上地方人民政府有关自然保护区行政主管部门管理。《条例》还明确规定禁止在自然保护区内进行砍伐、放牧、狩猎、捕捞、采药、开垦、烧荒、开矿、采石、捞沙等活动；禁止进入自然保护区的核心区；在核心区和缓冲区内，不得建设任何生产设施；在自然保护区内的单位、居民和经批准进入自然保护区的人员，必须遵守自然保护区的各项管理制度，接受自然保护区管理机构的管理。自然保护区核心区内原有居民确有必要迁出的，由自然保护区所在地的地方人民政府予以妥善安置。

（二）自然保护区相关的国际公约

1）《生物多样性公约》。

2）《保护世界文化和自然遗产公约》。

3）《关于特别是作为水禽栖息地的国际重要湿地公约》。

4）《濒危野生动植物种国际贸易公约》。

5）其他相关条约。

（三）我国自然保护区相关的法律法规

1956 年《关于天然森林禁伐区（自然保护区）规定草案》。

1956 年《矿产资源保护试行条例》。

1957 年《中华人民共和国水土保持暂行纲要》。

1973 年《自然保护区暂行条例（草案）》。

1978 年《中华人民共和国宪法》明确规定"国家保护环境和自然资源，防治污染和其他公害"。

1979 年《中华人民共和国森林法（试行）》。

1979 年《中华人民共和国环境保护法（试行）》。

1982 年《水土保持工作条例》。

1982 年《中华人民共和国土地管理法》。

1982 年《中华人民共和国水法》。

1982 年《中华人民共和国海洋环境保护法》。

1983 年《中华人民共和国关于严格保护珍贵稀有野生动物的通令》。

1987 年《中国自然保护纲要》。

1987 年《中华人民共和国草原法》。

1989 年《野生动物保护法》。

1992 年《中华人民共和国陆生野生动物保护实施条例》。

1993 年《中华人民共和国水生野生动物保护实施条例》。

1994 年《风景名胜区管理暂行条例》。

1992 年《气候变化框架公约》和《生物多样性公约》。

1993 年《中华人民共和国水土保持法实施条例》。

1994 年《中华人民共和国矿产资源实施细则》。

1994 年《中华人民共和国自然保护区条例》。

1997 年《中华人民共和国刑法》在第六章第六节新增了破坏环境资源保护罪的内容。

1997 年《中华人民共和国野生植物保护条例》。

1998 年 修改后的《中华人民共和国森林法》颁布生效。

2000 年《中华人民共和国森林法实施条例》。

（四）我国自然保护区相关的政策文件

在我国自然保护区迅速发展的形势下，如何有效管理保护区已成为各级政府应该关注的问题。为此，除了出台相关的法律法规外，我国政府还颁布了一系列的政策和文件作为国际公约和法律法规的补充，解决一些法律难以奏效的具体问题，如一些临时出现的、具有阶段性的、针对性较强的问题。按照级别的不同，这些公共政策和文件分为国家级、地方级和保护区级三类。

1. 国家层面

国家级的政策文件大体可以分为三大类型，分别为综合性的政策文件、保护政策文件和管理政策文件。以下对这三类文件分别做简要的阐述。

（1）综合性政策文件

综合性的政策和文件的内容主要侧重于自然保护区的申报批复、总体规划、发展计划等宏观管理方针，比较重要的有《关于印发〈国家级自然保护区总体规划大纲〉的通知》、《关于印发〈中国自然保护区发展规划纲要（1996-2010年）〉的通知》、《国家环境保护总局关于申报建立自然保护区有关问题的通知》等。《关于印发〈国家级自然保护区总体规划大纲〉的通知》由国家环境保护局和国家计划委员会于1997年11月24日共同发布，其目的是为有效解决我国现有自然保护区的数量、面积和管理现状同我国拥有的生物多样性及各类自然资源的丰富程度存在较大差距，自然保护区的建设和管理仍相对薄弱问题。《国家环境保护总局关于申报建立自然保护区有关问题的通知》由国家环境保护总局于2001年2月27日发布，并于同日执行。其目的是提高自然保护区的建设质量和管理水平，使各级自然保护区的评审工作有序进行。

（2）保护政策文件

保护类的政策和文件是基于某一特定类型的生态环境、自然资源或动植物资源而制定的，换言之，保护政策文件是为了更好地保护某些濒危的或珍稀的保护对象，而由国家相关部门颁布的具有一定强制约束力和指导意义的文件。这类政策文件有一些共同特征：①指向性明显，都是针对特定的珍稀物种、濒危资源或具有较高生态价值的保护对象，如《关于进一步加强麝、熊资源保护及其产品入药管理的通知》。②对每一种特定的保护对象，都提出了特定的保护措施，具有较大的可操作性。例如，在《国务院办公厅关于加强湿地保护管理的通知》中，明确规定"对开垦占用或改变湿地用途的，应责令停止违法行为，采取各种补救措施，努力恢复湿地的自然特性和生态特征"等。③设定了较为明确的目标，针对每一项保护工作都有具体的导向性。例如，《关于加强湿地生态保护工作的通知》的主要目标是保护湿地资源，维护湿地基本生态过程，促进湿地资源保护和合理利用，遏制我国湿地的进一步破坏。

（3）管理政策文件

管理类的政策文件主要涉及我国自然保护区的开发建设、日常运营、项目管理、法律调解等问题，如《国家林业局关于做好政策性森林保险体系建设促进林业可持续发展的通知》、《关于印发〈全国生态示范区建设试点验收暂行规定〉的通知》、《关于涉及自然保护区的开发建设项目环境管理工作有关问题的通知》、《最高人民法院关于审理破坏野生动物资源刑事案件具体应用法律若干问题的解释》、《国家重点保护野生动物驯养繁殖许可证管理办法》、《国家濒管办关于依法规范〈允许进出口证明书〉行政许可工作的通知》、《国家濒管办关于进一步调整授权办事处核发CITES允许进出口证明书的通知》、《国家级自然保护区晋升功能区调整政策》、《国家级自然保护区批复政策》、《关于加强自然保护区管理有关问题的通知》、《关于进一步加强自然保护区建设和管理工作的通知》、《关于国家级自然保护区申报审批意见的报告》等。

2. 地方层面

地方层面的自然保护区管理政策文件，数量上比国家层面的要多，但多依据国家层面的政策文件制定，即地方层面的政策文件是在参照国家政策的基础上，结合地方的特殊性，进一步修订而成的，或者是在国家政策精神的指导之下，从地方实情出发制定出来的更具体的政策文件。

一般来说，地方层面的政策文件比国家层面更具体，更具指向性。它们是直接针对当地保护区的管理而出台的，如《北京市实施〈中华人民共和国野生动物保护法〉办法》、《上海市森林管理规定》、《天津市野生动物保护条例》、《重庆市林地保护管理条例》、《江苏省实施〈中华人民共和国森林法〉办法》、《浙江省自然保护区管理办法》等。这些地方性的规定和条例对国家颁布的政策起到了很好的贯彻落实作用，使自然保护区的管理有了更为直接和明确的行动指导。例如，《浙江省自然保护区管理办法》中提出"乡镇人民政府应当协助做好自然保护区的保护和管理工作"的要求；《江苏省实施〈中华人民共和国森林法〉办法》根据林木的种类对划出林木的补偿费做出了具体的规定等。

3. 保护区层面

保护区层面的政策文件一般针对某一具体保护区，是指导保护区管理工作最为直接的依据，涉及保护区管理的各项工作，如《上海市崇明东滩鸟类自然保护区管理办法》、《浙江省南麂列岛国家级自然保护区管理条例》、《福建省国家级自然保护区管理办法》、《河北省衡水湖湿地和鸟类自然保护区管理办法》、《吉林长白山国家级自然保护区管理条例》、《内蒙古自治区锡林郭勒草原国家级自然保护区管理条例》、《阿尔金山国家级自然保护区管理办法》等。保护区的政策文件根据国家和地区两级政策制定，是确保我国自然保护区有效管理和可持续发展的有力工具。

自然保护区的相关法律法规是保障自然保护区建设、管理等工作顺利有序进行的保障，是我国走生态可持续发展之路的重要支撑，是我国"依法治国"理念的重要体现。

（五）自然保护区制度的实施

建设自然保护区是近现代人类文明发展的一个伟大创举，是人类面对生存挑战做出的明智选择。自 1956 年以来，我国 50 多年的自然保护区事业已取得巨大成绩，已形成了布局较为合理、类型较为齐全的自然保护区体系，为保护生物资源、维护生态平衡做出了重要贡献。自然保护区的制度文化主要体现在以下 6 个方面。

1. 坚持政府主导

自然保护区是一项十分重要的社会公益事业，是政府的一项重要职责。50 多年来，各级人民政府将自然保护区建设纳入经济社会发展规划，健全管理机构，落实人员编制，多方筹措资金，不断增加投入，加强能力建设，提高管理质量，抢救性划建保护区，为推进自然保护区事业发展发挥了主导作用。

2. 坚持部门联动

自然保护区的保护与建设涉及政府多个部门，因此部门联动是做好自然保护区工作的关键。经过 50 多年的工作，已形成"环保部门统一协调、各部门齐抓共管"的基本符合国情的工作机制。林业部门发挥了主力军的作用，是我国自然保护区管理体系的主体。农业、国土、海洋、水利等部门，建立了各具特色的一批保护区和保护小区，成为自然保护区体系的有机组成部分。

3. 完善法规政策

全国人民代表大会先后颁布了《中华人民共和国环境保护法》、《中华人民共和国野生动物保护法》、《中华人民共和国森林法》、《中华人民共和国草原法》、《中华人民共和国渔业法》、《中华人民共和国海洋环境保护法》等与自然保护区相关的法律。1994 年，国务院发布了第一部自然保护区的行政法规——《中华人民共和国自然保护区条例》，全面规范了自然保护区建设管理。有关部门制定了《森林和野生动物类型自然保护区管理办法》、《水生动植物自然保护区管理办法》、《海洋自然保护区管理办法》、《自然保护区土地管理办法》等部门规章。20 多个省份制定了地方法规，200 多个自然保护区制定了管理办法，使自然保护区建设和管理逐步步入法制轨道。

4. 严格环境执法

50 多年来，各地、各有关部门和自然保护区管理机构，通过严格执法、加大执法力度，有效防止了重大生态破坏；通过加强执法检查和建设项目环境管理，制止了一批违法行为，查处了一批违法案件。

5. 依靠科技进步

50 多年来，有关部门、自然保护区管理机构与大专院校、科研院所加强合作，开展调查研究，取得了一批具有较高水平的科研成果，如四川卧龙自然保护区大熊猫繁殖研究、大连蛇岛自然保护区蝮蛇栖息地研究、广东惠州海龟国家级自然保护区海龟繁殖基地、中国科学院 30 多个生态定位站研究等取得了重大进展。

6. 广泛宣传合作

各地区、有关部门和自然保护区管理机构，通过丰富多彩的宣传教育，普及自然保护科学知识，展示生态保护和建设成就，充分发挥了自然保护区的多重价值和多种功能，使其成为教学科研基地，成为弘扬环境文化、开展爱国主义教育、青少年科普教育的重要基地。通过执行国际合作项目、建立姊妹保护区和跨界保护区等多种形式，借鉴先进理念和管理模式，争取资金，加强能力建设。特别是"中国多样性行动计划"、"中国生物多样性国情研究"、"中国自然保护区管理"、"中国湿地生物多样性保护与可持续利用"等国际合作项目，有力地促进了我国自然保护区管理水平的提高，促进了生态文化建设[58]。

目前，我国已经形成了以宪法规范为依据、以环境基本法为基础、以单项专门法为主干、以国际条约为补充的自然资源保护法体系的基本框架。法律法规等制度文化的不断完善，是社会和文化进步的重要标志之一。

四、自然保护区行为文化

行为是心理的表现。在热爱大自然、珍爱生命的思想支配下，人类为了保护自然，奉献了智慧与血汗，涌现了无数值得歌颂的保护自然的英勇行为和先进事例。此处只能列举一二。

（一）政府保护行为文化

在各级政府的主持下，申报、审核、批准建立自然保护区的一系列工作是政府层面的行为文化；制定关于自然保护区的法律法规、方针政策、管理条约是政府层面关心自然保护区的行为文化；组织或代表自然保护区加入世界保护组织、与多个国家签订相关条约、为自然保护区培养人才、配备器材、划拨经费等都是自然保护区政府行为文化的体现。

（二）民间保护行为

我国的自然保护区类型多样，生物多样性丰富，为子孙后代留下了天然的本底。50多年来，我国自然保护区的工作者、学者、民众、个人都在谱写着热爱自然、艰苦奋斗、甘于奉献的自然保护区的行为文化。

（1）中国第一位驯鹤姑娘——徐秀娟

徐秀娟（图3-2，见图版）1964年出生于黑龙江省齐齐哈尔市一个满族渔民家庭，一个养鹤世家。她父亲是扎龙保护区的鹤类保护工程师，母亲也曾在扎龙保护区养鹤10年。徐秀娟小时候常帮着父母喂小鹤。1981年，徐秀娟到扎龙自然保护区和爸爸一起饲养鹤类，成为我国第一位驯鹤姑娘。她很快就掌握了丹顶鹤、白枕鹤、衰羽鹤等珍禽饲养、放牧、繁殖、孵化、育雏的全套技术，她饲养的幼鹤成活率达100%。扎龙保护区也因孵鹤、养鹤、驯鹤技术蜚声中外。1986年，徐秀娟从东北林业大学进修结业，接到正在筹建的盐城自然保护区的邀请，希望她能到射阳滩涂工作。盐城自然保护区是丹顶鹤的主要越冬地，有大片的滩涂沼泽地，长满了芦苇、盐蒿，一条自北向南的复堆河将沼泽地和村庄隔开，人迹罕至，是十分理想的丹顶鹤栖息地。如果能在这个地方建立一个不迁徙的丹顶鹤野外种群，那将是一个重大突破，或许这就是一个世界级的科技课题。徐秀娟为了自然保护区事业，应邀来到盐城自然保护区工作。在盐城保护区工作期间，徐秀娟充分发挥才干，运用学到的理论知识钻研养鹤技术。徐秀娟对这些生灵珍爱有加，鹤已经成了她生命中不可分割的一部分。1987 年，徐秀娟从内蒙古带回的两只白天鹅，经过长期的悉心照料，两只白天鹅逐渐适应盐城自然保护区的气候条件。同年 9 月，两只白天鹅走失。徐秀娟在自然保护区内的芦苇荡中接连寻找了几天，在涉过一条河的时候被河水卷走。徐秀娟牺牲时才 23 岁，她将青春年华，献给了一生热爱并为之呕心沥血的养鹤事业。为了纪念这位年轻的护鹤天使，江苏盐城和齐齐哈尔市扎龙自然保护区分别修建了纪念馆、纪念碑，宣传徐秀娟的事迹，激发人们热爱大自然、保护野生动物，与自然和谐相处、无私奉献、积极进取的精神。著名歌手朱哲琴动情演唱的那首《一个真实的故事》，歌声曾感动了大江南北，忧伤了黄河两岸，令人久久不能平静。这不是一首普通歌，是歌颂徐秀娟舍身救鹤，奉献生命的真实感人的歌。

（2）中国滇金丝猴保护第一人——龙勇诚

滇金丝猴（*Rhinopithecus roxellanae*）（图 3-3，见图版）是濒临灭绝的珍稀动物，主要生活在云南德钦的白马雪山和西藏芒康的近 4000km² 的原始森林中，数量约 3600 只。

中国滇金丝猴保护第一人龙勇诚教授，1955 年出生在湖南通道的一个小山村，1978 年考入中山大学生物系，1982 年分配到中国科学院昆明动物研究所工作，并进入白马雪山自然保护区，开始寻找滇金丝猴。由于猎人捕杀，据说当年滇金丝猴仅有 200 余只。龙勇诚和他的伙伴在深山老林里苦苦寻找了 4 年，才第一次见到滇金丝猴。那是一个很悲凄的场景，在猎人的枪声下，树上一只母猴怀抱的小猴跌落到地面，随后母猴堕地。龙勇诚目睹此景，万分难受，下决心要保护这些精灵，从此开始了他寻找滇金丝猴、保护滇金丝猴的艰苦生涯。20 多年，他和他的伙伴历经千辛万苦，行走数十万公里，踏遍了云南白马雪山的原始森林，查清了滇金丝猴各个种群的分布地和数量；拍摄了近万张照片，摸清了滇金丝猴的生活习性和活动规律；医治了遭受线虫病危害的滇金丝猴，抢救了猎人枪口下的滇金丝猴；绘制了滇金丝猴的分布图，使其种群数量发展到3600 只。龙勇诚申请多项基金，帮助周边社区村民改善生活；通过宣传教育，让猎人变成保护专家，让乡村变成保护场所。2005 年，在白马雪山设立了滇金丝猴保护站和野生动物救助站。龙勇诚痴迷于动物保护，将一生奉献于大山之中，将滇金丝猴当做自己的亲密伙伴。在他的努力下，滇金丝猴不仅数量增多，而且成了明星动物，成为1999 年昆明世博会的吉祥物、形象大使。龙勇诚将滇金丝猴称为雪山精灵，他期望设立滇金丝猴专项基金，使白马雪山 2800 多平方公里土地上的整个生态系统得到长久持续的保护；希望更多的人参与到保护滇金丝猴的工作中来；希望滇金丝猴在大森林中自由自在、无拘无束地生活。龙勇诚对滇金丝猴的保护行为体现了人对生命的珍爱，人与生物的平等，人与自然的和谐精神。

（3）绥宁洞溪古杉的护树碑

洞溪村古杉（*Cunninghamia lanceolata*）生长在海拔 620m 的画皮坳上，树高 32m，胸径 134cm，冠幅约 400m^2，树龄 600 余年。树旁有木结构凉亭 1 座，树下有清雍正六年（1728 年）所立护树石碑 1 块，碑文双面题刻，一面刻："海誓山盟"，碑文："立卖杉树契人杨裕后，今因要银急用，情愿将画皮坳杉树一蔸出卖，典苏建标名下，凭中议定价银一两二钱整。地方闻知，不忍此树砍伐，会首龙艳开、唐天荣募化银一两六钱，向苏建标赎出，以为永远歇凉古树。一卖一了，日后不得异言，立此卖契，永远存照。"碑末刻有禁文："如有损树碑、树者，约众公罚。"另一面刻"永垂不朽"，碑文载："道旁之树，往来行人所以乘凉而歇足也，我境画皮坳坡岭峻险，过者络绎不绝，需树遮阴……杨裕后将先人栽植此处杉木一株出卖于外，群姓不忍剪伐……勒石以为永禁之树……并传不朽。"碑文两面文字摘要真实地记载了该树险遭砍伐，众人奋力护树的不凡经历。清乾隆五十一年（1792 年）又立一碑，并公制铁钉，四周星锭，作永远蓄禁风景古树。因年代久远，石碑遭到严重破坏，现仅存雍正碑，且破损不堪。1996 年，绥宁县人民政府将原碑收藏于县科技馆，仿制新碑一块，立于原地，并另制新碑一块，碑文 200 余字，在称赞古人爱树事迹的同时，申明"它将作为古代绥宁人民保护森林的实物依据而永存！"有诗赞云："劲杉虬曲磨春秋，旧碑新增甘棠悠。护得绿荫灵气在，不负左氏楚材讴"[52]。绥宁古杉与护树碑的故事盛传三湘，是我国民间百姓保护古树的典型，体现了中国人热爱自然保护自然的精神。

第四章 森林公园文化

1982 年 9 月，国务院委托国家计划委员会行文，批准建立了"湖南张家界国家森林公园"，拉开了中国国家森林公园建设的帷幕，中国的森林旅游业由此起步，中国的森林公园文化也由此发轫，中国的森林文化增添了新的内涵。

1982~2012 年，中国森林公园发展 30 周年，森林公园建设、森林旅游、森林资源培育与保护、生态文化建设、基础设施建设、旅游接待能力、旅游品牌打造、市场营销、宣传教育、人才培养、旅游收入和带动周边社区发展等方面都取得了可喜的成就，尤其是森林文化建设更得到长足的发展。

经过 31 年的努力，至 2012 年年底，我国已建立森林公园 2855 处，规划总面积 1738.21 万 hm^2，其中，国家级森林公园 764 处、国家级森林旅游区 1 处，面积 1205.11 万 hm^2；省级森林公园 1315 处。2012 年，2372 处森林公园（含白山市国家森林旅游区）共接待游客 5.48 亿人次（其中海外游客 1541.6 万人次），占国内旅游总人数的 18.5%，直接旅游收入 453.3 亿元，分别比 2011 年度增长 17.1% 和 20.4%。

第一节 森林公园概述

随着工业化、城市化进程的加快，人们物质生活的富裕、文化生活水平的提高，人们回归自然、走进森林、拥抱绿色的愿望越来越迫切，森林旅游作为一种新兴的旅游形式，正适应了这种需求，成为一种时尚；森林公园作为森林旅游的载体，越来越受到社会的关注和政府的重视。森林公园已成为我国林业生态文化建设的重要阵地。

一、森林公园的定义

（一）国际森林公园的定义

关于森林公园的名称，世界各国很不一致。我国和一些国家称森林公园，欧美国家称国家公园、原野公园、郊野公园，日本称国立公园、国定公园，也有一些国家称自然公园。

1969 年，在印度新德里召开的世界自然保护联盟（IUCN）第十届大会做出决定，明确规定国家公园必须具备以下 3 个基本特征。

1. 保持原貌地域

区域内生态系统尚未由于人类的开垦、开采和拓展而遭到根本性的改变，区域内的动植物物种、景观和生境具有特殊的科学、教育和娱乐意义，或区域内涵有一片广阔而优美的自然景观。

2. 尚可恢复地域

政府权力机构已采取措施以阻止或尽可能消除在该区域内的开垦、开采和拓展，并使其生态、自然景观的美学特征得到充分展示。

3. 尚有旅游价值地域

在一定条件下，允许以精神、教育、文化和娱乐为目的的参观旅游。

薛达元、包浩生认为，以上 3 个特征正是区别普通的"公园"与"森林公园"的关键所在。显然，国家公园强调其自然生态系统及其科学意义的特征，这是普通公园所不能具备的，而森林公园却基本具备了上述 3 个特征。森林公园的景观主体是森林植被，多为自然状态和半自然状态的森林生态系统，常常拥有比较丰富的生物多样性，而且该区域已由地方政府划出，给以特别的保护和管理，并主要用于开发以精神、教育、文化和娱乐为目的的旅游活动。因此，我国的森林公园类似于国外的国家公园的一种。应该指出，国家公园是一类保护区的总称，拥有多种景观类型，除森林公园外，国家公园类型还包括地质公园、海洋公园、草地公园、荒漠公园、湿地公园等。

（二）我国森林公园的定义

1982 年 9 月，国务院委托国家计划委员会批准了我国第一个国家森林公园——张家界国家森林公园，自这时起，众多学者对森林公园的概念和内涵做了研究。

吴楚材、李世东等在对张家界国家森林公园的研究过程中提出了一个关于森林公园概念。他们认为："森林公园是以森林自然环境为依托，具有优美的环境和科学教育、游览休息价值的地域，经科学保护和适度建设，为人们提供旅游、观光、休息和科学文化活动的特定场所。"这是国内学者首次正式提出的一个关于森林公园的概念。

但新球在经过几年的森林公园规划设计的实践后提出："森林公园是指经过精心规划设计而建设的，以森林景观资源为主体，用来进行森林旅游的区域。"

唐正良、刘安兴等认为："森林公园是生态型的郊野公园，通常在国有林场原建设的基础上，以其良好的森林生态环境为主体，充分利用森林生物的多样性、多功能，经过科学保护和适度开发建设，为人们提供旅游度假、休憩、保健、疗养、科学教育、文化娱乐的场所。"

许大为提出关于森林公园的概念："森林公园应是以森林为主体，具有地形地貌特征和良好生态环境、融自然景观与人文景观于一体，经科学保护和适度开发，为人们提供原野娱乐、科学考察及普及、度假、休疗养服务，位于城市郊区的区域。"

1994 年 1 月 22 日，徐有芳部长签发的中华人民共和国林业部第三号令颁布的《森林公园管理办法》第二条规定："自然景观和人文景物集中，具有一定规模，可供人们游览、休息，或进行科学、文化、教育活动的场所。"这一规定，与国标 GB/T 18005—1999 中所述的森林公园——具有一定规模和质量的森林风景资源与环境条件，可以开展森林旅游，并按法定程序申报批准的森林地域，共同构成了我国森林公园最权威的定义。

兰思仁认为：森林公园可以概括为是一处受特殊保护的、以森林景观为主体的生态型多功能的场所。

陈文红对森林公园的定义为：在一定的地域内，利用森林环境内的植物、动物、地形地貌条件所形成的自然资源为主体的，通过统一规划而建成的，可供游览、度假、科研、考察的综合性公园。

王兴国认为：森林公园是以森林景观为主体，融其他自然景观的生态型郊野公园。

作者认为：森林公园是以森林景观和生态环境为主体，融合自然景观与人文景观，利用森林生态系统的多种功能，以开展森林旅游、弘扬生态文化、保护遗产资源为宗旨，为人们提供具有一定规模的游览观光、休闲度假、保健疗养、科学教育、文化娱乐、探险猎奇等的场所。森林公园是以大面积天然林或人工林为主体而建设的公园，是以大面积森林生态系统为基础的公园，是生态型公园。

二、森林公园的分类

（一）按景观特色分类

1. 森林型森林公园

以优美的森林风景见长，没有或少有文物古迹，如河北塞罕坝，陕西朱雀、天华山、红河谷，黑龙江牡丹峰、乌龙，云南西双版纳，贵州百里杜鹃、竹海等森林公园。

2. 山水型森林公园

以奇山秀水为主，以森林风景和人文景物取胜，如湖南张家界，浙江千岛湖，陕西南宫山、华山、王顺山，河南南湾，辽宁库区，广西桂林，重庆小三峡等森林公园。

3. 人文型森林公园

以古老独特的人文景观和宗教文化闻名于世，兼有森林风景和山水风光，如陕西延安、楼观台、玉华宫、龙门洞、擂鼓台，山东泰山，安徽琅琊山、山西五台山、云岗，浙江天童山、普陀山，四川都江堰，重庆歌乐山等森林公园。

4. 综合型森林公园

景观类型多样，森林风景、自然风光和人文景物都比较突出，旅游吸引力强，如陕西太白山、终南山，河南嵩山，辽宁本溪、大孤山，山东五莲，江苏虞山，甘肃吐鲁沟等森林公园。

（二）按地貌形态分类

在我国广袤的林区内，不仅蕴藏着丰富的动植物资源，还广泛分布着变化万千的地貌及水体等自然景观，这些共同构成了我国类型多样的森林公园，其大致可分为山岳型、水体型、火山型、沙漠型、冰川型、草原型、海岛型、海滨型、溶洞型、温泉型、城郊型等。

1. 山岳型森林公园

我国最为普遍。具有代表性的有湖南张家界、北京云蒙山、四川瓦屋山、广西八角寨、青海坎布拉等森林公园。其特点是奇山异石，植被葱郁，古木参天，山花烂漫，充满原始的荒野情调与生态风貌。

2. 水体型森林公园

位于天然湖泊和人工水库周围的森林公园，如浙江千岛湖、河南南湾、湖北清江、广东流溪河、福建旗山、陕西太平等森林公园都具有代表性。其特点是以大面积水体和溪潭瀑布为特征，湖光山色、流水潺潺与翁郁森林相映生辉。

3. 火山型森林公园

位于古火山这种特殊地貌类型上的森林公园，如黑龙江火山口、长白山天池、吉林海龙湾、广东西樵山、云南来风山等森林公园。其特点是在形状各异的火山口中生长着各种树木，形成了神奇的森林景观。

4. 沙漠型森林公园

地处沙区、荒漠、沙漠绿洲、戈壁滩或江河故道、沙地上的森林公园，如新疆塔里木胡杨、内蒙古科尔沁沙地、辽宁章古台沙地、陕西定边沙地、甘肃阳关沙漠等森林公园。其特点是荒漠和绿色的强烈对比，向人们展现了一幅自然界生命与恶劣环境抗争的生动画面，也表现改变生态、保护环境的极度艰辛。

5. 海岛型森林公园

位于海岛上的森林公园，如山东长岛、辽宁长山群岛、浙江南鹿岛、福建平潭岛、广东南澳海岛等都是典型的海岛型森林公园。其特色是孤峰入海、陡峭险峰、海湾密布、自然景观优美，是观赏平流雾、海潮等的理想场所。

6. 海滨型森林公园

濒临海岸的森林公园，如河北秦皇岛海滨、辽宁白山、山东黄河口、福建东山、广东东海岛等森林公园。其特点是海滩宽阔、沙细浪小、水温适宜，是理想的海水浴场。

7. 溶洞型森林公园

位于古熔岩等特殊地貌类型上的森林公园，如山西禹王洞、浙江双龙洞、河南五龙洞、湖北新神洞、云南清华洞等森林公园。其特点是溶洞密布、地下河常流。

8. 温泉型森林公园

位于天然温泉附近的森林公园，如广西龙胜、辽宁大黑山、浙江南溪、海南蓝洋等森林公园。其特点是温泉水质优良，与周围的峰峦密林、溪河幽谷、薄云雾霭共同营造了一个仙境般的度假胜地。

9. 草原型森林公园

位于大草原上的森林公园，如河北木兰围场，内蒙古黄岗梁、海拉尔等森林公园。其特点是绿茵如毡、坦荡无垠、风吹草低、牛羊成群，蓝天与白云、草原与森林、牧民与牛羊构成一幅幅优美的图画，展现出浓郁的森林草原风情。

10. 城郊型森林公园

位于大中城市市区或郊区的森林公园，如福建福州、安徽琅琊山、江苏虞山、浙江兰亭、湖南天际岭等森林公园。其特点是地处市区或郊区，有较高观赏价值的园林园艺、人造景观和设施等，主要为城市居民提供休闲、度假的场所。

11. 现代冰川与冰川遗迹森林公园

位于古冰川地貌类型上的森林公园，如四川海螺沟和秦岭沿线的陕西太白、朱雀、宁西等森林公园分布大量的冰川遗迹。其特点是冰川与原始森林镶嵌共生。

（三）按管理级别分类

《森林公园管理办法》第六条规定：我国森林公园分为三级，即国家级森林公园、省级森林公园和市、县级森林公园，并对各级森林公园的具体标准做了明确的规定。

1. 国家级森林公园

森林景观特别优美，人文景物比较集中，观赏、科学、文化价值高，地理位置特殊，具有一定的区域代表性，旅游服务设施齐全，有较高的知名度。命名时不带"级"字，如张家界国家森林公园、南昆山国家森林公园、神农架国家森林公园。这是国家级森林公园与国家级自然保护区命名的区别所在。

2. 省级森林公园

森林景观优美，人文景物相对集中，观赏、科学、文化价值较高，在本行政区域内具有代表性，具备必要的旅游服务设施，有一定的知名度。例如，湖南慈利江垭省级森林公园。

3. 市、县级森林公园

森林景观有特色，景点景物有一定的观赏、科学、文化价值，在当地知名度较高。例如，广东惠东沉水市级森林公园、广东深圳求水岭县级森林公园。

国家林业局统计表明，2012 年年底全国有各级森林公园 2855 处，其中国家级 764 处，省级 1315 处，市、县级 776 处。

4. 村级森林公园

福建省东部的寿宁县角林森林公园，始建于 2004 年，是全国首家村级森林公园[59]。

三、森林公园的发展历程

（一）森林公园的萌芽阶段

1936 年，陕西省林务局训令各地"以森林公园国策，当此国事日亟，各县自应速谋成立"；1937 年 7 月，由陕西省林务局呈报省政府核准，在长安县太乙宫设立陕西省立南山森林公园办事处，公园面积约 6000hm^2，当时修建碎石公路 30km、山林小道超过 20km、建桥 10 多座、重修庙宇 5 处、修建楼牌 2 个、景亭 8 个、植树超过 10 万株。

1937 年，陕西省临潼县政府，报请设立骊山森林公园，编制了建园计划，成立了筹备处，后因抗日战争而夭折。

1945 年前后，陕甘宁边区建设厅林务局，曾建立了枣园森林公园和桃园森林公园，也因战争而停办。

1960 年，周恩来总理视察贵阳市，建议在贵阳近郊的图云关林场建立森林公园，当年 5 月贵州图云关森林公园正式挂牌，因当时国家处于困难时期，森林公园未能持续发展而销声匿迹。

（二）森林公园的发展阶段

1982 年开始，我国的森林公园迎来了新的发展机遇，概括起来，我国现代森林公园的发展，主要经历了三大历程，如图 4-1 所示。

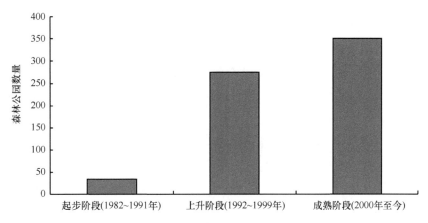

图 4-1　我国森林公园建设的 3 个发展阶段示意图

1. 起步阶段（1982～1991 年）

1982 年，张家界国家森林公园的建立标志着现代森林产业的正式起步。之后，又先后建立了浙江天童、千岛湖，陕西楼观台，广东流溪河等国家森林公园。但在这一阶段，森林公园建设尚处于摸索时期，影响力较小，人们对森林游憩功能的认识还很欠缺，所以发展缓慢。10 年时间建立了 34 处国家森林公园，其中 1991 年就建了 18 处，其余 9 年平均每年不到 2 处。这些公园后来都成了旅游圣地。

2. 上升阶段（1992～1999 年）

1992 年原林业部在大连召开的森林公园及森林旅游工作会议标志着现代森林旅游产业进入快速发展的上升阶段。这次会议要求环境优美、生物资源丰富、自然景观和人文景观比较集中的国有林场都应建立森林公园。由此我国掀起了森林公园建设高潮。当年就批建了 141 处国家森林公园，相当于前 10 年的 4 倍多。但此后建设速度逐渐放缓，1993 年回落到 59 处，1994 年回落到 14 处。此后，一直在每年 11～18 处徘徊，其中 1998 年仅批建 3 处。1992 年至 20 世纪末的 9 年内，我国共批建 275 处国家森林公园。

3. 成熟阶段（2000 年至今）

进入新世纪，经过近 30 年的积累，国家森林公园的建设日益成熟，批建速度稳步上升，2000～2007 年的 8 年共批建国家森林公园 351 处，平均每年 43 余处，逐渐形成了森林公园体系在新的历史条件下的新理念、新思路。

2001 年，国家林业局召开了森林公园工作会议，明确了森林公园的性质，提出要把森林旅游业真正建设成为中国林业产业中的优势产业和强势产业，极大地推动了森林公园的建设。据统计，截至 2012 年年底，我国共建立森林公园 2855 处（含白山市国家森林旅游区），经营面积 1738.21 万 hm^2。其中，国家级森林公园 764 处，经营面积 1205.11 万 hm^2，省级森林公园 1315 处，县（市）级森林公园 775 处，基本形成了国家、省级和市（县）级森林旅游区相结合的森林旅游发展框架。其中，张家界、青城山、黄龙、泰山、武夷山、庐山 6 处国家森林公园和自然保护区被列为世界遗产。

第二节　森林公园文化的存在形式

一、森林公园物质文化

全国 2855 处森林公园土地面积 1738.21 万 hm^2，承载着丰富多彩的森林公园物质文化。

（一）北京市森林公园的物质文化

北京市的森林公园物质文化丰富，现有森林公园 28 处，总面积 89 877.44hm^2，其中国家级 15 处，市级 13 处。另有 13 个国有林场被批准建立森林公园、14 个乡镇主办的森林公园、1 个村办森林公园。西山森林公园内有毛泽东主席"绿化祖国"碑亭 1 座，老一辈革命家、社会知名人士、书法家有关造林绿化的诗、词、书、画碑刻 500 余块。霞云岭国家森林公园内有全球稀有的食鱼蝙蝠和北京宽耳蝙蝠；鹫峰国家森林公园的梅园内栽培了国内外 260 个梅花优良品种，44 个北京露地抗寒品种；大兴古桑国家森林公园的千亩古桑园；喇叭沟国家森林公园的白桦天然林、蒙古栎林；妙峰山国家森林公园的玫瑰；还有数不清的高峻山岳、幽深峡谷都承载着深厚的森林文化内涵，都在展示首都森林公园的物质文化魅力。

（二）河北省森林公园的物质文化

河北省有森林公园 89 处，总面积 50.6 万 hm^2，其中国家级森林公园 27 处，总面积 30 万 hm²，"十一五"期间接待游客 2800 万人次，实现旅游收入 9.1 亿元。森林公园内有植物 204 科 940 属 2800 多种，有陆生脊椎动物 530 多种，其中鸟类 400 余种、兽类 90 余种、两栖爬行类 30 多种。属于国家和省重点保护的动物 137 种，生物资源丰富，"十一五"期间，建设游道 1080km，程控电话 6000 多门，植树造林 41 600hm²，森林公园的"吃、住、行、游、购、娱"服务设施完善，前南峪国家森林公园还建立了水土保持展览馆、林业发展史展览馆、太行民居博物馆等，物质文化基础雄厚。

（三）内蒙古自治区森林公园的物质文化

内蒙古自治区，1991 年开始建设森林公园，至 2011 年年底有 45 处森林公园，总面积 74.29 万 hm²，其中国家级森林公园 23 处，面积 23.38 万 hm²，拥有车船 324 台（艘），游道 1616.30km，旅游床位 5733 张、餐位 12 790 个、职工 2210 人、专业导游 124 人、社会旅游从业人员 3426 人。森林公园内有独特的森林草原、森林沙漠、森林湿地、疏林草原、疏林沙漠景观和众多的人文历史、民族文化景观。额尔吉纳白桦林面积达 7 万 hm²，长达数十千米，已成为内蒙古著名景区（图 4-2，见图版）。额海纳旗国家森林公园保存了当今世界上仅存的三大原始胡杨林之一，即距今 300 万~600 万年历史的胡杨古树。2010 年，国家批准了该公园的"国家文化和自然遗产地保护"项目，并派驻旗武警森林部队加强对该森林公园的保护。红花尔基樟子松森林公园有全国唯一、亚洲最大的沙地樟子松林带，建立了"樟子松森林博物馆"，设计建造了林业工人保护和建设樟子松而辛勤劳动的主题雕塑 3 座，刻有历代书法家的"松"字牌 20 座，刻有历代描写樟子松和赞颂松树风格的诗词碑 23 座，修建了弘扬生态文化的标志性建筑——沙漠科学馆。森工乌尔旗汗国家森林公园的自然博物馆收集了存档的标本 2054 种，13 695 件，是林业行业中馆藏标本最全、科目最多、制作水平最高的自然博物馆。

（四）广东省森林公园的物质文化

广东省是国家森林公园数量最多的省份，森林公园的物质文化基础十分丰厚。至 2011 年年底，全省共有国家森林公园 458 处，总面积 106.73 万 hm²，其中国家级 25 处，面积 20.67hm²，省级 71 处，面积 11.08 万 hm²；市县级 362 处，面积 74.98 万 hm²。全省森林公园中，共有山岳景观 696 处、湖泊岛屿 63 000hm²、温泉瀑布 856 处、溶岩洞穴 512 处、历史人文景观 2702 处、民俗风情 128 种、古树名木近 600 株。全省森林公园共有车船 1400 台（艘）、床位 24 000 张、餐位 64 000 个、游步道超过 3200km、工作人员 11 000 人、导游 829 人。1996~2011 年的 16 年，旅游收入 94.75 亿元，带动周边 400 多个村脱贫致富，受益人口超过 250 万人，带动 34 500 人间接从事旅游业。

（五）湖南省森林公园的物质文化

湖南省已建森林公园 110 处，总面积 45.4 万 hm²，其中国家级森林公园 48 处，省级 50 处，市县级 12 处。2011 年接待游客 2774 万人次，创造产值超过 240 亿元。全省森林公园内保存着 18 个植被小区的全部典型群落，栖息着苏门羚、金钱豹、白鹤等 821 种野生动物。培育了 60 000hm² 风景林，保护了 120 000hm² 阔叶风景林，建立各类景区 190 多个，维修和新建景点 3200 处。拥有旅游车船 1062 台（艘）、游步道 3423km、旅游床位 28 201 张、餐位 70 317 个。新建了一批森林博物馆、动植物标本馆、竹文化馆、青少年科普教育基地、中老年休闲健身基地等多种设施。森林公园已成为联系社会、普及生态知识、培养生态意识、传播生态文化、树立生态道德、弘扬生态文明的重要阵地。例如，位于湖南省西北部的张家界国家森林公园，面积 4779hm²，森林覆盖率 98%，属砂岩峰林地貌。境内群山起伏，峰林耸立、沟壑纵横、峡谷幽深、洞穴奇特、林海苍茫、烟云变幻。茫茫林海中蕴藏着 202 科 717 属 1529 种维管束植物、4 纲 22 目 66 科 214 种陆生脊椎动物。经过 30 年的努力，公园境内已建成黄石寨、金鞭溪、腰子寨、袁家界、琵琶溪 5 个景区 287 个景点，修建了黄石寨、袁家界两条索道和"百龙天梯"直升景观电梯，修建了"六奇阁"和红军亭、剑亭、南亭、春亭等 10 多个亭，修建了"天堑通途"、"茂森桥"等数十座大小桥梁，建成了张家界生态旅游定位站、张家界摄影创作基地等科学研究和文艺创作基地，为生态文化建设奠定了物质基础。

（六）海南省森林公园的物质文化

海南省目前已建立 11 个森林公园，其中国家级森林公园 8 个，分别是尖峰岭、霸王岭、吊罗山、黎母山、七仙岭、蓝洋温泉、东寨港和海口火山国家森林公园，总经营面积 11.43 万 hm²；省级森林公园 3 个，分别是三亚市甘什岭、东方市猕猴岭和五指山市阿陀岭森林公园，总经营面积 2.35 万 hm²。位于海南三亚的呀诺达国家森林公园是中国唯一地处北纬 18° 的热带雨林，是海南岛五大热带雨林精品的浓缩，是最具观赏价值的热带雨林资源博物馆。呀诺达雨林与五指山、七仙岭比肩相连，东眺南海万顷波涛，美丽的海棠湾近在咫尺，与南中国第一温泉南田温泉仅一水之隔。热带雨林中古树参天、遮天蔽日，流泉叠瀑淙淙潺潺、倾泻而下，漫步游荡其间，空气芬芳、身心舒畅。

全国各地的森林公园、自然保护区、森林旅游区等，不仅自身拥有土地、森林、房屋、道路、河流、湿地；拥有车船、饭店、旅馆和各种游乐健身设施；拥有博物馆、展览馆、历史文物、自然地质、名古大树、珍禽异兽、百草花卉、中草药材、林副产品、神话故事、民俗民风等巨大的物质和非物质文化财富，而且还在不断地创造各种新的物质和非物质的财富，不断创造森林文化新的内涵。

全国 2855 个森林公园，个个都有丰富的物质文化基础，都有自己独特的闪光点，限于篇幅不便一一列举。

二、森林公园精神文化

绿色和谐是森林公园的精神财富。

（一）河北省森林公园的精神文化

河北是华夏文明发源的核心地区之一，是拱卫京师的畿辅之地，传承和发扬了中华民族的爱国主义精神和团结友爱的包容精神。

（二）山西省森林公园的精神文化

山西的务林人跳出林业发展林业，政府、集体、个人建设森林公园，发展森林旅游的热情高涨，体现了山西人在森林公园建设中敢想会干、团结协作、把握机遇和奋斗的精神。

（三）内蒙古自治区森林公园的精神文化

内蒙古的森林公园精神文化体现在胡杨树"活着千年不死，死了千年不倒，倒了千年不朽"的顽强精神和樟子松耐瘠耐寒适应沙漠生境的坚韧精神。

（四）湖北省森林公园的精神文化

湖北省以神农架为代表的 87 处森林公园，弘扬炎帝神农的创造精神和古银杏的圣洁精神，银杏具有高大挺拔、刚正不阿的真、善、美品格，郭沫若称其为"东方圣者"、"中国文人有生命的纪念塔"。

（五）湖南省森林公园的精神文化

湖南省林业厅将湖南森林公园的精神文化概括为"团结奋斗、敬业创新、科学发展、与时俱进"。1982 年建立的张家界国家森林公园是新中国第一个国家森林公园。张家界森林公园 1984 年开始在全国率先进行森林公园小气候研究，并连续研究 8 年；1985 年率先对森林公园的大气质量、地表水质量、空气中细菌含量等一系列环境因子进行监测与评价，此后每 5 年重复一次，监测生态环境变化；1991 年由中南林学院森林旅游研究中心主任吴楚材主编出版了全国第一部森林旅游学术专著——《张家界国家森林公园研究》，至今学术界关于张家界国家森林公园的学术专著已 10 多部，学术论文多达百余篇，出版的诗词、文学作品、名人碑刻、风光摄影、名胜故事，均过百篇。其中《重逢张家界》、《快乐张家界》两部电视剧也是全国首创的以森林公园为题材的影视剧。1991 年开始举办"国际森林保护节"。2008 年 3 月，张家界国家森林公园与中南林业科技大学合办成立了"可持续旅游定位研究站"，开始了持续发展的研究。2012 年电视剧《梦萦张家界》又在公园开机拍摄。以上种种说明森林公园不断开拓创新、敢为人先的精神。

（六）江苏省森林公园的精神文化

江苏"山灵水秀、古韵今辉"，所辖的虞山国家森林公园有"十里青山半入城"的区位优势，旅游资源丰富多样，经济实力雄厚，是我国第一个免费向民众开放的森林公园，体现了虞山国家森林公园亲民、爱民、服务于民、与民共享自然的高尚情怀和奉献精神。

（七）陕甘两省森林公园的精神文化

陕西楼观台国家森林公园是老子最后的讲经圣地，宗教文化渊源深厚。各个森林公园开展的丰富多彩的文化活动中，显示着陕西人的豪放精神；甘肃省已建森林公园 86 处，腊子口是当年红军二万五千里长征走向胜利的转折点，是现代生态旅游发起的"绿色长征"的起点，充满了革命的豪情壮志，传承了"红军不怕远征难，万水千山只等闲"的革命英雄主义精神。

全国各地的森林公园的共同特点是积极开展生态文明建设，弘扬生态文化，以热情、仁爱、友善、宽容、豪迈、进取的精神，不断丰富和更新森林旅游产品，不断创造新的森林公园文化。

三、森林公园制度文化

（一）国家层面的制度文化

自 1994 年以来，《森林公园管理办法》、《国家级森林公园管理办法》、《国家林业局关于占用征用国家级森林公园林地有关问题的通知》、《国家级森林公园监督检查办法》、《关于加强森林风景资源保护和管理工作的通知》等规章和文件相继出台，湖南等 8 个省条例、山西等 3 个省规章、广州等 5 个市条例也先后施行，逐步构建起一整套行之有效的森林公园管理制度。

为确保森林资源得到有效保护，2006 年，国家林业局在财政部支持下启动《国家重要森林风景资源保护目录》编制项目，对森林公园内的重要森林风景资源进行调查和鉴定；2007 年 6 月，经国务院批准，由国家发改委等 8 部（委、局）印发的《国家文化和自然遗产地保护"十一五"规划纲要》明确将国家森林公园纳入国家文化和自然遗产地范畴；2010 年 12 月国务院印发的《全国主体功能区规划》，则进一步将国家森林公园作为我国保护自然文化资源的重要区域列入国家禁止开发区域，并将省级及以下森林公园列为省级层面禁止开发区域；2011 年 11 月，国家林业局和国家旅游局联合下发《关于加快发展森林旅游的意见》。

（二）地方政府的制度文化

早在森林公园的萌芽阶段，1937 年 8 月 12 日，陕西省林务局就制定了《各县设立森林公园办法大纲》，同年还制定了《南山森林公园林木保护规划》、《南山森林公园办事处组织规划》等制度性文件。现在全国 31 个省（自治区、直辖市）根据国家颁布的法律法规、政策条例、管理办法等相关文件，结合本省（自治区、直辖市）实际情况，制定了许多更具体的规章制度。例如，2009 年山西省委、省政府印发《关于实施生态兴省战略，加快推进林业改革发展的意见》，2000 年山西省政府颁布实施《山西省森林公园管理办法》、出台《关于加快城郊森林公园建设的意见》、印发《山西省建设林业生态省实施方案》、省人大常委会发布《关于大力推进林业生态建设的决定》等 13 个文件。内蒙古自治区林业厅于 1995 年出台了《内蒙古自治区森林公园管理实施办法（试行）》等。黑龙江省 2010 年颁布实施了《黑龙江省森林公园管理条例》。上海市制定和完善员工守则，签订安全责任书，用制度约束和激励员工。浙江省先后出台了《关于加快森林旅游业发展的若干意见》、《浙江省森林旅游区质量评定管理办法》、《浙江省森林旅游区质量等级划分与评定标准》等文件和规范，绍兴市出台了《加快发展森林休闲旅游业的意见》，永嘉县、安吉县等均出台了关于发展森林休闲旅游的文件。湖南省 2012 年 5 月公布实施《绿色湖南建设纲要》，把森林公园建设和发展作为绿色湖南建设的重要内容。广东省颁布实施了《广东省森林公园管理条例》、《广东省森林公园建设指引》、《关于试行广东省国民旅游休憩计划的若干意见》、《广东省森林生态旅游示范基地评定标准》等 10 多项法规制度。2011 年 7 月，海南省委扩大会议通过了海南省委、省政府《关于加快发展海南热带森林旅游的决定》。四川、重庆、贵州、云南、陕西等省市都先后制定了森林公园管理条例或管理办法。甘肃省还制定了《安全管理制度》、《车辆管理制度》、《公物管理制度》、《卫生管理制度》、《森林防火制度》、《员工纪律要求和行为规范》等管理制度。台湾省于 1989 年也编制了有关森林公园的管理办法。全国各森林公园都十分重视制度建设，以制度管人，以制度管事，各项管理工作走向制度化、规范化、法制化道路，森林公园制度文化趋向完善。制度的不断完善，为森林公园发展提供了有力保障。

四、森林公园行为文化

（一）国家层面的行为文化

1982～2012 年的 30 年，国家在森林公园建设和森林旅游方面经历了 38 件大事，为森林文化发展和森林公园建设做了全面铺垫。

1982 年 9 月 25 日，国家计划委员会批准建立中国首个国家森林公园——湖南省大庸县张家界国家森林公园。

1982 年 11 月 2 日，林业部批复建设天童森林公园计划任务书，自此开始由林业部门批建森林公园。

1987 年 9 月，由林业部高教处批准中南林学院吴楚材教授招收中国第一批森林旅游硕士研究生。李世东、邓金阳、黄光成为中国首届森林旅游硕士研究生。

1992 年 6 月 22 日，林业部批准成立"林业部森林公园管理办公室"。

1992 年 7 月 8 日，林业部下发《关于加快森林公园建设的通知》。

1992 年 8 月 8 日至 10 日，林业部在大连召开全国森林公园暨森林旅游工作会议。

1992 年 8 月 19 日，林业部批复成立"中南林学院森林旅游研究中心"，是中国第一个专门研究森林旅游的科研机构。吴楚材兼任研究中心主任。

1993 年 9 月，国家教育委员会批准中南林学院创办森林旅游专业，并招收中国第一届森林旅游本科班，成立中国第一个森林旅游系，吴楚材被任命为系主任。同年，西北林学院招收中国第一届森林旅游专科生。

1993 年 11 月，在陕西太白山国家森林公园召开第一次全国森林公园学术会议，期间成立了中国林学会森林公园建设与森林旅游专业委员会。

1994 年 1 月 22 日，《森林公园管理办法》发布施行。

1994 年 3 月 6 日，林业部确定张家界等 20 处国家森林公园为示范森林公园。

1994 年 12 月 6 日，林业部成立中国森林风景资源评价委员会。

1995 年 6 月 28 日，首个地方性法规《湖南省森林公园条例》公布施行。

1996 年 1 月 1 日，《森林公园总体设计规范》（LY/T 5132—1995）施行。

1997 年 7 月 7 日，国家林业局通报表彰河北磐槌峰等全国森林公园十大标兵单位。

1997 年 9 月，北京林业大学贺庆棠教授与中南林学院吴楚材、吴章文教授联合招收了中国第一届森林旅游博士研究生。石强成为中国第一名森林旅游博士研究生。

2000 年 4 月 1 日，《中国森林公园风景资源质量等级评定》（GB/T 18005—1999）实施。

2000 年 4 月 20 日，首个地方性规章《山西省森林公园管理办法》发布实施。

2000 年 12 月 31 日，全国森林公园总数突破 1000，达 1078 处。

2001 年 2 月 27 日，国家林业局授予云蒙山等 16 处"全国文明森林公园"称号。

2001 年 11 月 7 日至 9 日，国家林业局在四川瓦屋山召开全国森林公园工作会议。

2002 年 3 月 15 日，国家林业局批复"国家林业局森林公园管理办公室"。

2002 年 6 月 8 日，"中国森林公园"网站开通。

2002 年 6 月 8 日至 12 日，首届中国森林风景资源博览会在浙江省临安市举办。

2002 年 12 月 31 日，全国森林公园游客接待人数超亿，达 1.1 亿人次。

2003 年 6 月 25 日，《中共中央国务院关于加快林业发展的决定》要求"努力发展好森林公园"。

2004 年 6 月 29 日，国务院将"国家级森林公园设立、撤销、合并、改变经营范围或者变更隶属关系审批"确定为行政许可。

2006 年 3 月 2 日，"中国国家森林公园专用标志"正式启用。

2006 年 3 月 14 日，《中华人民共和国国民经济和社会发展第十一个五年规划纲要》将国家森林公园作为依法设立的自然保护区列入禁止开发区域。

2006 年 7 月 20 日，《国家级森林公园设立、撤销、合并、改变经营范围或者变更隶属关系审判管理办法》施行。

2006 年 12 月 21 日，国家林业局下发《国家林业局关于加快森林公园发展的意见》。

2007 年 6 月 11 日，国务院批准的《国家文化和自然遗产地保护"十一五"规划纲要》将国家森林公园列入国家遗产地。

2008 年 6 月 8 日，《中共中央国务院关于全面推进集体林权制度改革的意见》要求依法维护森林公园经营管理区的稳定。

2010 年 12 月 21 日，国务院印发的《全国主体功能区规划》将国家森林公园确定为国家禁止开发区域，将省级以下森林公园确定为省级层面禁止开发区域。

2011 年 7 月 18 日，中央机构编制委员会办公室批复"国家林业局森林公园保护与发展中心"。

2011 年 8 月 1 日，《国家级森林公园管理办法》施行。

2011 年 11 月 18 日，国家林业局、国家旅游局联合召开全国森林旅游工作会议。

2012 年 7 月 1 日，《国家级森林公园总体规划规范》（LY/T 2005—2012）实施。

（二）地方政府的行为文化

各级地方政府在森林公园建设方面，除了实施国家法律、法规、条例，制定本省（自治区、直辖市）、市、县、乡、村的制度外，还积极组织了许多有益的生态文化活动。

森林公园内多样的森林植被和丰富的野生动植物是取之不尽的森林生态物质文化宝库。多年来的发展建设，使全国森林公园生态文化传播和教育功能不断加强，现已成为传播和弘扬生态文化，推动生态文明建设的重要载体。2007 年，国家林业局曾专门下发通知要求加强森林公园生态文化建设工作。

各森林公园积极采取多种形式传播森林生态文化，一大批森林公园已成为广受公众欢迎的生态文化教育场所。自 2008 年以来，由国家林业局、教育部和共青团中央共同命名的 50 处 "国家生态文明教育基地" 中，有 17 处是森林公园。

优美的森林风景资源和丰富的生物多样性是森林公园赖以存在和发展的基础。多年来，各级林业主管部门和各森林公园积极采取措施，不断加强森林公园风景资源和生物多样性的保护与培育力度，使森林公园的景观和资源质量得到稳步提升。举例如下。

北京鹫峰国家森林公园内建成的国际梅园是世界上第一个集中展示一种植物的创举，集中展示了国内外 260 个优良品种及北京的 44 个露地抗寒优良品种。上海市的森林公园开展了形式多样的生态文化主题旅游活动，海湾国家森林公园组织开展 "3.12 生态绿缘——生日快乐、植物快乐" 和 "千人义务植树" 活动，举办两栖类动物种群复壮与野外放生仪式，大规模放生 10 000 只青蛙，维护生态平衡；共青国家森林公园每年国庆节期间举办的 "都市狂欢节" 等主题活动已成为上海旅游项目的品牌。福建省创建的 "森林人家" 已成为一张靓丽的森林生态旅游名片。山东省的森林公园建设和森林旅游发展已辐射带动了 220 多个乡镇，2030 多个村庄，近 300 万人口受益，使 700 多个村脱贫致富，森林公园直接吸纳 13.98 万农业人口就业，间接就业近 30 万人，实现年收入 90 多亿元。内蒙古自治区的红花尔基樟子松国家森林公园建立了樟子松森林博物馆，恩格贝森林公园于 2009 年建立了沙漠科学馆。大连西郊国家森林公园建设了一批农民新村。间山国家森林公园的 "森林—田园" 特色旅游，体现了 "自然、绿色、健康、和谐" 的主旨。吉林省的森林公园以花为媒，举办野生花卉节、高山杜鹃花节、金秋红叶节等，充分展示森林和林间花卉的美丽多姿。

浙江省是我国长江三角洲地区多山、多林的省份，有 "诗画江南，山水浙江" 和 "鱼米之乡、文化之邦、丝茶之府、旅游胜地" 的美誉。他们认为绿化就是文化，造林就是造福，把普及生态知识、传播生态文化、弘扬生态文明作为现代林业建设的重要内容，全省建立生态道德教育基地 32 个。安徽省认为森林旅游是把 "青山、绿山" 变 "金山、银山" 的重要途径，实现了变 "砍树" 为 "看树"，体现了森林公园爱绿、护绿、爱民、富民的广阔胸怀。福建省已建立 177 处森林公园，在全国率先创办 "森林人家"，至 2012 年全省的 "森林人家" 示范点和授牌点已达 357 户，森林公园和 "森林人家" 已成为海峡两岸休闲旅游的亮点和热点，生态文化的理念深入人心。江西省已建立森林公园 156 处，举办了 "唱响森林之歌、享受生态之旅" 的采风活动，开展了以 "走进森林、回归自然、秀美江西" 为主题的摄影大赛，通过各种活动，弘扬森林文化、生态文明。山东省的森林公园积极举办"森林旅游节"、"槐花节"、"桃花节"、"采摘节"等多种生态文化节庆活动，宣传生态知识，弘扬生态文化和孔子文化。上海市的森林公园集中展示石艺、陶艺、根雕、家具等精品，以"绿色教育"和"以游育人"为宗旨，使游人树立保护生态、人与自然和谐共处的理念。河南省濮阳市濮上生态园、焦作市森林公园，通过"爱鸟周"、"助残日"、"九九重阳节、浓浓敬老情"、"科普日"等多种公益活动向市民普及生态知识，嵩山国家森林公园柏树成片成林，柏树耐旱耐腐，适应性强，几乎"四海为家"，柏树文化底蕴深厚，柏文化已由物质层面向风俗宗教精神层面渗透。

广东省的458处森林公园将传播生态文化作为品牌，打造了多种多样的精神文化产品。例如，南岭国家森林公园的"广东松"，石门国家森林公园的"石门红叶"、"石门香雪"、"石门禾雀花"、"石门红花荷"，流溪河国家森林公园的"流溪香雪"、"森林科普"、"梅花生态"等专项旅游，推广广东生态文化和岭南文化，森林公园成为生态文化教育基地。广西壮族自治区森林公园52处，八角寨、姑婆山、良凤江、十万大山等国家森林公园已成为中国广东省、香港、澳门及东南亚地区的生态养身、休闲旅游基地。以"山清水秀生态美"为品牌，使广西壮族自治区72个自然保护区、52个森林公园、2个湿地公园成为传播生态文化、开展生态教育的重要平台。海南现有森林公园13处，以蓝色旅游、绿色旅游、红色旅游三个品牌为主核心，以尖峰岭、呀诺达为代表，展示热带雨林的深邃文化内涵和黎族文化风情。通过《海南岛热带雨林》、《神奇的海南热带森林》、《百瀑雨林、梦幻吊罗》等著作和电视片，将热带雨林文化与精神推向全世界。重庆目前已建立79处森林公园，依托森林公园积极开展生态文化建设，组织了森林重庆——美丽家园摄影展、森林重庆诗歌、散文、杂文、小说、小小说、报告文学、文学评论征集活动，将重庆森林生态文化提升到新的高度。四川省有16处森林公园，以健康、文明、生态、安全、优质的四川省森林旅游新形象展示在世人面前。贵州省的73处森林公园各有特色，尤其是雷公山国家森林公园的"苗年"，以及太僵、紫林山等国家森林公园的苗族"姊妹节"、"斗牛"、"布依族风情表演"等民族特色的文化活动，将贵州省各森林公园的文化展示得淋漓尽致。云南省素有"植物王国"和"动物王国"之称，在已有的40个森林公园中，通过影视展播、图片展览、解说服务、野外观赏、文化欣赏，以及观鸟、观花、摄影、登山等活动，提高民众对生物多样性的理解。

中国的森林旅游业已发展成为最具活力，最具发展前景的产业。随着森林旅游业的蓬勃发展，中国的森林公园文化将更加丰富多彩，中国的森林文化将更加灿烂辉煌。

第五章　绿　道　文　化

　　绿道是近两年在我国开始出现的新生事物，是森林文化中的新生儿，是森林文化的一种新的类型，是森林文化中的后起之秀，来势迅猛，前途无量。广东于 2009 年开始建设绿道，两年多时间已建成绿道 6337km，覆盖面积达 9273.4km²，"十二五"末绿道网将覆盖全省。广州市是全国最先开展绿道建设的城市，有不少经验可借鉴。目前全国许多省市都计划进行绿道建设，例如，湖南长株潭地区计划于 2013 年开始建设连接长沙、株洲、湘潭城市之间的市际绿道网。本节以广州绿道为例，阐述绿道文化。

第一节　广州绿道建设

一、绿　道　定　义

　　绿道的出现最早可以追溯到公元前 1700 年的古罗马时代，而绿道（greenway）一词则是到了 1959 年由 Willianm H. White 首先提出，"green"来自"greenbelt"中"自然环境"的概念，"way"源自"parkway"中"通道"的概念。随后 Charles E. Little 将绿道定义为"沿着诸如滨河、溪谷、山脊线等自然走廊，或是沿着诸如用作游憩活动的废弃铁路线、沟渠、风景道等人工走廊所建立的线形开放空间，包括所有可供行人和骑车者进入的自然景观线路和人工景观线路。它是公园、自然保护地、名胜区、历史古迹之间，以及它们同高密度居住区之间进行连接的开放空间纽带。"在我国，对绿道的理解起源于"绿色通道"、"绿色通廊"。作者认为：在乔、灌木庇护下，有游憩设施、舒适美丽、适宜休闲健身的非机动车道，称为绿道。

　　在余青、莫雯静、陈海林 2013 年翻译的 Charles E. Little 著的《美国绿道》一书中，对绿道定义有 4 种，原文摘录如下。

　　绿道（greenway）

　　1）一种线形开放空间，往往沿自然廊道——比如河岸、溪谷，或者山脊线——而建；或沿陆地上交通运输路线——比如运河、风景道路或其他路线——的路权所在范围而建，其功能转化为休闲游憩。

　　2）任何用于行人或自行车通行的自然或景观路线。

　　3）开放空间的连接线，将公园、自然保护地、文化特征物、历史场地以及居住区等连接起来。

4) 某些条状地带或线性公园被指为公园道或绿带[60]。

二、绿 道 类 型

按照成因和功能，绿道可分为五种类型：城市河岸绿道、休闲娱乐绿道、自然生态绿道、历史风景绿道、综合网络绿道。按照隶属管辖，绿道划分为四级：市区级（<100km²）、市域级（100~10 000km²）、省级（10 000~100 000km²）、区域级（>100 000km²）。

三、绿 道 功 能

广州的绿道建设显示出绿道具有以下五项功能。

（一）低碳出行功能

广州在城市中心城区，建设了746km的都市型绿道，通过与城市路网、水网、绿网相连通，构建了新型的城市交通网。不断完善的绿道交通网，使得绿道低碳出行、轨道快速便捷、水道自然生态、城市慢行系统休闲慢行的功能日益突出。据可持续交通研究所（ITDP）统计，中山大道快速公交系统试验线（BRT）及绿道建成以后，沿线自行车出行量比建设前提高了24%~53%。萝岗区科学城绿道的日平均人流流量达2.7万人次，自行车流量3.5万台次，比绿道建成之前分别提高了39%和57%。这些充分反映出，绿道慢行、骑车出行已成为市民全新的绿色生活方式。

（二）旅游观光功能

结合当地旅游资源，合理规划设计线路，策划了新中轴线游、二沙岛艺术体验游、水秀花香游等10条绿道游精品线路。开展各类绿道旅游活动，如蕉门河绿道，2012年清明节假期单日游客近2万人次，自行车租借达1000台次。结合文化宣传部门，挖掘地方人文旅游资源，倡导绿色文物游，编印了《广州绿道文物史迹游览图册》，介绍绿道线路沿途的200多处文物史迹，让市民和游客在游绿道的同时，领略岭南文化精粹。

（三）体育健身功能

与体育相关部门合作，结合全民健身活动，开展"体育设施与景观有机结合"的建设工作，在绿道沿线，因地制宜增设休闲健身场所、安放体育锻炼设施及器材。充分利用绿道建设过程中整合带来的场地、设施、环境资源等优势，利用绿道的开放空间，举办慢跑、徒步、骑行、轮滑等休闲类体育比赛和活动，吸引了市民和游客参与绿道休闲健身。

（四）环境改善功能

通过保护当地原有的自然生态环境，实施绿道的"增绿、改绿"工程，广州三年累计建设改造绿化面积 1500hm²，同时带动沿线环境整治，进一步改善城市人居环境和投资环境，提升了广州作为国家中心城市的地位和品质。绿道还推动基础设施向农村延伸、公共服务向农村覆盖，带动了农村经济社会发展和村容村貌的改善，促进了城乡交流和融合。

（五）发展经济功能

绿道建设中，通过引导沿线农村发展农家乐、林家乐等，拉动当地休闲旅游产业的大发展，直接带动了农村就业和创业，促进了农产品流通升值。以增城市为例，绿道建成后，游客从 2009 年 1189.9 人次增加到 2011 年的 16 902 万人次，旅游收入从 25.17 亿元提升到 42 亿元。2012 年春节期间，绿道接待游客 33 万人次，绿道直接创造就业职位 1600 多个，直接创造旅游收入 3652 万元。

第二节　绿道文化的存在形式

一、绿道物质文化

我国 2009 年开始绿道建设，至今才两年多时间，与几千年的森林文化相比，绿道只是一个"呱呱坠地的新生婴儿"。尽管初生的绿道弱小稚嫩，但绿道的诞生给森林文化输入了新鲜血液，使森林文化更加丰富、更加绚丽多彩。

至 2012 年 10 月，广东省有绿道 6337km，覆盖面积达 9273.4km²，珠三角地区绿道网已基本实现"三年成熟完善"的目标，并逐步向粤东、粤西北延伸。广州市已建成绿道 2163km，串联了 320 个景点，建成 151 个驿站，覆盖面积 3600km²，服务人口 800 万以上。广州的城市绿道、郊野绿道、平原绿道、山体绿道、水上绿道，已构成特色鲜明的广州绿道网（图 5-1～图 5-9，见图版）。

二、绿道精神文化

在广州绿道建设的带动下，广东绿道建设蔚然成风，成绩斐然，体现了当前政府领导的高瞻远瞩、心系生态、关怀民生、造福于民的高尚情怀和仁爱、厚德的精神；体现了建设者脚踏实地、雷厉风行、敢想会干、吃苦耐劳、无私奉献精神和拼搏精神；体现了中华民族的睿智和创新精神；在极短的时间内，绿道建设取得了如此巨大成绩，体现了中华民族万众一心、团结一致、共创辉煌的和谐精神。

三、绿道制度文化

绿道建设只有两年多时间，国内缺少可依照的法律、制度。广州充分学习、研究国外文件，结合广州实际，对广州市的绿道规划、建设、管理、管养、维护、旅游服务等方面，制定了地方技术标准和规范等各类专项指导性文件，包括《广州市绿道网建设规划》、《广州市绿道规划建设技术指引》、《广州市绿道管理办法》、《广州市绿道管养维护方案》、《广州市绿道旅游服务规范》、《广州市绿道过街标识建设指引》，让绿道建设管理有章可循，有法可依，推进绿道管理的规范化、精细化。

广州的绿道建设是由省政府倡导规划并依靠行政命令执行，虽然用地保障优势明显，但公众基础相对较薄弱，造成后期管理和维护上的一些困难。因此，随着绿道建设和运营的推进，广州市通过电话、电视、网络、讨论会等多种形式，广泛征求市民群众对绿道建设、管理、运营方面的意见，并鼓励绿道附近的农民、企业，以项目经营、共建共管等多种形式，参与绿道的管理和运营。通过与人民代表大会代表、社会团体、公益组织等定期沟通、交流，开展绿道管理评比活动，建立长效的监督机制，提高绿道的管理范围和监督密度。

积极倡导"政府主导，市场参与"的管理模式，鼓励各市（区、县）根据自身的实际情况，选择适宜的管理模式。引导民间资本投入绿道的运营和管理。一般是选择大型旅游公司或组建综合性绿道旅游公司，将项目部分或者整体打包给旅游公司进行管理和经营，如驿站服务、农家乐餐饮服务、单车租赁、体育配套设施、旅游服务等绿道项目经营。以郊野型、生态型绿道为主的地区，如增城市、从化市、花都区，把绿道运营外包给专业的旅游公司，开辟绿道旅游线路，治安、绿化养护等工作则由沿线各镇、街按属地管理原则进行。

建立属地建设经营管理制，明确各区、县级市为绿道管理责任主体，负责绿道日常环境卫生、绿化养护、治安保障等工作事项；部分地区则采取绿道沿线各镇、街分段合作经营管理方式，还有依托公园管理机构统一经营或特殊机构经营管理模式，如交通管理部门。将绿道按不同类型和区位分别纳入市政道路、公园景区、生态林地管理体系，由专业部门分工合作，齐抓共管。同时，联合市交警、交通、城管等部门采取专项行动，对绿道上的各类违法违章行为进行查处，确保绿道安全、专用、畅通。

四、绿道行为文化

广州在城市，建立公园绿道。结合公园"拆围透绿"工程，将部分园道改造为慢跑绿道、健身绿道，并与周边的省立绿道、城市和社区绿道无缝连接，市民通过绿道走进绿色，享受自然更加便捷。

在近郊，建立田园绿道。把绿道引入田园农庄、休闲庄园等，把田园风光引入绿道，绿道因田园而悠远，田园借绿道更显生机。

在远郊，建立山体绿道。把绿道引入森林公园，依托森林公园较完善的基础设施，建设慢行休闲道、空中连廊，整合森林和水体景区，为游人提供新的观赏游玩线路。

在滨海地区，建立滨海绿道。利用湿地游览区建立综合游览绿道，湿地绿道观光游，向游客宣传湿地生态知识，逐渐成为生态科普游的新热点。

依托广州深厚的历史文化，依托"山、水、城、田、海"的自然格局，规划建设流溪河、芙蓉峰、增江、天麓湖、莲花山、滨海6条绿道，串联山水、田园、历史人文景观，形成"绿道成网、景观相连、景随步移、人景交融"的格局。

1)"三建结合"：结合"花园城市"、"青山绿地、碧水蓝天"和"五个更"环境整治等三个工程开展绿道的建设。通过绿道与绿网、水网、路网相连互通，方便市民走进绿地、亲水近水。

2)"四道相通"：通过绿道与轨道、水道、城市慢行道相通，充分发挥绿道低碳出行的功能。

3)"五个连接"：通过连接旅游景点、商业网点、运动场所、办公区域、居民社区等，使绿道成为连接城乡、贴近民生、便捷出行的民生工程。

4)"多元互补"：从实际出发，因地制宜，建设城区绿道、郊野绿道、公园绿道、山体绿道、水上绿道等多种类型的绿道，满足不同层次的需求。

广州凭借自身依山临海、植被丰富的自然环境基础，发挥地理优势，延伸绿道内涵，在"山边、水边"开展绿道建设，建立了"城市—近郊—远郊—滨海"的绿道体系。完善的基础设施，不断出现的新型绿道，为功能开发提供了良好平台。

第三节　国内绿道发展建设情况

一、国内绿道发展概况

绿道这个概念和说法在中国算是舶来品，但这一形式在中国却可以追溯至秦代。秦代修建的"驰道"可以说是绿道在中国的早期原型，包括后来的京杭大运河、丝绸之路、翠云廊和茶马古道，都可看做古时候的绿道。纵观我国绿道规划建设发展的历程，按照不同时期的特点，可以将其分为以下三个阶段。

（一）我国绿道建设的初级阶段（2000 年之前）

20 世纪 90 年代，中国的绿道规划建设实践主要是国土绿化和各个地区所进行的绿地系统规划，绿道基本是沿着铁路、公路、河流及城市道路系统来建设。1992 年，国务院颁布我国城市绿化行业的第一部法规《城市绿化条例》，要求城市绿化规划应合理设置公共绿地、居住区绿地、防护绿地、生产绿地、风景林地及行道树及干道绿化带。随后相关行业规范如《公园设计规范》（1992 年）、《城市道路绿化规划与设计规范》（1997 年）相继出台，为绿地设计提供标准。1998 年全国绿化委员会、国家林业局、交通部、铁道部等联合发出了《关于在全国范围内大力开展绿色通道工程建设的通知》，决定从 1998 年开始，在全国范围内，以公路、铁路和江河沿线绿化为主要内容，掀起绿色通道工程建设高潮，力争用 3 ~ 5 年时间，构建起我国国土绿化的新格局。随后，《国务院关于进一步推进全国绿色通道建设的通知（国发［2000］31 号）》中指出：绿色通道建设是我国国土绿化的重要组成部分，主要任务是对公路、铁路、河渠、堤坝沿线进行绿化美化。

这一时期，我国的绿色通道建设总体上强调线性空间两侧的绿带建设，其内容仅限于林业及相关行业绿化美化的层次，只是绿色通道实施过程中最基础的步骤，在实践中远没有达到欧美国家生态、休闲、美学与历史文化等多种功能相结合的层次。因此，当时在我国还没有真正意义上的绿色通道规划，在城市总体规划和城市绿地系统规划中，也没有对城市内部绿色通道的建设提出相关的理论指导。

（二）国外绿道理论引入和研究阶段（2000 ~ 2010 年）

2000 年以来，受欧美绿道网络建设思潮的影响，国内专家开始关注绿道网络的生态保护、休闲娱乐、文化遗产保护等多功能特点和基于景观生态学的绿道网络规划方法。从城镇绿地系统和绿地生态网络角度，分析绿道在城镇中的生态作用和游憩功能，这方面的研究主要以同济大学建筑与城市规划学院风景科学与旅游系的刘滨谊教授等为代表；从景观生态学角度分析绿道的自然生态功能和从文化遗产保护角度分析绿道的历史文化保护功能，这方面的研究主要以北京大学景观规划设计中心的俞孔坚教授等为代表；从环城游憩功能提出的环城游憩带（ReBAM）的概念，这方面的研究主要以北京大学旅游研究与规划中心的吴必虎教授为代表；从风景道的角度，分析区域绿道中的旅游开发功能，这方面的研究主要以北京交通大学风景道与旅游规划研究所的余青教授为代表。

综观这一阶段十年的绿道研究，从研究内容上主要概括为两类：一是侧重国外绿道理论与实践的介绍总结；二是借鉴国外经验基础上结合中国实际，侧重国内自身的绿道理论与实践研究。

（三）国内绿道规划与实践相结合阶段（2010 年至今）

经过十多年的理论研究和规划探索，2010 年以来，国内部分城市地区陆续开始进行综合性的绿道规划和建设，而综合绿道的建设以广东省建成最多，规模最大。广东借鉴国外经验在全国率先建成了首个绿道网，标志着我国在绿道的实践方面迈出了重要一步。随后，全国城市掀起了各具特色的"中国绿道运动"。除广东珠三角以外，成都、海口、嘉兴、温州、无锡、南京、江阴、武汉、绵羊、泉州、赣州等 10 多个城市也已开展或拟开展专门的绿道规划和建设。

二、国内绿道规划建设主要做法

从空间尺度的演变上来看，从产生发展至今，绿地生态网络的尺度和层次，呈现出从微观的具体设计尺度到宏观的战略规划尺度，从地方、区域到国家，甚至超越国土的尺度变化。我国的绿道规划建设也呈现出区域—城市—社区层面的特点。

（一）区域层面：珠江三角洲绿道网

目前，区域层面的绿道规划建设国内大多处于设想阶段，除浙江省从生态角度提出编制省域绿道网战略规划设想外，以成都市域的规划建设实践经验最为突出。而广东珠三角绿道网是打破了城市界限在大区域环境中由多市共建的生态型、网络化、多功能的系统工程，是全国首例。

2010 年 2 月，广东省出台了《珠江三角洲绿道网总体规划纲要》，计划用 3 年时间在珠三角率先建成总长约 2372km 的 6 条区域绿道，按照"一年基本建成，两年全部到位，三年成熟完善"的建设目标，两年多来，珠三角绿道网建设进展顺利，一年实际建成 2372km 省立绿道，比规划的 1690km 超额完成 40%；两年实现"全部到位"目标，在全线贯通 2372km 省立绿道的基础上，珠三角省立绿道累计建成驿站 345 个、停车场 303 个、自行车租赁点 373 个，超额完成 30% 以上，安全设施、标识牌等已全部配套完善；城市绿道建成慢行道 2828km，较 2195km 的建设计划超额完成近 30%。目前，省立绿道两年"全部到位"的任务全面完成，初步构建起了省立—城市两级绿道有机衔接的网络系统。

（二）城市层面：深圳市综合型绿道

城市层面的绿道网主要强调自然本体的联系和特点，通过绿色通廊将城市的公园、街头绿地、自然保护区、农田、河流、滨水绿带和山地等纳入绿色网络，使点、线、面、片、环、楔、廊等相互结合，构成一个自然、多样、高效、有一定自我维持能力的动态绿色结构体系，促进城市与自然的协调。

以深圳绿道网为例，根据《深圳市绿道网专项规划》，深圳全市绿道网分为区域绿道、城市绿道和社区绿道 3 个层次，结合深圳独具特色的"组团-轴带式"城市空间布局特征，规划以"四横八环十六纵"来构建绿道网络骨架。规划最终实现市域内每平方公里就有 1km 绿道，市民 5min 可达社区绿道，15min 可达城市绿道，30~45min 可达区域绿道的目的。

全市绿道网分为区域绿道、城市绿道和社区绿道 3 个层次。其中，区域绿道是连接城市与城市，对区域生态环境保护和生态支撑系统建设具有重大意义的绿道。城市绿道是连接城市内重要功能组团，对城市生态系统建设具有重要意义的绿道。社区绿道则连接区级公园、小游园和街头绿地，主要为附近居民提供服务。

结合深圳独具特色的"组团-轴带式"城市空间布局特征，规划以"四横八环十六纵"来构建绿道网络骨架。总体看来，绿道网强调自然的过程和特点，通过绿色廊道将城市的公园、街头绿地、自然保护区、农田、河流、滨水绿带和山地等纳入绿色网络，使点、线、面、片、环、楔、廊等相互结合，构成一个自然、多样、高效、有一定自我维持能力的动态绿色结构体系，从而促进城市与自然的协调（图 5-10、图 5-11，见图版）[61]。

三、绿道建设数据指标

各类慢行道的参考标准见表 5-1，绿道常用铺装材料见表 5-2。

表 5-1　各类慢行道的参考标准[61]

慢行道类型	慢行道宽度的参考标准/m
步行道	1.2~2.0
自行车道	1.5~3.0
无障碍道	1.3~3.0
综合慢行道	2.0~6.0

表 5-2　绿道常用铺装材料一览表

铺装分类	铺面材料	适用地段
无铺装	裸土	生态型绿道
	颗粒石路	生态型绿道、郊野型绿道
软性铺装	碎术纤维路	生态型绿道、郊野型绿道
	木料路	郊野型绿道、都市型绿道
	块石	郊野型绿道、都市型绿道

铺装分类	铺面材料	适用地段
天然硬性铺装	碎拼石板材	郊野型绿道、都市型绿道
	砖	郊野型绿道、都市型绿道
	嵌卵石路	郊野型绿道、都市型绿道
	透水砖/混凝土地面砖	都市型绿道
	陶土地面砖/广场砖	都市型绿道
人工硬性铺装	混凝土（水泥压花）路	都市型绿道
	透水（彩色）沥青	都市型绿道
	路标漆	都市型绿道

第六章 竹 文 化

以竹林为载体的文化现象称为竹文化。中国竹文化是指中国社会历史发展过程中所创造的与竹有关的全部物质财富和精神财富[62]。

第一节 竹 类 概 述

一、竹类的分布

竹林被称为"世界第二大森林",是一种特殊的常绿森林类型,由禾本科竹亚科的竹类植物组成。全世界有竹类70多属1200多种,面积约2200万 hm^2,主要分布在热带和亚热带,温带和寒带仅有少数竹类。中国是世界竹类分布中心之一,是世界上竹类植物最丰富的国家之一,有竹类植物39属500多种,面积约520万 hm^2,占全国森林总面积的4%,分布在全国27个省(自治区、直辖市)[63]。其形成既刚劲又柔韧的竹林景观和竹类产品,蕴含着丰富多彩的竹文化,反映了中华民族的品格气质和审美意识。

中国的竹类植物主要分布在以下4个区域。

(一)华中亚热带散生竹林区

黄河以南,南岭以北地域内的竹林,面积大、种类多,且以散生竹为主,尤以长江流域的竹林中种类最丰富。

(二)华中亚热带混生竹林区

在武夷山系、南岭山系、贵州西部到四川盆地一带,丛生竹和散生竹混生。

(三)南方热带亚热带丛生竹林区

这一带包括华南丛生竹林亚区和西南丛生竹林亚区。华南丛生竹林亚区包括台湾、福建东南部、广东南岭以南、海南北部、广西东南部等地;西南丛生竹林亚区的地域有广西西部、贵州南部、四川南部、云南西部和喜马拉雅山地区。

(四)海南云南热带攀援竹林区

本区包括海南中南部、云南南部和西藏南部。

二、竹类植物的形态特征

竹，属单子叶植物纲，禾本目禾本科，多年生木质化植物，具竹秆（地上茎）、竹鞭（地下茎）。竹秆为圆筒形，极少为方形，有节和节间连接而成，节间多中空，极少实心，节由箨环和秆环构成，每节上分枝。叶有茎生叶（箨叶）和营养叶两种，披针形。竹花由鳞被、雄蕊和雌蕊组成。果实为颖果。竹类不常开花，一旦开花结实后便立即枯死，完成一个生命周期。传说竹类 60 年开一次花。不过，气候异常年份也有开花结实枯死现象，作者 20 年前遇见神农架有部分竹林开花，当地村民采其颖果称为竹米，当做保健食品出售。竹的地下茎有单轴散生型、合轴丛生型、复轴混合型 3 种类型。

三、竹类植物的生态功能

竹类植物能适应多种土壤环境，在年平均气温 12～22℃，年降水量 1000～2000mm 以上的气候环境里，不畏酸雨和空气污染，能吸附粉尘和有毒气体，能减弱噪声，降低温度，净化空气，竹类纵横交错的地下茎（鞭根）能涵养水源，保土固肥，是多种动物的栖息地。竹类四季常青，挺拔雄劲，潇洒脱俗，疏密有致，惹人喜爱，是可贵的观赏植物。

竹的释氧量比其他植物高 30%，1hm² 楠竹 1 年可固碳 5.09t，是杉木的 1.46 倍，是热带林的 1.33 倍[64]。

一年种竹，百年受益。竹成林后，3 年即可砍伐，之后每年可砍伐一次，其生态功能不受影响。

第二节　竹文化的存在形式

竹文化可以解析为竹景观文化和竹符号文化。竹景观文化是指人化了的竹所显示的中华文化的性质，重在实体器物；竹符号文化是指一定的社会环境中，竹较稳固地象征某种意义，重在观念情感。

竹文化是森林文化的重要组成之一，是中华传统文化的源头之一。竹以凌云浩然之志、淡泊清静之趣象征人类对理想人格的追求。竹文化以物质、精神、制度、行为四种形态存在于自然和社会之中。

一、竹类物质文化

250 万 hm² 以上的竹林是竹文化的物质基础。竹林（图6-1，见图版）具有易栽培、生长快、用途广、利用率高、景观效果好等特点；竹林具有涵养水分、保持水土、调节气候和固碳制氧等生态服务功能；竹类产品通过饮食佳肴、生活用品、生产工具、房屋建筑、交通工具、书写工具、工艺美术、巫术宗教、文学绘画及乐器等各种途径渗透到人类生活的各个方面，成为人类重要的物质生活基础，并由此体现出竹类的经济文化价值和竹类对于人的重要性。正如北宋诗人苏轼所写"食者竹笋、庇者竹瓦、载者竹筏、炊者竹薪、衣者竹衣、书者竹纸、履者竹鞋，真可谓不可一日无此君。"

（一）竹类饮食

在原始渔猎社会，人们食用的野果野食中就有竹类，据《诗经》、《禹贡》记载，至迟在西周时期已成为佐餐佳肴，几千年来相沿不衰，至今仍是中国人的桌上名菜，在中国南北食谱中，以竹笋烹调出的名菜就有100多种，如水鸭炖雪笋、木耳玉兰片、肉丝炒冬笋、黄焖冬笋条、鸡草金丝笋、水笋焖黄豆、茄汁冬笋、腊肉炒笋干等，湖南著名的正宗"德园包子"馅中也有嫩笋。竹荪（图6-2，见图版）已成为当今席上珍品。

竹笋营养丰富，清脆鲜美，是我国的传统佳肴。公元前1066年，周成王临终前，以"裘座笋席"款待文武大臣和诸侯官吏，以此拥戴周康王继位。秦汉年间，冬笋成为贡品。唐太宗每年春节以笋宴招待群臣。北宋诗人苏东坡在长沙有一首《谢惠猫头笋》的诗中曰："长沙一日煨笾笋，鹦鹉洲前人未知。"陆游对苦笋情有独钟，留下了这样的诗句："薏实炊明珠，苦笋馔白玉。山深少盐路，淡薄至味足。"

苦笋虽苦，但有益于健康。古人云："良药苦口利于病，忠言逆耳利于行。"陆游从食苦笋，联想到忠谏报国，其爱国情怀可见一斑。诗人白居易一生偏爱竹，食竹、咏竹、赞竹，在九江任江州司马时，每日买回竹笋，精心烹制，鲜美可口，食欲大增，达到"每日逐加餐，经时不思肉"的状态，并高兴地写出"此州乃竹乡，春笋满山谷"的诗句。当他想到在京城洛阳，欲求笋而难求时，又这样写道："久为京洛客，此味常不足。"可见白居易一生对竹情之深厚。用竹筒烧饭、蒸肉、蒸鱼古今皆有，现在已成为旅游区特色食品。至今，冬笋仍是朋友间礼尚往来的佳品。

（二）日用器物

竹，被大量用来制作日常生活用品。在渔猎社会，生产水平低下，用尖头竹棍戳穴点种。竹制品生活用具和生产工具是当代人类赖以生存的主要工具，如竹鞋、竹帽、竹筷、竹碗、竹匙、竹甑、竹筛、竹席、竹蒸笼、竹簸箕、竹斗笠、竹架、晒具等。这些竹制品一直沿用至今。随着生产力的发展，加工技术的进步，现在竹砧板、竹桌面、竹地板已进入千家万户；竹推车、竹摇篮、竹晒垫、竹晒床、竹屏风、竹水箱、竹水车等在农村有增无减。

用竹烧制成的竹炭，以各种包装形式进入商店橱窗、橱柜，进入居室、仓库、车厢、会议室，用以吸附毒气、杂气，除去异味达到清洁空气的目的。用竹纤维纺制的毛巾、衣衫、被套行销全国城乡。

（三）竹建筑物

竹是中国传统园林造园的重要材料，历代园林中以竹为题材的景点不胜枚举，唐代王维辋川别业的竹馆里，宋代司马光独乐园的种竹斋，明代金陵的万竹园，清代扬州的个园，广东清晖园的竹园等均是以竹为题材的园林典范。

汉代著名的甘泉祠宫是用竹材构建而成，现代广东惠州南昆山十字水旅游度假村的跨河竹桥（图6-3，见图版）全部用楠竹建构而成。云南傣族的竹楼，到了"不瓦而盖，盖以竹；不砖而墙，墙以竹；不板而门，门以竹。其余若椽、若楞、若窗牖、若承壁，莫非竹者，衙署上房，亦竹屋"的地步。现代建筑工地用的竹夹板已取代了当年的木跳板。

（四）书写用具

竹笔是中国最早的书写工具，后来主要的书写工具是毛笔，毛笔笔杆主要是竹子。从商朝末年开始使用竹简，至春秋时期，竹简成为主要书写材料，竹简文化在中国流行了两千多年，直至南朝时期竹简才被纸张代替。现在仍有部分铅珠笔的笔杆是竹秆。

（五）竹工艺品

中国的竹编工艺起源于原始社会，定型于春秋战国时期，秦汉以后得到长足发展。中国的竹编，制作精湛、审美价值高、产品形式多样。例如，贡竹纸扇、成都瓷胎竹编、梁平竹席、长宁竹丝蚊帐、益阳水竹凉席、嵊县竹屏风及各种日用编织品等都是闻名遐迩的竹编工艺品。竹雕刻艺术在明代中叶成熟，崛起了"嘉定派"和"金陵派"两个竹刻工艺流派，出现了朱鹤、李文甫等许多竹雕刻大师。竹雕刻题材广泛，人物、动物、山水、楼阁、花鸟、鱼虫，尽入刀下，杰作甚多。江西靖安的竹雕笔筒（图6-4，见图版），工艺精细入微，美观精致。

（六）竹制乐器

竹是中国民间乐器的重要制作材料。竹笛、竹箫、竹号、竹板、芦笙、竹琴、渔鼓、竹鼓，竹制琴杆、琴筒、琴弓、琴箅、弦马等各类乐器均用竹子制作。竹制乐器简明灵活，音质清脆响亮、和谐优美，体现了中华民族对待自然的协调态度。我国1000多种民族乐器中，吹奏乐器一半是竹制的。目前国内已成立竹乐团，专门用竹乐器演奏。竹文化物质产品种类繁多，竹物质文化绚丽多彩，博大精深。

二、竹类精神文化

在战国时期，先民们开始把竹当做神加以崇拜。天师道将竹视为具有送子和延寿力量的"灵草"。彝族、傣族、景颇族等少数民族，认为竹是本民族源出的植物或搭救其祖先性命之物，将竹当做本民族的祖先和保护神祭拜，竹成为一种图腾。这些表现了原始人类借竹之旺盛的生命力和繁殖力，祈求部落繁衍昌盛、生生不息的愿望。古时的诗词歌赋常以竹为描写对象。先秦两汉的文学作品对竹有大量描绘；魏晋时期的嵇康、阮籍、山涛、向秀、刘伶、王戎及阮咸七人，出没竹林，写诗著文，风雅一时，人称"竹林七贤"；南朝时出现以竹为中心内容的咏竹文学，谢朓的《秋竹曲》和《咏竹》诗是当时竹文学的代表作；此后历代文人墨客对竹吟咏成风，五代后唐的李夫人，首创临摹窗上笔影的墨竹图；唐代萧悦被称为画竹名家；北宋文同关于"胸有成竹"的绘画理论，备受推崇；苏东坡的《枯木竹石图》及其所画的各种墨竹，笔墨雄劲、墨气深厚；元代的倪瓒，明代的徐渭，清代的石涛、郑板桥、蒲华、吴昌硕，现代的黄宾虹、徐悲鸿、齐白石、潘天寿、李苦禅等都留下了许多画竹之作。杜甫一生喜爱竹林绿树，咏道："绿竹半含箨，新梢才出墙，雨洗娟娟净，风吹细细香"，"平生憩息地，必种数竿竹。"

竹挺拔清秀、结构中空、竹质坚韧、用途广泛，文人墨客借竹表达清高、坚韧、不畏强暴的精神境界。

三、竹类制度文化

竹类制度文化内容涉及国家林业政策法律、林业赋税、林地所有制、林业官制、林业经营管理、有关林业的乡规民约等。竹林虽被称为"第二大森林"，但它毕竟还属森林范畴，一些政策法规、管理制度与一般林业无大的区别，只是在栽培技术上因树种或地区的不同有些差别。例如，黔东南地区有种竹的民谚"正月栽竹、二月栽木"，湖南慈利宜冲桥乡有"禁挖冬笋、垦复竹林"的民约。

先秦时期，国家政权机构中出现涉及林业的管制，秦汉至魏晋南北朝时期多承前代，两汉时期设司竹监、司竹长丞，掌管植养园竹之事。"魏晋河南淇园竹各置官守之。后魏有司竹都尉[65]。"唐朝司苑内的上林署专司竹木栽培。宋朝作监的队伍扩大，下设引作，"司竹监年采伐竹50万竿"。元朝实行竹子专卖制，私贩者依刑法治罪。明朝将朝廷专卖制改为自由买卖。清顺治元年（1644年）设立上林苑监正七品衙门，其中林衙者管理竹木。民国时期各省均有官员管理竹木。

新中国成立后，竹林相关政策、法律法规由国家林业局（部）和各省（自治区、直辖市）林业局、林业厅、地方及县林业局统一管理，所有权有国有、集体之分，竹林管理经营权由农户或林农掌管。目前，国家林业局造林司隶属的造林处有官员分管竹类事宜。

四、竹类行为文化

中国自古以来十分重视竹类的生产和利用，中国竹类栽培与利用的历史源远流长，新中国成立 60 多年来，竹林面积增加了三倍，竹林质量和生态服务功能显著提高。国家林业局 2002 年批建了"国际竹藤中心"，主要从事竹类基础科学和应用技术研究。1984 年中国林业科学研究院在江西省分宜县建立"大岗山杉木、毛竹林生态系统定位研究站"。2001 年四川省林业科学研究院在长宁县建立了楠竹、苦竹、硬头竹等不同类型竹林的生态定位观测体系，结合退耕还竹工程，系统开展竹林生态功能和效益的定位观测研究。该院与中国林业科学研究院合作，依托竹林定位研究成果，培养了 3 名博士 2 名硕士，发表学术论文 30 多篇，完成研究报告 6 部，2011 年出版《竹林生态研究》专著 1 本。近年来出版的学术专著还有《中国竹类经营学》（萧江华，2010 年）、《中国竹文化》（何明、廖国强，2007 年）、《中华竹韵》（许江，2011 年）、《观赏竹配置与造景》（陈其民，2007 年）、《中国现代竹业概论》（谢朝柱等，2010）。

随着国民经济大发展，竹林作为特殊而重要的森林类型，其功能使命也在与时俱进，不再只是竹林和竹笋的生产基地，还是重要的生态屏障，能改善生态环境、保障生态安全，有多种生态服务功能和生态价值。

中国发展史，上下五千年，生活与文化总与竹相连。天师道把竹视为一种具有送子和延寿功能的"灵草"。北魏时期，在今山东、浙江等部分山区，冬天生下孩子做"三朝"，摆三朝酒时要种竹，被邀的亲友与村人，挖来 3 株毛竹，并负责栽好作为贺礼，称为"子孙竹"、"落地竹"。唐代大文学家白居易亲自种竹养竹，对竹一咏再咏，留下许多脍炙人口的咏竹诗文；这一时期另一些大文学家如王维、李白、杜甫、韩愈、柳宗元、李商隐等，人人都有咏竹的传世之作；杜甫一生喜爱翠竹绿树，留下了"嗜酒爱风竹，卜居必林泉"，"平生憩息地，必种数竿竹"的名句。

在人与竹的长期和谐相处中，竹的品质品格不仅映入人的精神，而且影响了人的行为。丰富多彩的竹文化，使森林文化更加灿烂辉煌。

中国人，尤其是中国文人，不仅种竹、护竹、爱竹、喻竹、感竹、赞竹、咏竹、颂竹，而且喜爱食竹笋。先秦两汉时期，先民开始食笋；魏晋南北朝时期，食笋成风；唐宋元时期，食笋之风更盛，吃出了文化，吃出了精神；明清时期，食笋之风进入炽盛状态，采笋、种笋、制笋成为一种独立的生产部门，竹产地的笋外运销售；近代以来，食笋之风一如既往。中华民族喜食竹笋，食出许多趣闻，例如，大文学家白居易的饮食生活中，笋与鱼一样重要，且有笋不思肉，留下了"鱼笋朝餐饱，蕉纱暑服轻"、"每日遂加餐，经时不思肉"的名句。苏东坡认为："可使食无肉，不可居无竹。无肉令人瘦，无竹令人俗。人瘦尚可肥，士俗不可医。"

第三节　湘　妃　竹

一、湘妃竹特征

湘妃竹（*Phyllostachys bambusoides*）（图6-5，见图版），又名斑竹、泪竹，斑竹产地在湖南宁远九嶷山。史传舜帝二妃，闻舜驾崩苍梧，千里寻夫到九嶷，途中且行且泣，血泪洒滴在竹上，形成泪斑，故名湘妃竹，又名斑竹。湘妃竹是竹亚科刚竹属桂竹的一个变种。大惑不解的是，该竹移栽别处后，老竹茎秆上的斑纹不仅变浅，而且新竹也罕见斑点了，与一般桂竹无显著区别。因此，有的植物分类学家不赞同它是桂竹的变种。然而，在九嶷山区域内人工繁殖的湘妃竹，其斑点遗传性状十分稳定。经研究，竹斑形成原因，是潮湿环境加特有菌类繁衍所致。湘妃竹主要生长在九嶷山国家森林公园三分石一带西南坡的板页岩山地，海拔高 500～800m，面积约千公顷。现已开辟湘妃竹观景园，供游人观赏。入园处有一毛竹结构小亭，名"翠微亭"。石径穿过竹林，漫步其间，听竹涛，悲悲切切哀恸声；观斑竹，点点滴滴总关情。

二、湘妃竹诗词

九嶷山湘妃竹，早在春秋战国已闻名于世。伟大诗人屈原《楚辞·九歌·湘夫人》惊叹："九嶷缤兮并迎，灵之来兮如云。"历代名人骚客登九嶷而怀古，借妃竹而抒思，留下了大量咏湘妃竹的诗唱佳句：南北朝刘鹭"白云生绝壑，斑竹锁疏林"；唐代李白"苍梧山崩湘水绝，竹上之泪乃可灭"；宋代梅尧臣"织作湘纹簟，仍然泪花紫"；明代白绣"云影苍梧魂欲断，泪泪湘水竹犹斑"；清代洪升"斑竹一枝千滴泪，湘江烟雨不知春"。描写湘妃竹最引人入胜的当属唐代蒋防《湘妃泣竹赋》，云："昔帝舜之南巡不回，系二妃兮心伤以摧。对三湘之遥兮，积水无际；望九嶷之作兮，愁云不开。郁丹诚而饮恨，樊绿筱以兴衰，泪浪浪而千重堕睫，竹冉冉而万点凝苔。敛蛾之怨盈臆，如狸之斑变色。落红脸而珠影争圆，染碧纤兮缬文交织。夭韶婵娟，鸣咽潜然。沥青简兮丹书灿灿，洒绿枝兮白露涟涟……"诗人把湘妃竹的奇纹异斑之状与九嶷山的古老人文传说融合得相映生辉，揭示出了湘妃竹古雅秀丽的独特美感。湘妃竹茎秆上的泪斑千姿百态，分麻泪、罗泪、白泪、血泪等多种。麻泪苍褐色，斑点似泪，与洞庭湖君山的斑竹相似；罗泪则斑点呈罗纹圈，明晰透亮；斑点呈乳白色的称白泪；罗纹呈红色的是血泪，此种最为珍贵。罗泪竹为九嶷山独有，堪称"中国一绝"。"九嶷山上白云飞，帝子乘风下翠微。斑竹一枝千滴泪，红霞万朵百重衣"，毛泽东这首《七律·答友人》词，就取材于这一历史典故。

第四节　竹　产　业

全世界每年生产竹材 1800 万 t 以上，用于建筑业的为 30%～40%，用于造纸业的为 20%～25%，用于竹器制品的约 15%，其他行业消耗的竹材为 20%～30%。

亚洲的竹产业最为发达，中国又为亚洲之最。中国的竹产业在全球占据主导地位，2007 年中国竹产业的产值就达 750 亿元人民币。

我国竹产业快速发展，迅速进入工业化发展阶段，初步形成了包括资源培育、加工利用和出口贸易的比较完善的产业体系。

据考古资料介绍，早在殷商时代殷纣王曾在"淇园"的"竹箭园"设专人管理竹林；西周时期出现了中国历史上最早的专门从事竹器业生产的"篱笆工"，用竹做原料，制成"竿"、"笈"、"簠"、"篚"、"筵"等器具。李冰父子治水时，都江堰工程中的"飞沙堰"用竹篓装石块，以治飞沙。现代竹制品中的凉席、竹帘、竹屏、竹地板等已成为重要出口产品，远销世界。国内现代竹产业在竹筷生产、竹笋加工、竹酢液、竹炭、竹质活性炭、竹纤维、竹家具、竹染料、竹地板等方面效益凸显。在竹林持续经营研究、竹类遗传多样性研究等方面均取得了可喜成就。

一、竹产业的经济价值

竹产业中的竹林栽培和经营管理属第一产业；以竹原料的竹笋加工制作，竹工艺品、日用品、工业用品的制作加工属第二产业；竹产品的运输、贮存、商品销售、旅游商品、旅游产品、旅游服务等属第三产业。竹产业涵盖了一、二、三产业。

竹林，一代栽种，多代覆盖，投资少，见效快，收益高。一般每公顷毛竹，1 年可收益 10 500 元；高产栽培，1 年 1hm² 毛竹可收益 3 万元。竹笋用林，普通培育 1hm² 年收益可有 2.25 万元；高产栽培 1hm² 的年收益可高达 7.5 万元[66]。

据统计，全国年产竹材 11.52 亿根，竹笋 420×10^4 t，竹地板 600×10^4 m³，竹合胶板 167.22×10^4 m³。竹产品已形成 100 多个系列，数千个种类，广泛应用于建筑、装饰、家具、造纸、包装、运输、医药、食品、纺织、化工等 10 多个领域。

二、竹产业的生态效益

竹林外观优美、根系发达、四季常青，可以保持水土、调节气候、吸碳释氧、改善局部环境、美化居住环境。中国目前已有竹类植物园 20 多处，例如，四川宜宾的蜀南竹海、贵州赤水竹海、浙江安吉竹海等，不仅是竹材生产基地，还是重要的生态屏障，不仅形成了独特的竹林小气候环境，还因大面积竹林的存在，改善了周边环境，取得了良好的生态效益。竹林具有涵养水源、保持水土、净化空气、滞留尘埃、消减噪声等生态服务功能，在维护地球生态平衡中发挥了巨大作用。

中国竹产业发展一直位居世界前列。国际竹藤组织董事会主席罗德尼·库克说："中国作为一个优秀的榜样，向世界证明了以竹产业为基础的发展，能够给人们带来巨大的积极影响——不但能够使人们摆脱贫困，过上富足的生活，同时还能有效保护环境。"

第七章　草　原　文　化

第一节　草　原　概　述

一、草原、草地与草甸

在植物科学中，将茎内木质部不发达，木质化细胞较少的种子植物称为草本植物，人们俗称"草"。草原是指生长在半湿润、半干旱、干旱地区，主要为耐旱的多年生，不受地表水和地下水影响的地带性的天然植物群落[67]。刘燕华认为，草原就是大面积保持着草本植被或灌木植被，没有或少有乔木植被的温带半干旱地区。草原可以是天然的也可以是人工的。草地是泛指有低矮植物覆盖的绿地。草甸是指在不同气候条件下，在季节地表水或地下水影响下，主要由中生植物组成的非地带性天然植物群落[67]。

二、草原生态系统

全世界有 2400 万 km² 草原，约占全世界陆地面积的 16.7%。草原生态系统由非生物环境和生物环境组成。非生物环境包括太阳、大气、土壤等；生物环境包括植物、动物、微生物。非生物环境为生物的生存与发展提供物质与能量。生物按照功能分为生产者、消费者、分解者。植物能够以简单的无机物制造食物，是生态系统中的生产者。自己不能制造有机物，只能直接或间接地依赖生产者制造的有机物为食物的生物称为生态系统中的消费者。消费者分为三级。食草动物为一级消费者，如蝗虫、牛、羊、黄羊、鹿、兔等；食肉动物为二级消费者，如狼、狐狸、蛇等；顶级食肉动物为三级消费者，如鹰、虎、狮等。土壤微生物与土壤动物能把动物残体的复杂有机物质分解为生产者能重新利用的简单化合物并释放能量，称为分解者。草原生态系统具有物质生产、能量转化、物质循环功能，是地球巨大的碳库，重要的畜牧业基地。

三、我国的草原

我国有 4 亿 hm² 的草原，占全国陆地面积的 41.7%，主要分布在内蒙古、西藏和新疆。陈佐忠于 2006 年提出，我国的草原主要分为温带草原，高寒草地，热带、亚热带草地三种类型。温带草原是温带内半干旱气候条件下形成的草地类型。高寒草地是指高山或亚高山、高原亚寒带、寒带半湿润、半干旱、干旱气候条件下形成的草地。热带、亚热带草地是指我国长江以南，热带与亚热带气候条件下形成的草地。温带草原主要分布在呼伦贝尔高原西部、锡林郭勒大部分地区、阴山北麓、大兴安岭南部、辽河平原等地，总面积 5560 万 hm²，占全国草地总面积的 13.9%。高寒草地主要分布在西藏、新疆、青海和甘肃境内，面积约 5802 万 hm²，占全国草地总面积的 14.5%。热带、亚热带草地主要分布在我国热带和亚热带地区，面积 3246 万 hm²，占全国草地总面积的 8.1%。此外，还有滨海草地、城市绿地等。在内蒙古草地面积占其面积的 68.8%，西藏占 68.1%，宁夏占 58.9%，青海占 51.36%。草原植被保护着国土的生态安全，是我国重要的绿色生态屏障。

第二节　草原生物多样性

一、草原物种多样性

草原植物组成复杂多样。在草原 1m² 土地上一般有 10 种以上不同的植物，这些不同科属的植物高矮、叶片形状、花瓣颜色迥异。例如，内蒙古高原东部一种线叶菊草甸草原，有约 82 种高等植物，每平方米有 12~25 种草本植物。

草原植物种类复杂多样。我国草原上有饲用植物 6704 种，隶属 240 科、1545 属。其中有地衣 16 种，苔藓 31 种，蕨类 294 种，裸子植物 100 种，被子植物 6263 种。按科统计，豆科最多，有 1238 种，禾本科次之，1148 种，菊科 538 种，蔷薇科 230 种，百合科 195 种，蓼科 143 种，杨柳科 126 种。草原植物不仅数量多，种类多，而且用途广泛，价值高。在我国 32 000 多种高等植物中有药用植物 11 146 种，其中生长在草原地区的药用植物就有 6000 种，占全部药用植物的 50% 以上。药用植物中的冬虫夏草、雪莲、黄芪、肉苁蓉等多种名贵中药材用途广泛，价值高昂。

此外，草原蘑菇、野菜等多种食用植物味道鲜美、可口，是地道的有机食品。

草原利用的主要方式是放牧家畜。在北方草原人工放牧的家畜有 253 个品种。我国的马有 47 个品种，分为蒙古马、哈萨克马、河曲马、西南马 4 个类群。

在辽阔的草原上分布着种类繁多的野生动物，我国草原上有 2000 多种野生动物，其中被列为国家一级保护动物的有雪豹、羚羊、野驴、野马、野骆驼、野牛、野牦牛、丹顶鹤、藏马鸡等 24 种。藏羚羊是国家一级保护动物，濒危动物物种。草原被人们称为鼠类的天堂。我国共有 204 种鼠，大部分分布在不同类型的草原上，其中有 40 余种分布在蒙古的草原上。蝗虫是草原生态系统中最重要的消费者之一。在蒙古草原上的蝗虫多达 139 种，仅锡林河流域就有 33 种蝗虫，分属于 4 科 24 属。草原上还有土壤动物、土壤昆虫、土壤微生物等多种消费者与分解者。

二、草原遗传基因多样性

我国丰富多样的自然条件孕育了多种多样的草原，不同草原上分布着种类繁多的动植物，这些动植物长期生长、生活在草原上，苗壮健康、适应性强、抗逆性强、繁殖繁衍能力强。我国草原上分布着 6704 种饲用植物，6000 多种药用植物，200 多种家畜，2000 多种野生动物，这些种类繁多的动植物携带着纷繁复杂的遗传基因，形成丰富庞大的遗传基因库。这些优良的遗传基因经过人工筛选、繁殖、培育，创造出更多优良的新品种和新的遗传基因。例如，我国的马共有 47 个品种，其中地方品种有 23 个，引入品种 7 个，人工培育出的品种 17 个。例如，我国最优良的草原轻骑哈萨克伊犁马，体形高大、结构匀称、毛色美观、四肢坚强、擅长跳跃、刻苦耐劳、有持久力，但它是哈萨克马种经过改良培育而成的新品种。因此，草原上的遗传多样性比物种多样性更加丰富。

三、草原生态多样性

我国草原遍布全国各地。各地的土壤、热量、水分条件、气候差异很大，仅内蒙古草原的水分条件，由东向西就跨越了 9 个气候地带：①湿润气候地带；②半湿润偏湿气候地带；③半湿润偏润气候地带；④半干旱偏润气候地带；⑤半干旱偏干气候地带；⑥干旱气候地带；⑦很干旱气候地带；⑧强干旱气候地带；⑨极干旱气候地带。位于不同气候地带的草原，其获得的热量资源不等，生长的植物资源不同，栖息的动物不同。不同的地形、不同的土壤条件，获得的太阳辐射通量和水分不同。不同的水热条件和不同的动植物种类长期相互作用，相互适应，形成丰富的草原生态多样性。据陈佐忠在《走进草原》一书中介绍，我国草原的生态系统，共有 71 目 19 属，135 丛。这 135 丛可以看作 135 个草地生态系统类型。[67]

第三节　草原文化的存在形式

孕育并形成于草原地区的文化称为草原文化。草原文化是长期生活在我国北方草原的先民、部落、民族共同创造和发展起来的一种与草原生态环境相适应的带有民族特点的文化。北方草原文化是草原上最古老的生态文化，是中华文化历史悠久的文化类型[42]。草原文化是民族文化和地域文化的融合体，特色鲜明、内涵丰富、源远流长、博大精深，是中华文化的重要组成部分。

在我国广袤的草原上生活着匈奴族、突厥族、契丹族、女真族、蒙古族、朝鲜族、俄罗斯族、鄂温克族、鄂伦春族、达斡尔族、回族、满族、藏族等十几个少数民族。各民族的风格、服饰、礼仪各有特色，本书拟以生活在呼伦贝尔草原的蒙古族、鄂温克族、鄂伦春族和生活在青藏高原的藏族为例，阐述凝聚北方游牧民族智慧的草原文化。

草原文化的核心是崇敬自然、崇尚武力、崇拜英雄、忠诚守信、勇敢进取。

一、草原物质文化

(一) 蒙古包和毡房

蒙古包（图7-1，见图版）和毡房（图7-2，见图版）是适应游牧经济特点而创造的一种建筑形式，具有制作简单、拆除方便、易于迁徙、搭盖迅速、保暖性强的特点。

蒙古包古称"穹庐"，是由陶恼、乌乃、哈那、毡墙和门组成。陶恼是指天窗，位于蒙古包顶中央，天窗的毡顶于夜间压盖，白昼视冷热情况揭开。毡顶四周都有扣绳可依四方而调整，风雪来时包顶不积雪，大雨冲刷包顶也不存水。毡顶用粗毛绳做边，里边用粗毛绳扎云型图案。乌乃是蒙古包顶的组成部分。把长2m左右的乌乃插进天窗的窟窿里，其数量与围成圆壁后上端交叉处的叉口数量相等，然后用马鬃绳和驼毛绳串起来，同陶恼形成一个整体。哈那是蒙古包的伞形骨架，它是用交叉形式组合成做墙壁用的结构片，多用柳条编制，像伞架一样舒卷自如；在哈那外边盖上羊毛毡加以封闭。蒙古包的门一律向东开，这样可以躲避西北风。古代游牧民族都有以日出东方为吉祥的传统，这个风俗由北方游牧民族所共有。

蒙古包大致可以分为三种：第一种是转移式蒙古包，它与固定式蒙古包一样用毛毡做屋盖和屋墙，其构造、形状、人小及屋内的格局也相同。转移式蒙古包与固定式蒙古包的区别是：其支架不必永久性地固定，院内不必用木栅围绕，包内的装潢也比较粗糙。第二种是固定式蒙古包，毡屋周围的土地必须砸实，院内要用木栅围绕，包内的装潢也较为讲究。第三种是古代的斡儿朵。斡儿朵又称"金殿"、"金帐"、"宫帐"，是一种极富表现力的创造。宫帐的造型与蒙古包略有区别，它的架子是固定乌尼的筐状木头上插入乌尼，并竖起哈那制成的外形像人的脖子，称为"发屋"。宫帐上面呈葫芦形，象征福禄祯祥。宫帐内的装饰金碧辉煌，极为富丽，表现出特有的民族风格。

牧民在蒙古包内放置日用品也有一定顺序。通常西北面放置佛龛，北面放置桌床，西南面的哈那上挂有牧人所用的马鞭和其他骑马工具，东边放置有绘制图案的竖柜，东南面放置炊具。牧人在蒙古包内外均有悬布簇的习俗，布簇上除有喇嘛经卷外，还有一种风马的图案。在旗杆上风马旗是吉祥、兴旺、繁荣、昌盛的象征。[68]

蒙古包是长久性住宅建筑中用材最少，建筑方式对自然破坏性最小的建筑。

毡房是藏区牧民千百年来为适应不断迁徙，逐水草而居的游牧生活所形成的易搬运的传统主要住房，又称毡帐房。

藏区牧民以牛毛毡房为主要住房。以两根木椽为柱，一根木杆为梁，架起牛毛褐子连成的蓬幕，帐外四周用粗毛绳搜紧，系于远处木橛上。毡房内是正方形，占地约20m²，高约2m，顶部正中为开合式天窗。房内居中以石块或土块砌一狭长炉，将毡房分为左右两部分，男左女右分坐。左边铺以白毡地毯，是待客之地；右边兼作厨房。

入口处内外各有立柱一根，内为上柱，除挂念珠、护神盒等敬神物品外，不得悬挂他物；外为下柱，用于悬挂主人的马鞭之类物品。毡房外边往往有一根高杆，悬挂着灰白经幡。地上很多木桩横扯毛绳，系栓牛犊之用。

除黑色毡房外，牧区还有一种供远行或者"浪山"用的白布帐篷，有马脊式、平顶式、尖顶式、六角形等各种形状，或小巧玲珑，或规模庞大。

此外，藏族牧区还有土房（又称"冬窝子"）、切木（木愣子房）、苫子房、踏板房等。

今天的草原民族除保留传统的蒙古包、藏式毡房外，钢筋水泥、天花板、地板砖等现代建筑材料已经进入寻常牧民家，草原牧民的住房结构发生了巨大变化。

（二）草原饮食文化

蒙古草原牧民的传统食品分为乳食、肉食和粮食三大类。所谓的乳食就是乳制品，蒙古语称"查干伊德"，意为"白食"；肉食，蒙古语称"乌兰伊德"，意为"红食"；粮食，蒙古语称"阿木巴达"，意为"口粮"。糌粑、牛羊肉和各种面食是藏族牧民的主要食品。

草原游牧民族是以肉食和奶食为主要食物的民族，肉食的主要来源是牲畜和猎物。

1) 肉食：在蒙古牧民的心目中，马是一种圣洁的、神圣的、高贵的、通人性的动物。蒙古族人爱马如子，绝对不食马肉。蒙古族认为狗有灵性，对主人忠诚，与人类亲近，因此也不吃狗肉。藏族牧民和草原上的许多少数民族也不吃马肉和狗肉。草原牧民主要食用羊肉和牛肉。绵羊肉性温，多在冬季食用；牛肉、驼肉、山羊肉性寒，多在夏秋季食用。草原牧民在杀牛宰羊前都会虔诚地诵读感念词。蒙古草原夏季主食是奶制品，人们在夏季贮存冬季食用的奶制品及面粉、杂粮等。冬季主要是肉食品，初冬每家每户宰杀一些羊、牛等牲畜，贮备冬季的口粮。

2) 奶制品：在逢年过节操办喜庆宴席及各种祭祀活动时，都要首先向天撒泼奶制品，以此为祭。用奶食向苍天弹祭，作为吉祥的"德吉"，德吉即食品中的第一口，表示尊敬。牧人制作的奶制品非常丰富，有奶皮子、奶酪、奶酒、奶油、奶茶、奶饼、奶糖、奶豆腐、酸奶等。夏秋季节，将鲜奶放入锅中，慢慢煎煮，煮沸后鲜奶上会积聚一层薄脂肪，称为奶皮子。奶酪是草原牧人喜欢的奶食品。奶油是将黄油所剩的奶水放到热处待其蒸发沉淀，将沉淀后的奶块装入布袋压榨，捏成各种形状，晾干即可。取出奶油后其下沉如豆腐汁者，经火慢慢煎熬，再压榨，倒入木模，切成小块，在太阳下晒干即奶豆腐。奶豆腐有的微酸，有的微甜，为牧人冬季上乘食品。木模上刻有各种各样的吉祥图案，因此奶豆腐又像精美的艺术品。酸奶即发酵后的牛奶、羊奶，其又酸又甜的滋味沁人心脾。

3）糌粑：糌粑是草原牧民的一种主要食品。糌粑被称为藏族快餐面。吃时在茶中加入一块酥油，待溶化后辅加少量曲拉（奶渣），然后加青稞炒面，用手调拌后抓捏而食。

4）蕨麻米饭：蕨麻米饭烹制方法讲究。先将大米蒸至七八成熟，捞出后用冷水去面汗，拌上酥油少许，再放入笼中蒸熟，加以蒸熟的蕨麻、白粮、葡萄干，浇上融化的酥油而食。

5）手抓肉：手抓肉是草原牧民常见的吃肉方法。吃时一手持刀切割，一手抓肉入口。烹调方法十分简单，先将鲜牛羊肉煮熟，再加盐或蘸盐即可食用。

6）灌肠：有肉肠和血肠两种。肉肠是用牛羊的杂碎，心、肺、肾、肝等内脏加拌切碎的蒜苗、食盐、花椒粉拌匀，灌入洗干净的大肠；血肠是将剁碎的肉放在血液中，加上食盐、花椒粉、少许面粉搅匀，灌入小肠内，然后均以清水煮熟食用。灌肠味道鲜美，营养丰富，是极富特色的风味食品。

7）藏包：烹制前先将牛羊肉剁碎后加食盐、花椒粉、葱段、少量水和清油搅拌均匀成馅，用不发酵的死面包好蒸熟即可食用。藏包皮薄馅大，汤满油多，美味可口，又称灌汤包子或水晶包子。

8）酸奶：藏族酸奶是将鲜牦牛奶煮沸后倒入木桶或盆内，待冷却至40℃不烫手背时放入酸奶引子（乳酸菌种），然后掩盖置于40℃保温处发酵。食用时在碗内可加白糖，酸甜适度，清凉爽口。

9）酥油茶：藏民的传统做法：取熬好的茶水倒入竹筒中，加入块状的牦牛油（酥油），慢慢打，边打边加入适量盐，待块状酥油打融了，酥油茶就可以喝了。据说一个藏民一天要喝30碗酥油茶。"茶桶一响，酥油三两"说明酥油茶在藏族牧民生活中有多么重要。蒙古牧民喜喝奶茶者居多，其制作方法比较简便，将红茶煮沸取茶水加入适量牛奶即成。

（三）草原酒文化

（1）蒙古马奶酒

马奶酒主要成分为马奶，含有丰富的乳、油、糖、矿物及多种维生素营养成分，是牧民们外出狩猎、放牧的最佳饮料。制作马奶酒的最佳季节是每年夏秋季，发酵时间从数小时到3～5昼夜。马奶酒含乙醇较少，大致为1.5%～3%。马奶酒蒙古语称"彻格",意为"洁白的饮料"。草原牧民自古以来视马奶酒为圣洁的象征。每当制成新的马奶酒后,首先取少量扬向蒙古人的"老父亲"——苍天、"老母亲"——大地及祖先,表示感激之情。

牧民把制造马奶酒的麴酵母视为传家宝。麴,蒙古语称为"胡格仁",意为资本。因为光有马奶是酿造不出马奶酒的,有了保存很好的麴,才能酿造出可口的马奶酒。夏季家家户户酿造马奶酒的时候,缺麴或麴不太好的牧民不得不向邻居求援,蒙古语称为"胡仁格扎拉乎",意为"请麴"。蒙古传统观念认为马奶酒是有生命的、不断争取向上的神圣食物。因此,牧民像对待自己的幼儿一样日夜照顾马奶酒麴。

马奶就是蒙古草原各民族都喜爱的饮料,从历史的匈奴族、东胡族、乌垣族、鲜卑族到现在的蒙古族、哈萨克族、鄂伦春族、柯尔克孜族、乌孜别克族等都把马奶酒当做上乘饮料。马奶酒在草原牧民日常生活中占有重要地位,也是草原文化的重要组成部分。人们视马奶为纯洁、神圣的象征,是最能代表美好祝福的珍品,在实际生活中则有充饥、止渴及药用价值。马奶酒在蒙古族传统的各种祭祀活动中是首要祭品,又是奉献给尊贵客人和亲朋好友的珍贵礼物。

（2）藏族酒文化

藏民爱饮酒但不嗜酒。牧区藏民因交通等条件限制,实际饮酒比农区人少。农区人可自制酒类。藏民喝酒不摆菜肴,不兴猜拳行令,而是以唱酒曲饮酒,最喜喝自酿的青稞酒与黄酒。藏族把敬青稞酒作为接待宾客的一种诚挚礼节。到藏族朋友家做客,主人均会以青稞酒待客,客人必须双手接过,不能推辞。必须连喝3碗,不能多饮者也可喝一小口代替一碗。当主人斟酒后,客人双手接过酒碗呷一口,主人即给斟满,但第三次必须一饮而尽,方不为失礼。今天的藏区城区,藏民饮酒习惯与其他城市别无二致。农区藏人还制作葡萄酒、蜂汤酒、柿子酒、红河谷儿酒、砸杜子酒等。

（四）牧民服饰文化

1. 蒙古民族服饰

草原民族惯用的服饰（图7-3,见图版）有袍、裤、坎肩、答忽、腰带、缠头、帽子、靴子等。

（1）长袍

蒙古式长袍蒙古语称"德勒",均有开襟,缀对口或排扣,大多数扣子是银或铜制的。长袍一直是蒙古草原民族所喜爱的服饰,各个部落或各个地区的长袍虽然各有特色,但高领、长袖、镶边、宽大却是共同点。

草原牧人一年四季均穿长袍。春秋穿夹袍,夏季穿单袍,冬季则穿皮袍、棉袍。男女老少都穿长袍,喜用黄、绿、红绸子扎在腰里。长袍多有镶边。男服,特别是白羊皮袍镶单边者居多，平常用黑、红、蓝布或绒线在领子、袖子和衣边上绣上花边。青年妇女的长袍比较讲究，冬夏长袍都镶有较宽的绣花边或金银丝绸边。

蒙古长袍是适应游牧民族生活和草原自然条件的服饰。白天长袍用来保暖，夜间则可当被子盖，腰间用带子一束可长可短，骑乘、行走都很方便。长袍腰带的主要作用是骑马时能保证腰椎骨的稳定垂直。男式长袍肥大、宽领长袖，地区差别不大。布里亚特女士长袍腰紧肩宽，东部女袍带开衩。

（2）坎肩

坎肩是一种既实用又具有装饰作用的服饰。坎肩蒙语称"乌吉"，是长袍外面穿的一种外衣，分长袖、短袖两种。传说现代蒙古人穿的坎肩是元代忽必烈的夫人察必弘吉剌创制的。妇女们穿上长袍，外加紧身的坎肩就可不束腰带。坎肩是已婚女子的标志，穿上坎肩就可以生育了。蒙语的"布斯贵"意为妇女，直译就是"不束腰带的人"。长坎肩——"乌吉"是草原上已婚妇女的礼服。已婚妇女若不穿坎肩会被认为是对客人和长辈的不尊重和对自己的放纵，穿上前后开襟的坎肩则标志庄重富贵。男子的坎肩一般都很短小，通常不加镶嵌边。

（3）帽子

由于地处高原，牧民又常年在野外游牧，冬日风暴严寒，夏季烈日炎炎，帽子成为抗风御寒不可缺少的生活必需品。因此，牧人一年四季戴帽子。蒙古草原牧民一般冬天戴鹰式皮帽，其形状若苍鹰，多用羊羔皮制作，用布作里子。这种帽子俗称"蒙古帽"或"草原帽"，也称"风雪帽"。这种帽子顶是尖的，阻风力小，卷檐，展开可遮住耳、腮、脖子，也可遮棚远眺。

对草原牧民来说帽子是极其神圣的，不许任何人随意乱动乱摸。乱动别人的帽子会被认为对主人的轻蔑。蒙古传统文化认为帽子是身份的标志，古代草原牧民根据人们所戴帽子识别这个人的身份和社会地位。草原上的牧民尤其是妇女至今保持着尊重帽子（头巾）的习俗。他们与客人见面时必须戴帽子或扎头巾，否则会被认为是对客人的失礼。

（4）靴子

靴子是草原游牧民族的生活必需品。蒙古族牧民一年四季脚不离靴。牧民骑马时，双足下垂，两腿与马腹相贴，穿靴可以护腿，夏天可以防虫防蚊，冬天可以御寒。靴子的种类也很多，主要有传统蒙古靴、马靴、圆头靴子和一种名为"马海"的布靴。传统蒙古靴用牛皮、马皮、驴皮制成。

蒙古式靴子的特点之一是不分左右脚。靴身宽大，可套毡袜或棉袜穿，靴内有时衬皮或衬毡。传统的蒙古靴是尖稍上翘，靴身宽大、靴帮通梁和嵌条牙为绿色，靴帮为古铜色或棕色。蒙古式靴有皮靴和布靴两种。皮靴一般用牛皮或马皮制作，这种靴的特点是结实耐用，防潮防水，防寒性较好。

　　蒙古族男式布靴一般以蓝色、黑色较多，靴上的图案也多用蓝、黑色线绣成。女士布靴以绿色、红色为多，靴上的图案和花纹绣得极为精致美观。布靴上的图案一般都是鲜花、青草、蝴蝶、云彩等自然景物。不论绣什么图案，其花纹等绝不会出现偶数，因为蒙古族人以奇数为吉祥数。

　　多彩的长袍、精致的坎肩或鞋帽上随意一处花纹，都是由美丽草原的山光水色，经过纯净牧人心底的润饰和陶冶化为的美丽图案。这些图案不仅是多姿多彩的草原写照，更是牧民美好心灵的投影。

2. 藏族传统的服饰

　　藏族因其部落渊源和生活环境不同，各种不同的地形、气候，不同性别、年龄、地位的藏族，都有不同的款式和色泽，服饰上存在极大差异。

　　（1）僧人服饰

　　僧人不穿袜子和有袖的衣服，他们下着满腰衫裙，上穿背心，披袈裟，全身无纽无扣，唯以腰带系裹。腰挂漱口瓶，手持捻佛珠。不同藏传佛教派别的僧人，服饰的颜色和款式也不相同。

　　（2）牧区的服饰

　　牧区男女穿着基本相似，内着半高领、斜开襟的锁边夹袄；藏袍身袖宽大肥硕，袒露右肩，右袖自然垂掉或挂于腰际。区别在于男服将下摆提高至膝部，女服束腰后下摆与脚踝齐。夏穿布制夹袍；春秋袍用羔皮或短毛皮作里，外罩毛料或布料；冬穿长毛光板皮袄。其领缘、袖口、下摆、襟边均用氆氇和水獭皮或豹皮镶边装饰，女士皮袄相对装饰华丽，色彩鲜艳。

　　（3）半农半牧区的服饰

　　藏族女性服饰是夹层布袍，半高领，右开襟，紧身窄袖，两边开衩，衣长及脚踝。长袍上罩以大襟式绸缎马甲，开襟处镶滚花边。年轻女子喜穿蓝色、绿色长袍，外罩偏红镶边马甲，腰系花带或毛织大红宽腰带；腿着深红窄筒布裤；足蹬绣面布鞋。半农半牧区妇女身着半高领右衽大襟长袍，酷似蒙古服，黑色居多，唯领、襟部以花边氆氇缀饰；紫红裤子，厚底尖头布鞋。沿舟曲一带藏族妇女身着三层上衣，最里衬衣，中间立领短袄，外套挂里坎肩。裤口宽大，以花缎带扎束，呈灯笼状。

　　（4）藏族的头饰

　　藏族妇女喜带各种头饰。牧区藏族妇女多为"碎辫子型"，将头发梳成数十或数百根细辫，下系红色或黑色丝线。自头部起缀一彩色布条拼缀成的硬布块，上饰蜡珀、玛瑙、红珊瑚或银碗形饰物，下端缀一排蓝珠或红绳线组成的穗子。另自臀部起有 30cm 宽的硬布块垂及踝部，缀有碗形银质饰物或银元、铜元数行。夏河六七岁的女孩，从两鬓及头顶总结 3 条辫子；到十六七岁，即选农历正月初三或初五，举行隆重的"上头"

仪式，从头顶分出一束圆形头发，分为9股编成一条辫子，其余头发往下梳，至耳轮部结成小辫，约百余辫，辫子越细，根数越多，越尊贵。

有些地区妇女额头盘绕一圈红色珠玉串起来的头箍，约50排，每排6颗，间有白玉的琥珀、松石点缀。还有些地区未婚子女将三根辫子梳编起来，用红头绳结扎，配一串银牌或圆形银环，其余两根只在腰带以下方编成辫子，或者碎辫子缀满黄铜纽扣，俗称"纽子头"，别具一格。

(5) 项链、耳环

牧区藏族男女均喜戴项链，妇女喜戴耳环。项链多由珊瑚、琥珀、蜜蜡、松耳石、奇楠香珠宝串联而成，妇女的项链多由20~40颗珠子串成。耳环大都是金银制品，有浮雕、掐丝、镂空、镶嵌等形式，大者直径达15cm。大耳环多镶有红、绿宝石，有些耳环上缀有层层叠叠的耳坠，垂及胸前。手镯和戒指通常既是财富的象征，又是男女之间定情馈赠的信物。

藏族妇女十分注重服饰装饰的精巧富丽。逢年过节他们都要精心打扮，戴饰品，藏族服饰能衬托出女性特有的典雅和男子彪悍强壮的气质，深受藏族人民的喜爱。

二、草原精神文化

草原精神文化的精髓是勇敢、大胆、忠诚、刚毅、进取和超越。古代草原民族在恶劣自然生存环境条件下形成的乞颜精神，势不可挡，力量无穷。

乞颜精神是古代草原民族尚武精神的具体表现。"乞颜"蒙古语意为从山上流下来的狂暴湍急的洪流。用乞颜命名氏族部落或人名，是为了培养和表现刚强、勇敢、大胆的品格，克服懦弱、无能、胆怯的弱点。只有具备勇敢、大胆、刚强性格的人，才能勇往直前、开拓进取，才能像飞瀑急流一样不可阻挡，才能克服困难，不断超越自己。草原民族的这种"乞颜"精神深深地积淀在一代又一代牧民的思想意识之中，形成了草原尚武力量、自强不息、勇于开拓、不断进取的精神文化，是草原民族尚武精神的灵魂和根基。

蒙古族崇尚"长生天"，信奉萨满教，有"天父地母"之说。天在草原文化中一是表示精神，二是代表大自然。"长生天"是蒙古族崇拜的最高对象，人的一切活动要得到天助，一切权力来源于天，死后还会走上天路，因此，人人都敬天畏天，一切顺从"长生天"。顺从"长生天"的实质是适循自然规律。在这种信天、敬天、畏天、顺天思想主导下，蒙古牧民以畜肉和奶作为主要食物，以家畜皮毛为生活用品原料，用牛羊粪为燃料，鄙视和谴责贪婪，反对竭泽而渔，使人成为大自然食物链中一个环节，形成了天人相谐、万物和谐的自然生态观和生态伦理道德。古代"长生天"是蒙古族崇拜的最高对象和一切权力的来源。

蒙古族视马为最神圣的牲畜，就像离不开太阳和月亮一样离不开马，把马作为终身最亲密的伙伴，以马代步是蒙古族男女老少的习惯，蒙古族被称为"马背上的民族"。赛马是草原上最欢乐的体育比赛。马头琴演奏的旋律是最动听的音乐。蒙古族民间流传着许多关于马的歌、词、祝语、故事。蒙古人爱马如子，一首《骏马赞》唱出蒙古人对马的深情。蒙古族的长调民歌字少腔长，辽阔舒展，波澜起伏。蒙古草原的舞蹈，马步耸肩，端庄质朴，刚柔相济，风格独特。

藏族文化的终极目标是追求至高无上的快乐，是把一切痛苦都转化为快乐。藏族精神上充实自由，他们信仰崇拜大自然，生活从容自由、胸怀开阔、热情好客、朴实诚恳；他们生活的目标是追求与自然的和谐，与众生相依为命的境界。

牦牛是唯一产牛绒的牛种，称为万能畜种。藏族牧民的衣食住行全都离不开牦牛，用牛绒、牛皮制衣、制鞋、制舟；食物中肉、乳、酥油来自牦牛；部分生活生产工具如绳、皮袋等来源于牦牛；居住的帐篷原料来源于牦牛的粗毛；牦牛粪是牧民的主要燃料。牦牛耐寒冷，善爬高山，是草原的主要交通工具，人称牦牛为"高原之舟"，将藏族牧民看成"牦牛背上的人"。

(一) 长调

"长调"是蒙古语"乌日汀哆"的意译。乌日汀哆为"长久永恒"之意，在相关著作中也将其直译为"长歌"、"长调歌"、"草原牧歌"等。

长调的拖腔体音乐文化形态在旋律形态、音乐结构和演唱方式及其技术技巧上，均展现了高度抒情化的特点。其歌腔化的旋律形态复杂、拖腔结构悠长宏大。这种规律和感觉来源于骏马、骆驼及雁去雁归、草木枯荣为时节的游牧生活节奏。这种节奏决定了长调节奏特色的内在根本。

长调民歌的题材有牧歌、思乡曲、赞歌、婚礼歌和宴歌等，它是蒙古族节日庆典、婚礼宴会、亲朋聚会、"那达慕"等活动中必唱的歌曲，贯穿于蒙古民族的全部历史和全部社会生活中。

长调民歌承载着蒙古的历史，反映着蒙古民族文化的本质；长调民歌与蒙古民族的游牧生活息息相关，与蒙古族的语言、文学、历史、宗教、心理、世界观、生活观、人生观、风俗习惯等紧密地联系在一起。无论过去、现在还是将来，长调民歌不仅是蒙古民族最精美最经典的文化样式，也是蒙古民族生存方式的标志性展示，同时长调民歌在人类文明史上是草原游牧文明的典型代表。其所独具的悠长宏大的表现形式及契合人类生存和发展理念的内涵，是蒙古民族对人类文化的重要贡献，是人类文化中闪烁着草原民族智慧之光的瑰宝。2005 年 11 月 25 日，联合国教科文组织在巴黎宣布第三批世界非物质文化遗产代表名录，蒙古族长调民歌位列其中。这意味着，蒙古族长调民歌不仅成为中国目前仅有的四个世界非物质文化遗产代表作之一，也是第一个经过国际权威机构认定的具有世界级文化地位的中国民族音乐[69]。

（二）那达慕

"那达慕"的意思是玩，是内蒙古草原上的盛会。一般在牧草茂盛、牛羊肥壮的夏末初秋时举行那达慕大会。牧民们在那达慕上出售牲畜和畜产品，购买生活用品和生产资料，同时还有文艺演出及各种比赛项目，那达慕的传统项目主要是赛马、射箭和摔跤。

赛马是引人注目的活动之一。马是蒙古族人民游牧生活中不可缺少的伙伴，也是蒙古族人们最重要的交通工具，更是军事战争中不可缺少的成员。骑马是蒙古男子三项竞技之一，从五、六岁的孩子，到年过花甲的老人，无人不会骑马。赛马又分跑马和走马两种。跑马是比驰骋疾跑的速度和赛程，主要由青少年参加；走马是比毅力和平稳，主要由中老年人参加。传统的蒙古式跑马，不备马鞍，不穿靴子，这样可以考验一个骑士的真本领，马也能不受束缚而加快速度。赛马是一种群众性的体育比赛，很受重视，既能鼓励人们精心培育骏马，又能激发骑手刻苦练习骑术。

射箭也是那达慕大会的活动内容。蒙古式射箭强调准确有力，做到箭无虚发，并能远距离射击。射箭比赛分静射（立射）和骑射。弓箭的式样、质量、长度、拉力等在比赛中无统一规格。男女老少不分级别，自由参加。在那达慕大会上摔跤也很流行。真正的蒙古式摔跤以比力为主要内容。两雄相争，以倒地为负。清代的蒙古式摔跤称为"演库布"。双方一开始就互相抓握力搏，双方的手允许触及对方臀部以下的部位，但不准碰腿。拼搏是以一跤决定胜负，先倒下为输。随着时代的发展，很多旧的规则都做了改变。现在，那达慕大会成了具有民族特点的传统集会，是一个喜庆的集竞技、娱乐、祝福、贸易为一体的民族体育、娱乐性项目。

那达慕大会作为蒙古族的传统节日，在蒙古族风俗习惯中颇具有代表性。那达慕是蒙古民族生存方式的一种精神积淀。

（三）祭敖包

祭敖包，是蒙古民族自古就有的习俗，这种习俗体现的是蒙古族人民早期的宗教信仰。祭敖包是草原上非常重要和隆重的节日。"敖包"（图7-4，见图版）蒙古语意为"堆"，是用石块、土块等堆积而成，认为是多种神灵聚集的地方。一般一年祭祀一次，具体时间各地不一，有的在六月初，有的在夏秋选日举行，祈求吉祥，人畜兴旺。那达慕曾是祭敖包的一部分。祭祀活动由萨满祭司主持，所祭的神就是天神、地神、雨神、风神、火神、羊神、牛神、马神等。据《蒙古风俗鉴》记载："祭敖包是蒙古人古时信天，而向山川祈祷一切平安的活动。"蒙古民族自古尊重天、地、山、水，尤其尊重火。他们认为江河、湖泊和雨水是由神灵掌管的，如神灵不满就要发怒，带来灾难。为了使神灵满意，规定了许多禁忌。例如，不准将脏东西抛入河内，不准在河水中大小便，禁止人从井口迈过，更不准将脏水倒入井中等。他们认为火是神圣的，不准向火中投脏物，不准在火中乱翻，不准在火上烤脚，也不准把奶倒入火中。此外，还禁止用锐利物品挖地，特别是河边湿地决不允许等。这些祭祀活动和这些禁忌习俗反映的是"万物有灵"的原始宗教崇拜，这一切说明蒙古民族的精神意识中包含着人对自然崇拜的宗教精神。

在蒙古族的早期，生产力低下，他们只能自发地适应自然环境，从而产生了相应的生产方式和生活文化，从而形成了与宗教崇拜有关的祭敖包之后的那达慕。随着生产力的发展，人类改造自然能力的增强，生产关系的发展，孕育出包含新时代草原民族精神的那达慕，而这种观念所体现的正是草原文化在内的东方文化的特质——人和自然的和谐统一。

（四）蒙藏古诗

蒙古英雄史诗是民间集体创作的口头作品，并且经历了极为漫长的发生和发展过程。迄今为止，在国内外发现的蒙古族语各种类型的英雄史诗，数量已超过300部。短的几百行上千行，长的有3万诗行的布利雅特《格斯尔》，1万行字左右的有《叶仁塞》和《一百五十五岁的老人劳莫尔根可汗》等。

蒙古族的《江格尔》、藏族的《格萨尔》、柯尔克孜族的《玛纳斯》是我国的三大英雄史诗，是草原艺术英雄情绪的典型标志。

《江格尔》在15～17世纪时形成于我国新疆为拉特蒙古地区，是蒙古史诗成熟期的作品。史诗描写了草原英雄江格尔带领他的如群星闪耀般的勇士们，为保护自己的神圣乡土而进行多次征战的故事。《江格尔》全长10多万行，仅序就有300多行。《江格尔》被称为蒙古民族之歌，蒙古民族之魂。另一部藏族光辉不朽的巨著《格萨尔》，被誉为"世界古典文学的瑰宝"。这部英雄史诗共有25万多诗行，是世界著名的英雄史诗，其影响遍及全世界。

公元14世纪编撰的《藏文大典》涵盖了200多位作者的作品，包括《显宗》、《密宗》、《戒律》、《般若》、《医方明》、《工巧明》、《世伦》等459部著作。其中，传记类作品有《蔡巴纪史》、《情史》、《西藏王功记》等，还收录了18世纪中叶由帝玛尔·丹增彭措撰写的《晶珠本草》，该书记载了32 294种药物和藏医配制的1400多种藏药。此外，该部著作还收录了西藏在吐蕃时期的《珍宝明灯》、《冬夏至图》，以及11世纪的《世伦根本经释》、14世纪的《历算综论》和17世纪的《天文历算问答》等。

藏族牧民的口中流传着许多通俗、顺口、朴实、精炼、清新含蓄而生动的谚语。藏族有独特的美学原则和心理素质，有独特的吉祥符号、吉祥徽，藏语称"扎西达嘉"，内容是指吉祥结、妙莲、宝伞、右旋、白海螺、金轮、胜利幢、宝瓶、金鱼。藏族喜崇六长寿，藏语称"才让南木周"：岩长寿、水长寿、树长寿、人长寿、鸟长寿、兽长寿。藏族有独特的高原绘画与雕塑艺术，以岩画、壁画、卷轴画（唐卡）、木版画、羊皮画、堆绣艺术类型。藏族的民间文体活动十分丰富，藏族是一个能歌善舞的民族，藏民"会走路就会跳舞，会说话就会唱歌"，边唱边舞，节奏活泼欢快，歌曲嘹亮高亢，富有乡土气息和民族特点。精神文化丰富多彩。

精神文化中特别重视"慈悲与爱心"，把这当做处理人际关系的底线与基本心态。以"藏语佛教"又称藏传佛教为核心的藏族文化，相信"万物有灵"，认为风调雨顺、平安、祥和是"灵"与"神"的赐予，对"灵"与"神"所住的自然界不能破坏，要主动保护。

草原民族的精神文化还集中体现在坚韧刚毅的品格，自强不息的开拓进取，崇拜英雄、精骑善射、崇尚武力、真诚坦荡、恪守诺言、热情好客是草原民族共同的性格特点。

三、草原制度文化

不同的生产方式产生不同的社会制度。中国是一个草原大国，是世界上最早制定有关草原保护法令的国家之一。例如，西周的《伐崇令》、夏元的《阿勒坦汗法典》、西夏的《天盛律典》、清代的《喀尔喀七旗法典》都有保护草原的法律、条令。

草原民族虽然过着游牧生活，社会组织松散，但是草原民族很有法制观念，非常重视"依法制事"。蒙古族非常重视尊崇各种习惯法，违背习惯法的人会受到严厉的惩罚。例如，草原民族禁止砍伐树木，严禁在河水、湖水中洗涤污物、便溺，严禁挖掘草地、遗火，严禁春夏季狩猎和污染水源等，对蓄意破坏草场、盗窃行为制定了严厉的制裁措施，这些习惯法是草原牧民生态观的体现，是依法保护生态的习惯法。从习惯法开始蒙古族就已经形成了保护自然的法律法规，例如，《元典章》、《阿勒坦汗法典》、《喀尔喀法典》中列出保护动物名单。成吉思汗在登临汗位之际，颁布了《大扎撒》法典，以法律形式严禁当时蒙古人流行的各种劣习，树立了依法制事的典范。《大扎撒》既合乎当时草原社会发展规律，又合乎牧民的愿望和要求。成吉思汗制定的规则、制度、法典，既是社会成员参与游牧经济和战争过程中的行为规范和行动准则，又给了每个社会成员平等参与经济和社会活动的权力。《大扎撒》还体现了当时蒙古社会的公平正义思想：凡是儿子不听父亲教诲，弟弟不听兄长教诲，丈夫怀疑妻子不忠，妻子虐待丈夫，父亲虐待已出嫁的女儿，长辈不约束晚辈，晚辈不受长辈约束；做官任人唯亲，为了私利而损害公利者都要受到严厉处罚。据传成吉思汗的女婿自持战功卓著，又是皇亲国戚而无视《大扎撒》的规定，私自瓜分战利品，成吉思汗知道后除给予惩罚外，还掳去官职，削为平民。这充分体现了当时蒙古草原法制的完整和执法的公正和草原制度文化的完美。

在任何社会生活中，都必须要求社会成员的行为有最基本的一致性。藏族牧民生产、生活中的许多信仰、崇拜、禁忌形成一种规范、一种习惯。例如，对"神山"的禁忌：禁忌在山上挖掘，禁忌采集砍伐山上的花草树木，禁忌在山上打猎，禁忌在山上喧闹，禁忌将山上的任何物品带回家；不说上山、登山和下山，只能说进山、出山、山里去了，因为牧民认为山不是攀登和征服的对象，而是人的依赖者，人是山的一部分，人与山是一体。其他禁忌还有：禁忌向水里扔污秽之物，禁忌在湖边、泉边、河边堆脏物和大小便；严禁在草地挖掘，不能在地里烧骨头和破布；禁忌捕捉飞禽，禁忌食用鸟肉和鸟蛋，禁忌打猎……藏族牧民的诸多禁忌保护了草原和青藏高原的生物多样性，维护了青藏高原的自然环境和生态平衡。藏区早在吐蕃时期就有了政府颁布的以佛教"十善法"为基础的法律，17 世纪发布《十六法典》、《十三法典》。藏族地区各部落也有法规，例如，青海刚察部落规定，一年四季禁猎；川西理塘藏区规定，不准打猎，不准伤害有生命的生物。藏族寺院有严格的管理制度，严禁僧人和俗人破坏和砍伐森林、破坏草地，不杀生、不伤害任何生灵。

新中国成立后，党和政府高度重视草原保护问题，颁布并实施了一些草地资源建设和生态安全的相关法律和法规，使草原保护与建设步入法制化轨道。1985 年颁布和实施《中华人民共和国草原法》；2002 年国务院制定了《关于加强草原保护与建设的若干意见》；2002 年 12 月第九届全国人民代表大会通过了重新修订的《中华人民共和国草原法》；2003～2009 年国家安排 115.75 亿元资金用于退牧还草建设；2010 年国务院常务会议决定，建立草原生态保护补助奖励机制，决定由中央财政安排 134 亿元对 8 个牧区省给予草原保护利用的补贴和奖励。

星移斗转，时代变迁，草原制度文化随着社会发展而不断完善，草原的生态环境将得到进一步改善，草原的生态文化将更加灿烂辉煌。

四、草原行为文化

草原民族热爱自然、敬畏自然、感恩自然、顺应自然，在适应自然环境中的生存方式所表现出的生产生活行为充分凸显了人与自然的和谐。草原民族把苍天比做父亲、大地比作母亲、草原比作摇篮、河水比作乳汁。由此可见，草原民族对大自然的崇敬与依恋，其行为处处体现适应自然、保护自然的生态观念。

（一）生产行为文化

考古证明，距今 60 万～70 万年前的旧石器时代早期，今内蒙古境内就有古人类过着以狩猎为主，采集为辅的生活；世代生活在草原上繁衍生息的牧民过着牲畜逐水草而迁徙，牧民随畜牧而转移的生活；13世纪蒙古牧民的游牧技术有了进步，开始按季节放牧，冬季把畜群赶到较暖的草原，夏季将畜群赶到山里较凉爽的山谷，再后来又采取季内定牧方式，将牧场按方位划分成几个区域进行放牧，一年内一般四季四地轮放，也有一年内在水草茂的地段进行圈养保护，准备秋季割储草和冬季补给瘦弱病畜。传统的放牧一年平均要搬迁三次，称为"转场"。

藏族牧民的游牧方式与蒙古族牧民的游牧方式因畜种的习性、行为、活动方式的不同而略有不同。每年5、6月回暖，牧草长出长高，牧民离开"冬窝子"进山放牧，四季六地轮牧，秋末安排一块配种草场，春季安排一片产羔牧场。每年按季节更迭，让牲畜在同一广阔地域内的不同地段迁徙吃草，称"游牧"，游牧就是四季轮牧，其核心是按季节转移放牧场地。每月让牲畜在同一地段走动觅食称"定牧"；每日在固定的位置喂牲畜称"舍饲"。这种放牧方式能够充分、合理、均衡地利用草原，维护草原的生态平衡。有些牧场从冬季草场中划出一小块，8、9月牧民驱牲畜进入秋季草地。放牧选择草地原则：先远处，后近处，先阴坡，后阳坡，先平川，后山洼；夏季放牧蚊蝇少，秋季放牧草籽饱，冬季放牧风雪小；晴天无风牧河滩，天冷风大放山湾；夏不吃冬草，冬不吃夏草。牧民跟着牛羊转，牛羊跟着水草走。人畜行为都随着当地自然条件的变化而改变。

转场。（图7-5，见图版）适时转场是游牧民族的头等大事和关键所在。游牧生产对季节和时令要求很高，放牧场地转移必须按时、及时、适时，把握好转场时机能保证牲畜吃到较多较好的牧草，又能保证放牧场和割草场得到充分合理利用和及时有效的保护，还能避免灾害性天气造成的损失。哈萨克牧民形象地说："春季人赶雪搬，秋季雪撵人迁。"

转场时要求一个地区或一个单位成百的游牧户和上万头牲畜统一行动，因此必须有严密的组织和计划。各游牧户的箱柜必须储备充足的生活用品。全部牲畜必须以牧庄为单位边行边牧。

牧庄是由数个近亲从居的牧户组成的基层组织单位。牧庄又称为游牧庄子。蒙古族称"阿寅勒"（浩特、嘎查）、藏族称"热果儿"（帐圈）、哈萨克族称"阿乌尔"、柯尔克孜族称"北方阿依尔"、塔吉克族称"阿尔楞"。牧庄是牧民之间互助合作的纽带。蒙古族还在"阿寅勒"的基础上组成了更大的社会组织"古列延"。"古列延"是由有血缘关系的氏族或部落组成。移动放牧时牧民各自承担畜群放牧任务，遇到灾害时"古列延"迅速组织大家抵挡灾害。"古列延"的互助合作还涉及营地选择、畜群管理、繁殖发展等问题，是大规模游牧时期的经济组织形式，现已逐渐淡去。

转场时每日的行程要适宜，早起准备，傍晚歇息在近水草之处。有句谚语说："先起先宿，吃草尖，饮清水；后起晚歇，啃草根，喝浑水"，因此转场搬迁犹如大部队行军，其日程运载力、路线、歇宿点都必须提前探路，提前与有关单位商议、协调，避免各方之间抢先行宿[70]。

（二）生活行为文化

忠诚守诺是草原民族衡量与评价人的道德品质的标准，是每一个人必须遵守的行为准则。忠诚对规范和约束人的行为、维护社会秩序有着重要作用。人与人之间坦诚相待、相互忠诚、相互尊重、讲究礼仪。

敬献哈达是藏民族生活中独特的礼节。"哈达"的含意是"神的光辉、萦绕的祥云、神的化身、与神同在、幸福无边、吉祥如意"。哈达有丝织和白麻织两种，颜色有红、白、黄、蓝，长度2～3m，现在普遍使用白色麻织哈达，精致的哈达上织有八宝吉祥图、莲花六座图、吉祥如意图及其他图文。献哈达时必须双手捧献，接受方必须双手领受，一般在较重要或特殊交往时都会互赠哈达。所领受的哈达应当珍藏或挂于室内洁净的较高处。

藏族讲究礼仪，生活中对父母长辈、远方来客、僧侣喇嘛必须使用敬言，平常交往中也较多用敬语。例如，平辈平时相遇互道"却得么"（您好）、"哦朵德"（辛苦了）、"扎西德勒"（吉祥如意），与平辈相别互称"德么"（平安）、"参波"（顺安）；与长辈打招呼时须在句末带个"啦"字，表示尊敬，如"扎西格根啦"（扎西老师）；晚辈听了长辈的吩咐须回应"那索"（是、遵命）。藏民称喝茶为"甲通"，而对长辈不能说"甲通"，只能说"甲素"（请用茶）。

藏族人在喜庆佳节、红白喜事时，晚辈主动向长辈敬酒，祝长辈们长寿、愉快、幸福；长辈们也回敬小辈表示感谢，并向年轻人表示良好祝愿。藏族人不论是喝茶还是饮酒都要先敬老人，吃饭也要待老人动口后方可开始吃，老人进屋大家应马上起立让座。

藏族热情好客，毡帐中若有客人来，全家都很高兴，妇女、儿童为客人挡狗，男主人接过客人的马缰绳，扶客人下马并敬语问候，进帐后请坐下，先喝茶，再敬酒，围坐时不能背对客人，不能把脚伸向客人，不能面对客人咳嗽，不能从客人面前走过等，有许多行为规矩。做客人也有很多规矩，到别人毡帐中做客，骑马者离别人帐篷很远的地方就要下马，只能用马鞭挡主人的狗，不能打狗，进了帐篷先向供佛处磕头，然后静坐在自己的位置向主人问候，男客人坐左边，女客人坐右边，与主人交谈时不能东张西望，不能高声喧哗，不能将脚放在灶边，不能向火星扔东西，不能打听别人的隐私。主客之间均不能将手搭在对方肩上，也不能拍对方肩膀，不能穿别人的衣服，不能用别人的食具。藏族牧民僧人无论旅行或做客总随身携带自己的茶碗，而且只能让主人给自己添茶不能用自己的碗去舀茶。

蒙古族是一个坦诚宽厚、信守诺言、英勇豪爽的草原民族，住所是易搭易拆易搬迁的蒙古包，穿的是长袍大靴，吃的是畜肉畜奶，能骑善射、能歌善舞、性格豪放、行为潇洒、生活简约、邻里友好。蒙古牧民家中来了客人，主人会拿出最好的奶制品和肉制品招待客人，喝茶饮酒时，主客均无拘束，尽管开怀畅饮，双方以酒交心，以酒交友。牧民平时骑着马翻山越岭去串毡帐，就是去寻找喝酒的气氛。一些十分生疏的人一大碗酒入肚后，便可成为知己。

蒙古族牧民根据太阳在蒙古包的位置计时。以夏季为例：东方初晓第一道晨曦射入天窗（蒙语"陶纳"）时为"寅时"（3：00～5：00）或称"黎明时分"，此时妇女们起床挤奶，男人们去收拢夜间放青的马群。

当初升太阳的金色光芒刚照射到天窗外框和撑包的木杆（蒙语"奥尼"）时称为"卯时"或"出太阳时分"，此时5：00～7：00，男人们从牧场上回家，女人们挤完奶准备好了早茶。

太阳照到"奥尼"的中段为"辰时"，又称"早茶时分"，此时7：00～9：00，此时牧民们在家喝早茶，然后又把牲畜赶往草场。

太阳照射在哈那的上端之时，是"巳时"或称"小午时分"（为9：00～11：00），这时牧民们应该把牛羊放牧到离家较远的草场上了，而在家里的妇女正忙于加工奶食品。

太阳照射在上首铺位上时，是"午时"或称"正午时分"（为11：00～13：00）。这时牧民们开始给羊饮水，并把放青的羊群收拢起来"午休"，春夏季节里还要挤羊奶。

太阳从蒙古包东北角移到碗橱下摆处，是"未时"或称"下午时分"（为13：00～15：00）。这个时候，牧民们把集中"午休"的羊群重又赶往草场。

太阳从碗柜处逐渐上移到东哈那的上端，这段时间相当于"申时"或称"傍晚时分"（15：00～17：00）。这时，畜群开始从草场上返回。

太阳从哈那头顺着奥尼上移，逐渐从天窗消失，这段时间相当于"酉时"或称"日末时分"（17：00～19：00）。这时，畜群从草场上回到浩特，牛羊哞咩叫着，妇女们忙着挤奶。

黄昏时分或天黑时分，相当于"戌时"（19：00～21：00）。这时挤奶的妇女们提着盛满鲜奶的奶桶往家走，男人们安排下夜后收工回家。

当天空中三星高升之时，这段时间相当于"亥时"（21：00～23：00），草原上万物生灵在大自然宁静的怀抱里进入甜蜜的梦乡[48]。

蒙古人利用日月星辰作计时和导向，是因地制宜的，体现了马背民族天人合一的思想。

蒙古民族最喜爱的住所是蒙古包，但随着社会进步，生活水平提高，习惯和行为也悄然变化，现在暖季住蒙古包，冷季住土房、木房或石头房，逐水草而居的游牧生活逐渐向定居放牧过渡。

蒙古族游牧社会中把居住的场地称"努图克"。努图克的含意既包括给蒙古包选址，也包括营盘和草场等意思。四季轮牧的时候，要选择四个努图克；两季轮牧要选择两个努图克。选择努图克通常也称"看盘"，看盘主要从气候、水草及疫病等方面考虑，即与经济方式有关，也与生态环境有关系。

关于"看盘"，夏季选牧草丰富、空气畅通、可避洪水、蚊蝇少的高地；秋季选籽草丰富的避风山谷或地势较低的地方；冬季营地选择比较讲究，要求背面有巍峨的山体，前面是一望无际的草原。冬营地选好后，牵马缓行，牧民认为马在什么地方撒尿，那个地方便是扎营、搭帐、修库的最佳处，是冬季的最佳定居地。

所谓游牧民定居，并非让游牧民族脱离畜群或畜群终年定居一地，而是季节性定牧时让牧民居住固定房屋，以便集中议事、行医、施教、扶老、育幼、商贸、农耕、舍饲等。在随畜转移中，自然要携带能随时随地搬迁搭拆的活动房屋——蒙古包、毡房、帐篷，因为蒙古包、毡房、帐篷轻便。

选好努图克之后，就要"定盘"（下盘），也就是建立家园。这个家园是圆形的，称为"古列延"，蒙古人称其为"福圈"——由几座蒙古包围起来，构成一个圆圈。它坐北朝南，长辈的蒙古包要安在右边（西北），其他牧户依次安在左翼（东北、东），成半月形排列。如果把长辈的蒙古包安在正北方向，其他人家便要从左右两翼依序往下排列，同样构成一个朝向南面的半月形。勒勒车和大牲口的棚圈，则依序摆放在西南、正南和东南，正好又构成一个朝向背面的半月形，两个半月形合成圆。这个圆圈的中间是卧羊的地方，靠近包的一边是羊羔棚及栓牛犊的地方，便于对这些稚弱的生命加以保护[69]。

古列延或单个蒙古包都很整洁，倾倒垃圾或炉灰都有固定的地方，一般选择在古列延或蒙古包的东南低洼处，且垃圾和炉灰要分别倒在截然断开的两堆，不能混淆。来客绝不可骑马直入古列延的圈子中。也不能随便在古列延周围便溺。古代蒙古族的主要交通工具是马和骆驼，运输工具是勒勒车（图7-6，见图版）。迁徙或转移牧场时，连同蒙古包一起拖走。

（三）文体竞技文化

精骑善射是草原民族的行为特征。蒙古族各种部落间常以赛马、射箭、摔跤作为增进友谊、习武娱乐的重要活动形式。赛马、射箭、摔跤被称为"蒙古男儿三艺"。蒙古族的赛马是那达慕大会最引人注目的项目之一。比赛时参赛人数不限，选手的年龄不限，一般多为少年人，最小的只有八九岁。赛程，男子快马40~60里①，走马30~40里，颠马20~30里；女子快马20~30里，二岁子马10~15里。走马、颠马比赛要鞴

---

① 1里=0.5km

鞍子。快马比赛，则无论男女老少，均不鞴鞍子，不穿靴子，头束彩巾或戴有彩带的束马帽，骁骑骏马。比赛的令枪一响，参赛的马疾风一般卷过绿色草原，骑手在飞驰的马背上挥臂加鞭，奋力争先，宛如飞霞流彩。在终点给取胜的马和赛马手披红挂彩，然后走向欢呼的人群，接受人们的赞扬和祝贺。历史上的赛马按既定距离跑直线，一赛即诀。现代的赛马，都在专门的赛马场（或临时设的赛马场）跑圈，赛程分为 3000m、5000m、10 000m，复赛定优胜。

蒙古式摔跤（现统称"博克"），不受年龄、体重的限制，也不分民族和地区，不计时间，采取一次淘汰制。赛前，由一位德高望重的长者进行编排和配对，现在则由大会组委会做出安排。参赛博克（摔跤手）必须是偶数，根据苏木（镇）、旗（县）不同层次级别，参赛博克为 32 对、64 对、128 对、256 对不等。参赛博克上身穿镶有铜钉或银钉、用牛皮或多种帆布制成的"昭德格"（摔跤服），腰间扎上宽厚的皮带，系上用红、黄、蓝三色绸子制成的围裙，下身着白色肥大的摔跤裤和绣有吉祥图案的套裤，足蹬蒙古靴，项戴五色绸制成的彩带"景嘎"。景嘎越多表示参赛获奖的次数越多。参赛出场前，将博克分列左右两翼，每方安排数名歌手，高唱助战歌。伴随雄壮高亢的歌声，博克们腰胸挺直，双臂平伸，慢悠悠地上下摆动，跳跃出场。裁判员发令后，迎战博克握手致敬，然后摆狮蹲雀跃之势，顷刻间争斗相扑，盘旋相持，施展扑、拉、甩、拌、推等多种技巧，各显身手，一决雄雌，以膝盖上部最先着地者为败，一跤定胜负。负者不可再上场。连战数关，连克群雄者荣获冠军。获奖名额以比赛规模而定。摔跤是力的礼赞，足踏风雷，臂撑天宇，疾若鹰，猛如虎，相搏之中足以觅见草原人民的顽强性格。

射箭活动起源于古代狩猎。在漫长的历史进程中，弓箭成为狩猎工具和作战武器。弓身用竹片制成，竹片内衬角儿，两角相接处是坚木做成的把儿。弓的两端以皮筋为弦拉紧。箭长约 1m，用柳条做箭身，鹰羽做尾。箭头用金属或牛角做成。箭靶是用五种不同颜色的毡片靶，靶心是活动的，射中后靶心就可掉下来。

射箭比赛分立射（静射）和骑射两种，射程一般为 20～50 弓[①]。比赛分男子组、女子组和少年组。立射一般规定每人射 9 箭，分 3 轮射完。以射中的中心环、内环、外环多少来统计分数，决定名次。骑射要求在骑马奔跑中弯弓射箭，尤为壮观。

从"男儿三艺"的比赛规则及比赛形式上看，他们没有年龄、体重、时间、人数的限制，只要想参加，每个人都有上场参赛的资格和机会，在古代甚至不分高低贵贱，不分贵族和平民，赛场上一律平等，从一个侧面体现了草原社会公平与正义的伦理思想。

能歌善舞也是草原民族的重要行为特征。草原民族特殊的游牧生产实践，独特的生

---

① 1 弓≈166.7cm（5 尺）

活方式，辽阔美丽的自然环境，使之创造出别具一格的音乐、舞蹈、文学、绘画、艺术。蒙古族一首 1400 多年前的《敕勒歌》："敕勒川，阴山下，天似穹庐，笼盖四野。天苍苍，野茫茫，风吹草低见牛羊"伴随着星移斗转，伴随着人间沧桑流传至今。这首草原民歌带着深沉与忧伤、凄婉与悠长、雄浑与苍凉，展现着草原民族世世代代、生生不息的勃勃生机，呈现出生命之河的汹涌澎湃。草原上还有《挤奶歌》、《招魂歌》、《十三骏马歌》、《摇篮曲》等数不清的歌曲。草原民族爱唱歌有"会说话就会唱歌"之说，歌声中有蓝天、白云、草地、湖水，有亲情、友情、爱情、豪情。草原民族用歌声倾诉心灵心声。和谐悦耳的蒙古族音乐犹如天籁之音。草原音乐的结构分单声部分和多声部分两种，节奏有的舒缓绵长，有的活泼短促，草原民歌内容则因民族部落的不同而更加丰富多彩。

草原舞蹈艺术的起源与音乐一样，有着十分悠久的历史，有着同样的发展历程。6000～7000 年前草原民族就有了舞蹈，1973 年，青海省通县孙家寨原始古墓中出土的一件舞蹈彩纹陶盆，证明 5000 多年前草原就存在舞蹈，4000 多年前就曾在中原夏代的宫廷中表演。汉唐时期从民间到宫廷都流行草原舞蹈，隋唐宫廷宴会，草原舞蹈占据重要地位。草原舞蹈中的"安代舞"以男性领舞，热烈、奔放、粗犷的舞蹈展示着古老马背民族的阳刚气质；"盅碗舞"以女性独舞，表现了游牧民族女性的端庄娴静、雍容典雅风韵。草原上还有"筷子舞"、"牧羊舞"等多种优美和谐的民族舞蹈。

马头琴是优美的蒙古族乐器。传说科尔沁草原上有一个爱唱歌的、享誉中外的牧人叫苏和，有一匹心爱的白马被王爷毒箭射中，挣扎着跑回主人身边，死在蒙古包前。苏和失去爱马痛不欲生，日夜守护在白马尸体旁，好像白马的嘶鸣声总在身边回响。一天，苏和突然醒悟，他要捕捉住这最后的嘶鸣，让白马英魂永驻身边。于是，他用白马全身各部位制成一支琴，按照白马的模样雕刻了一个白马头装在琴的顶端，就成了蒙古草原上的第一支马头琴[48]。马头琴拉起来时而深沉哀怨，诉说着草原人的苦难；时而优美悦耳，倾听着草原人对家园的热爱和对美好生活的向往。马头琴成了蒙古民族的心声。除了马头琴，草原民族还有冬不拉、手鼓、长鼓、横吹乐等许多民族乐器，汉代时"胡乐"曾风靡中原，横吹乐成为当时宫廷中的仪仗音乐，并为此后历代封建王朝沿用。草原民族的音乐已在中原扎根落户。[69]

草原民族用歌声、琴声向自然吐诉真情，形成了一种"诗性思维"、"音乐思维"、"舞蹈思维"、"绘画思维"。用诗歌吐诉内心隐秘，用歌声宣泄内心亲情，用舞蹈传达内心积蓄，用绘画表达内心祈盼。

古代豪放的游牧人在他们走过的地方的天然洞穴和岩石上刻绘出他们的生活、生产情景和内心的祈盼。我国东起内蒙古大兴安岭，西至帕米尔高原和青藏高原的广阔草原上，分布着不同种类的岩画画廊，留下了一幅幅震撼人心的草原艺术形象。这些千年沉睡的石头是如今的活草原行为文化。岩画的种类有印记岩画、动物岩画、狩猎岩画、牧图岩画、舞蹈岩画、战争岩画、人面具岩画、生殖岩画等。岩画是真实表达对生命、对社会、对自然认识的一种自然形象。岩画记录了草原民族的真实生活。

(四) 丧葬行为文化

藏族牧民传统的丧葬方法有天葬、火葬、水葬、塔葬、土葬等[70]，蒙古族实行秘葬等。

1. 天葬

逝者停止呼吸，其子女和亲属要立即脱去逝者衣服，去其饰物，扶逝者盘坐，双手交叉胸前，用逝者的腰带从颈部绕至腿弯处，捆成屈膝弯腰的婴儿状，以示其死后能重生。同时，逝者家属要到寺院报丧，请派僧侣前往诵经超度。对牧区的逝者，男性要剃净头发，放置帐房左下角；妇女要重梳发辫，置于帐房右下角，以逝者生前用过的皮袍覆盖尸体。布帘外点燃一盏指路的酥油灯，帐外煨桑祭祀，吹响海螺，家属无不号啕大哭。天将明，以皮袍裹尸，以点香引路，由亲人背尸或用牛将尸体和一个装满石头的皮口袋驮到部落或氏族的天葬场，安放在葬台上，由天葬师将尸体分割成块，投喂秃鹫。煨桑时加有糌酥油、茶等，桑烟冉冉升起，四处飘香，招引秃鹫啄食尸骨。草原民族特别珍视天葬场周围的秃鹫，严禁捕猎。藏族最流行的丧葬方式为天葬。

2. 火葬

藏族对活佛、高僧和著名人物实行火葬。火葬前，先占卜选定吉祥之地，砌一圆形土炉，将双手合十、呈盘膝静坐状的尸骨置入炉内，炉下装木材，到吉时点火焚烧，炉内加入助燃的酥油及象征丰富无穷的各色谷物。火葬时，僧侣围聚高诵经文，信众匍匐在地叩首。尸骨成灰时，由僧侣捡出碎骨，装入黄缎布袋，封存于灵塔。

在甘肃迭部、舟曲、卓妮河沿岸、上榜山一带的藏民也有火葬习俗。

3. 水葬

藏民族认为水是生命之源，是神圣的、功德无量的，因此水葬是回归自然的最好方式。但由于水葬会造成水质污染，现已很少用。沿河沿江居住的藏民去世后，其亲属将尸体背到固定的水葬处，坠以石块，投入洪流，也有的将尸体肢解，投入江河，再邀请喇嘛诵经超度，并在水葬的岸边插经幡，以示纪念。

4. 塔葬

佛教徒认为，活佛圆寂意味着诸德圆满、诸恶寂灭，此为佛教修行理想的最终目的。塔葬是藏族最高规格的丧葬方式，大活佛圆寂后，将其尸体沐浴后盘坐，涂以防腐剂、香料，风干保存，放在灵塔内供人顶礼膜拜，或将火化后的大活佛尸骨骨灰装入精致的罐内或木匣内，建造塔阁，深藏塔中。灵塔的规格因活佛的地位而异，有金塔、银塔、铜塔、铁塔、木塔、砖塔、土塔等类型。通常形式由塔座、塔瓶、塔刹组成，其建筑式样有独特的象征意义。

5. 土葬

藏族地区只有对患病而死，或凶死等非正常死亡的人，才实行土葬。他们认为死后深埋地下将受到惩罚，不再有转世为人的机会，因此藏族人对土葬怀有恐惧心理，这一点与汉族的土葬观念有天壤之别。

6. 秘葬

古代蒙古族实行"秘葬"。不论贵族或平民死后，都会秘密地在空旷地挖一个墓穴，把逝者放进墓穴，并填平，使其表面恢复原样。正是因为秘葬的习俗，成吉思汗、蒙哥汗、忽必烈汗等大汗究竟葬在何处，成了千古之谜。蒙古在喇嘛教兴起后又实行"野葬"，即将逝者遗体放置在草原上，让鹰、狼和其他野兽吃掉；也有实行自然火葬的。

无论秘葬、野葬、自然火葬，都是让逝者遗体在草原上不留下任何痕迹。蒙古族的这种丧葬行为朴实、节俭，不破坏自然环境，适应北方草原的自然地理气候条件。

北方草原生态环境的形成与草原上蒙古马背民族、西藏牦牛背上的民族及哈萨克族、柯尔克孜族等多种草原上生活的民族的生活方式和行为习惯密切相关，是环境与文化相互发展的必然结果。

草原上生活的民族，尊重自然、保护自然、不破坏自然，这种纯朴的生态思想是草原文化的精髓。草原文化对生态的保护思想是理性的，注重通过社会规范约束人们的行为，引导人们树立正确的生态观念。草原上的民族还与家畜建立了朋友般的亲密关系，这是草原文化的独特之处，是草原文化的生态魂，也是游牧文明的生态魂。

正是由于游牧文明，今天蒙古高原、青藏高原至今仍保留下来了"蓝天白云、草原森林、湖泊河流、一片净土"的迷人画卷。传统的草原文化和游牧文明给今天的人类保留了一片净土。但是，过度放牧等人类对草原的失范行为已导致草原生态失衡，应引起人类的警觉和反思。进一步规范人类行为，树立正确的生态观念，进行草原生态保护和生态文明建设，是人类社会可持续发展的必由之路。

第八章　荒漠文化

荒漠化是当今世界的重大生态问题，是可持续发展领域的基础性问题，受到各国政府重视。我国土地荒漠化面积大，分布广，是世界上土地荒漠化最严重的国家之一。

土地荒漠化，恶化生态环境、威胁粮食安全，吞噬人类生存发展空间，给人类带来贫困和社会不稳定。因此，土地荒漠化不仅是一个单纯的生态环境问题，而且是重要的经济社会问题。土地荒漠化虽然危害严重，但是在千里戈壁、万里黄沙的淹没下却埋藏着楼兰、龟兹等 36 个千年古国及其古文化，在浩瀚的戈壁上矗立着雄伟的嘉峪关城，在神秘的岩洞中深藏着莫高窟，在茫茫的准葛尔沙漠中创建了克拉玛依世界石油名城……荒漠中蕴藏着丰富多彩的中华文化瑰宝。本章仅从文化视角探寻这些宝藏。

第一节　荒漠概述

一、土地荒漠化概念

荒漠化一词是法国植物生态学家和地理学家 Aubreville 在 1949 年出版的《热带非洲的气候、森林与荒漠化》一书中首次提出的。在 1977 年于内罗毕召开的联合国防治荒漠化会议（UNCOD）上，将荒漠化定义为：荒漠化是土地具有的生物潜在生产力的下降或破坏，最终成为荒漠状态的现象。1990 年在内罗毕召开的地球荒漠化评价会议（GLASOD）上，对其下的定义是：由于人类不恰当的活动造成的干旱区、半干旱区和干旱亚湿润区的土地退化。

1992 年在里约热内卢召开的联合国环境与发展大会上，将荒漠化定义为：在包括气候与人类活动的种种因素作用下，干旱区、半干旱区及干旱亚湿润区的土地退化过程。1994 年签署的《联合国防治荒漠化公约》采纳了这一定义。

荒漠化是指地球表面土壤层的恶化。狭义的荒漠化是指在脆弱的生态系统下由于人为过度的经济活动，破坏了生态平衡，造成原来不是沙漠的地区出现了类似沙漠的环境变化过程。广义的荒漠化是指由于人为和自然因素综合作用，造成干旱、半干旱、半湿润地区的土壤沙化、盐渍化、水土流失、草场退化、植被荒漠化、土壤沙化的总过程。

荒漠是指气候干旱、降水稀少、蒸发量巨大、光照强烈、风沙大、植被稀疏贫乏的地区。荒漠可分为岩漠（石漠）、砾漠、沙漠、泥漠、盐漠等。岩漠和砾漠在我国又称为戈壁。沙漠是地面覆盖大片流沙，广布各种沙丘的土地，是一种沙质荒漠。沙漠是荒漠中的一种类型。[71]

　　中国科学院赵哈林、赵勇学、张铜会等根据土壤基质的不同，将我国西北干旱区的荒漠分为土质荒漠、沙质荒漠、砾石荒漠和石质荒漠 4 种类型。

　　1）土质荒漠：又称为土质戈壁或覆土戈壁。土质荒漠的土壤质地、土壤养分，土壤含水量均优于其他 3 种荒漠。因此，植被覆盖度也比其他荒漠好。优势植物种主要有旱生丛生小禾草、旱生小灌木、半灌木等。降水量 100～150mm 以下的地方，植被盖度在 5%～30% 之间。降水量 150～200mm 之间的地方，植被盖度可达 30%～50% 以上。土质荒漠中含有一些面积较小、零星分布的盐渍化荒漠又称盐漠。

　　2）沙质荒漠：又称沙漠。沙质荒漠的土壤均为风沙土。主要植被有梭梭、柽柳、骆驼刺、白刺、沙蒿、霸王、沙冬青、泡泡刺、沙枣、猪毛菜等。

　　3）砾石荒漠：又称砾石戈壁，也可将砂砾戈壁和石质戈壁归入砾石荒漠。砾石荒漠的土壤条件、小气候环境都比土质荒漠和沙质荒漠差，主要植被有棉刺、合头草、膜果麻黄、红砂、泡泡刺、无叶假木贼、木本猪毛菜等。

　　4）石质荒漠：石质荒漠的环境条件比砾石荒漠更差，而且地下水埋藏很深，很少植被覆盖，有些已成为不毛之地[72]。

二、土地荒漠化状况

　　2004 年，全国荒漠化土地总面积为 $263.62×10^4 \text{ km}^2$，占国土总面积的 27.46%，分布于北京、天津、河北、山西、内蒙古、辽宁、吉林、山东、河南、海南、四川、云南、西藏、陕西、甘肃、青海、宁夏、新疆 18 个省（自治区、直辖市）的 498 个县（旗、市）（表 8-1）。

表 8-1　2004 年全国荒漠化和沙化土地状况

省（自治区、直辖市）	荒漠化土地		沙化土地	
	面积/万 hm^2	占全国比例/%	面积/万 hm^2	占全国比例/%
北京	0.72	…	5.46	0.03
天津	1.08	…	1.56	0.01
河北	231.67	0.88	240.35	1.38
山西	162.77	0.62	70.55	0.41
内蒙古	6223.82	23.61	4159.36	23.91
辽宁	68.73	0.26	54.96	0.32
吉林	20.26	0.08	71.07	0.41
黑龙江			52.87	0.30
上海				

省（自治区、直辖市）	荒漠化土地		沙化土地	
	面积/万 hm²	占全国比例/%	面积/万 hm²	占全国比例/%
江苏			59.09	0.34
浙江			0.01	…
安徽			12.69	0.07
福建			4.51	0.03
江西			7.50	0.04
山东	99.39	0.38	79.38	0.46
河南	1.04	…	64.63	0.37
湖北			19.16	0.11
湖南			5.88	0.03
广东			10.95	0.06
广西			21.16	0.12
海南	3.63	0.01	6.34	0.04
重庆			0.27	…
四川	46.80	0.18	91.44	0.53
贵州			0.67	…
云南	3.44	0.01	4.53	0.03
西藏	4334.87	16.44	2168.43	12.46
陕西	298.78	1.13	143.44	0.82
甘肃	1934.78	7.34	1203.46	6.92
青海	1916.62	7.27	1255.83	7.22
宁夏	297.45	1.13	118.26	0.68
新疆	10 715.83	40.65	7462.83	42.90
台湾				
全国	26 361.68	100.00	17 396.63	100.00

资料来源：国家统计局，2005

沙化土地。主要分布在新疆、内蒙古、西藏、青海、甘肃、河北、陕西、宁夏8省（自治区），面积分别为 $74.63 \times 10^4 km^2$、$41.59 \times 10^4 km^2$、$21.68 \times 10^4 km^2$、$12.56 \times 10^4 km^2$、$12.03 \times 10^4 km^2$、$2.4 \times 10^4 km^2$、$1.43 \times 10^4 km^2$、$1.18 \times 10^4 km^2$，8省（自治区）面积占全国沙化土地总面积的96.28%，其他省（自治区、直辖市）占3.72%（图8-1）。

三、土地荒漠化成因

我国土地荒漠化的成因，除气候因素外，人为活动是十分重要的原因，主要表现为以下4个方面。

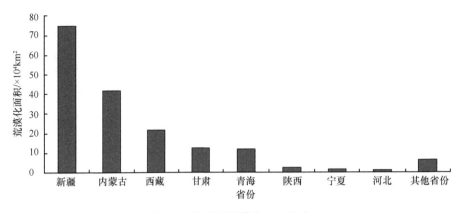

图 8-1　各省区荒漠化土地分布

（一）土地利用粗放

在我国荒漠化地区，以旱作农业为主，水浇地面积仅占耕地总面积的 36.4% 。而内蒙古沙区水浇地只占总耕地面积的 18.9% ，山西北部只占 12.4% ，陕西北部仅占 6.2% 。

（二）草场经营管理不善，重用轻养

新中国成立以来，我国牧区家畜由每平方公里 2900 万头（只）增加到 9000 多万头（只），严重超载养殖，草场却因垦殖、沙化等原因面积不断萎缩，生产力下降。

（三）乱砍滥樵，破坏植被

薪炭林每年能提供的薪材，仅占实际消耗薪材总量的 14% 左右，缺口巨大，农牧民为了生存只得通过砍伐其他林种的森林和收割草地植被来解决烧柴短缺的问题。

（四）水资源开发利用缺乏统一管理，用水不当

一方面上游过量灌溉造成大片土地次生盐渍化，另一方面由于上游过量用水造成河流下游流量减少甚至断流，河流下游地区荒漠植被由于地下水位的下降而衰退，甚至成片枯死，造成土地沙化。

四、土地荒漠化危害

我国是世界上荒漠化问题最为严重的国家之一，荒漠化严重影响了我国经济、社会的可持续发展，危害严重，具体表现在如下四个方面。

（一）荒漠化缩小了人们的生存和发展空间

我国现有荒漠化土地占国土陆地面积的 27.3%，涉及 18 个省（自治区、直辖市）的 471 个县（旗），主要分布在我国北方的 12 个省（自治区、直辖市）。目前，荒漠化仍呈快速发展之势，全国每年荒漠化净扩展面积已超过 66 667hm²，仅沙化土地每年就净增 2460hm²。

（二）荒漠化导致了土地生产力的严重衰退

据测算荒漠化致使该地区每年损失土壤有机质及氮、磷、钾等达 5590 万 t，折合化肥 2.7 亿 t，相当于 1996 年全国农用化肥产量的 9.5 倍。因荒漠化危害，全国草场退化面积达 14.8×10^7hm²，占荒漠化地区草场面积的 59.6%，每年因此少养羊 5000 多万只；耕地退化 7.73×10^6hm²，占荒漠化地区耕地面积的 40.1%。

（三）荒漠化造成了严重的经济损失

荒漠化直接影响着区域内经济、社会生活的方方面面。近几年来，我国每年因荒漠化造成的直接经济损失达 540 亿元，相当于西北五省区 1996 年财政收入的 3 倍。1993 年 5 月发生在西北地区的特大沙尘暴，席卷新疆、甘肃、宁夏、内蒙古四省（自治区）72 个县（旗），116 人死亡或失踪，264 人受伤，牲畜损失 12 万头（只），农作物受灾面积 3.37×10^5hm²，仅甘肃、新疆两省的直接经济损失就近 4 亿元。

（四）荒漠化加剧了整个生态环境的恶化

水土流失越来越严重，仅每年输入黄河的 16 亿 t 泥沙中，就有 12 亿 t 来自荒漠化地区。沙尘暴越来越频繁，仅造成重大经济损失的特大沙尘暴，20 世纪 60 年代发生了 8 次，70 年代发生了 13 次，80 年代发生了 14 次，90 年代已经发生了 23 次。增加了大气尘埃和有害物质，造成了严重的空气污染，降低了人类生存环境质量。

以上事实说明，荒漠化所造成的危害，既有像水灾、火灾一样的突发性，又有持续发展、持续为害的渐变性、长期性。荒漠化已经成为我国最严重的自然灾害之一和首要的环境问题，成了中华民族的心腹大患。按目前的速度发展，今后 50 年内，全国将净增 $3.3 \times 10^7 \sim 4.0 \times 10^7$hm² 的荒漠化土地。如不痛下决心，采取果断措施加以治理，我们将逐步丧失生存繁衍的宝贵空间。[73]

第二节　荒漠文化

荒漠文化是指以荒漠为背景或以荒漠为载体的文化现象。荒漠文化在文化的地位构成中属于亚文化，与中华民族的主流文化有相通的价值与观念。但是，由于荒漠的存在与扩展对人类有极大的危害，阻碍了经济和社会发展。从这个角度看，荒漠文化有其落后、消极的一面，可视为落后文化、反文化。不过，任何事物都具有两面性，荒漠作为一种资源，在生态文明建设中，可以通过改善自然环境，促进经济和社会的发展，实现资源节约、环境友好、社会和谐。沙漠、戈壁给人旷达无垠的美感；胡杨、沙棘、羚羊等荒漠中的野生动植物展示的生命顽强让人敬仰，催人奋发向上；荒漠中的鸣沙、风蚀等许多奇异现象和景观吸引人类探险、猎奇和深究。因此，荒漠又是人类文明、中华文化不可或缺的瑰宝。

一、荒漠物质文化

根据全国第四次荒漠化和沙化监测结果显示，截至 2009 年年底，全国荒漠化土地面积 262.37×10^4km^2[46]，沙化土地面积 173.11×10^4km^2，分别占国土总面积的 27.33%和 18.03%。全国除上海、台湾以外的省（自治区、直辖市）均有荒漠化土地，其中以新疆、内蒙古、西藏、甘肃、青海的沙漠和荒漠化土地面积大，分别占全国同类土地面积的 45.56%、21.05%、12.64%、6.91%和 6.89%[71]。

（一）全国著名的沙漠沙地

西部沙漠和荒漠化土地面积大。主要有塔克拉玛干沙漠、古尔班通古特沙漠、库木塔格沙漠、柴达木盆地沙漠、巴丹吉林沙漠、腾格里沙漠、乌兰布和沙漠、库布齐沙漠、毛乌素沙地及其周边地区、浑善达克沙地、科尔沁沙地、呼伦贝尔沙地等。以上著名的八大沙漠、四大沙地中，仅有毛乌素和科尔沁沙地状况有所好转，其余沙漠、沙地均在扩展。

1）塔克拉玛干沙漠：沙漠和沙漠化土地总面积 4108.8×10^4hm^2，分布在新疆南部的 30 个县（市），总人口 562 万，绿洲经济较发达，垦荒和过牧现象严重，水资源调配不当，绿洲周围和河流下游土地沙漠化扩展严重（图 8-2，见图版）。

2）古尔班通古特沙漠：沙漠和沙漠化土地总面积 822.5×10^4hm^2，分布在新疆北部的 15 个县（市），总人口 236.71 万，养殖各类牲畜 461.63 万头（只）。由于人、畜增长速度较快，土壤、植被、水资源利用过度，导致沙漠化土地扩张。

3）库姆塔格沙漠：沙漠和沙漠化土地总面积 805.3×10^4hm^2。沙区涉及新疆若羌、甘肃敦煌、阿克塞的 3 县 9 个乡镇，人口 1.62 万。由于河水量减少、垦荒、樵柴、牲畜量增加，沙漠化土地仍在增加。

4）柴达木盆地沙漠：由乌图美仁、冷湖、铁奎 3 片沙漠组成，涉及青海 7 各县（市），24 个乡（镇）。沙漠、沙漠化土地面积 665.6×10^4hm^2，总人口 23.9 万。沙漠化土地呈增加趋势。

5）巴丹吉林沙漠：沙漠、沙漠化土地总面积 $808×10^4hm^2$，人口 6.9 万。涉及甘肃西部的金塔、高台两县，内蒙古的额济纳旗、阿拉善右旗共 4 个县（旗）16 个乡（镇、苏木）。由于挖药材、过牧、水资源匮乏、植被破坏较大、沙漠化土地增长。

6）腾格里沙漠：沙漠、沙漠化土地面积 $563.5×10^4hm^2$，分布在内蒙古、甘肃、宁夏 3 省（自治区）接壤的 10 个县（旗、市、区），涉及 74 个乡（镇、苏木），总人口 91.09 万。牲畜 171.69 万头（只）。沙漠化呈扩展状态。

7）乌兰布和沙漠：沙漠和沙漠化土地面积 $154.4×10^4hm^2$，分布在内蒙古乌拉特后旗、杭锦旗、乌海市、磴口县 4 个县（旗、市）、24 个乡（镇、苏木），总人口 78.79 万。沙漠化土地扩展。

8）库布齐沙漠：沙漠、荒漠化土地面积 $187.7×10^4hm^2$，分布在鄂尔多斯北部、黄河南岸，涉及内蒙古杭锦旗、达拉特旗、准格尔旗的 40 个乡（镇、苏木），人口 41.78 万。牲畜 215.05 万头（只）。沙地面积扩大，但由于封育保护植被效果明显，流沙面积有所减少。

9）毛乌素沙地及其周边地区：沙漠化土地面积 $596.6×10^4hm^2$，包括内蒙古鄂尔多斯市中南部、陕西榆林、宁夏河东一带的 17 个县（旗）。总人口 162.85 万。牲畜 493 万头（只）。沙区治理力度大，沙漠化呈逆转趋势。

10）浑善达克沙地：沙漠化土地面积 $378.9×10^4hm^2$，位于内蒙古锡林郭勒盟及赤峰市克什克腾旗西部的 9 个县（市）73 个乡（镇、苏木）。人口 33.24 万。牲畜 310.37 万头（只）。沙漠化不断发展。

11）科尔沁沙地：沙漠化土地面积 $518×10^4hm^2$，其中内蒙古占 92.08%。分布在内蒙古的赤峰市和通辽市的 20 个县（旗、区）、辽宁省的 2 个县、吉林省的 8 个县，共 532 个乡（镇、苏木）。沙漠化形势有所逆转。

12）呼伦贝尔沙地：沙漠化面积 $119.5×10^4hm^2$。位于内蒙古呼伦贝尔盟的 5 个旗（市）33 个乡（镇、苏木）。总人口 1.07 万，牲畜 111.67 万头（只）。沙漠化土地呈扩展趋势。[71]

广袤的沙漠、沙漠化土地是承载荒漠文化的物质基础。

（二）荒漠的植被种类

荒漠地区降水量少、蒸发量大，气候干燥，土地贫瘠，生物匮乏。荒漠地区的植被和植物是地球上最耐寒的灌木、半灌木或小灌木物种，它们以各种不同的生理生态方式，适应恶劣的生态环境（图 8-3，见图版）。例如，有的叶片退化或叶面积缩小，有的具有肉质茎或肉质叶，荒漠中的动物数量少，主要分布一些耐高温、耐缺水的动物。例如跳鼠、沙鼠、沙兔、骆驼、野驴、瞪羚、虎鼬、羊猞猁、沙狐、鸵鸟、沙鸥、地鸦、荒漠莺、巨嘴沙雀、波斑鸨、沙蜥、麻蜥和草原飞蜥等[74]。大多数荒漠动物只从食物中得到水分便可维持生命。荒漠动物夏眠现象普遍，大多数荒漠动物夜间觅食。由于夜出活动，许多荒漠动物的眼和耳都很大，以适应夜生活。

荒漠生物群落极为稀少，植被丰富度极低。中国的荒漠群落有以下 4 种类型。

1）小乔木荒漠：以超旱生矮小乔木占优势，如藜科的梭梭、白梭梭，一般高 2 ~ 4m。在良好条件下可形成所谓"荒漠森林"。肉质植物以多汁液的茎干和叶营光合作用，以仙人掌科和龙舌兰科的一些种为主。小乔木荒漠中常混生着各种超旱生灌木，在雨后经常出现繁茂的短生植物类群。

2）灌木荒漠：以超旱生灌木占优势。这些灌木无主干，从植株的基部起就丛生，落叶灌木植被主要是红砂、木霸王等的一些物种。常绿灌木植被主要是多种麻黄和蒙古沙冬青。

3）半灌木与小灌木荒漠：以超旱生的半灌木和小灌木占优势，它的分布广泛，常与小乔木和灌木荒漠相结合。小、半灌木丛生，高 10 ~ 100cm，有落枝特征。主要有合头草、盐穗木、盐节木等。在春季土壤水分较好地区会出现较繁茂的短生植物群落。半灌木与小灌木荒漠是重要的牧场。

4）垫状小半灌木荒漠：以超旱生耐寒垫形小灌木占优势。我国主要分布在新疆、青藏高原，多在海拔4500m 以上高山、高原、主要的有藏亚菊、垫状驼绒藜和粉红蒿等，其伴生种以禾本科、菊科和豆科植物较多。[75]

内蒙古额济纳胡杨林是世界三大胡杨林之一，金秋十月，额济纳是一片童话世界，胡杨金叶挂满枝头，树枝间望不到一片异色叶子，密密匝匝，金光灿烂，至纯至美，一片片金色的胡杨把大漠装扮得如诗如画，汇集成金色海洋。

这些荒漠中的植物以其顽强的生命力和超强的适应性创造了生命奇迹，丰富了世界物种多样性、遗传多样性和生态多样性。

荒漠除丰富了世界的生物多样性外，还蕴藏着丰富的人文资源和艺术瑰宝。

（三）荒漠文化艺术奇观

1. 新疆

新疆，最早称柱州，后来又称西域，1757 年之后改称新疆。新疆有圣湖草原、雪山戈壁、大漠孤烟、长河落日、魔鬼丹霞、新疆昌吉五彩湾（图 8-4，见图版）、千年胡杨等自然风光；有神秘莫测的西域三十六国、远游求佛的玄奘和鸠摩罗什、有伊斯兰教建筑中的美丽拱顶和大量的历史废墟及墓堆。新疆北有阿尔泰山、中有天山、南有昆仑山，中间夹着北部的准格尔盆地，南部的柴达木盆地。中国最大的流动沙漠——塔克拉玛干沙漠位于塔里木盆地中央，中国第二大沙漠——古尔班通古特沙漠位于准格尔盆地中央。古尔班通古特沙漠东段的戈壁荒漠中有一片世界上最古老的胡杨林，距今已有6500万年历史，这里的"世界胡杨王"直径达3.1m[76]。

西域三十六国中的精绝国、且弥国等古城遗址都记录着沙漠腹地曾有过的繁荣。现存的罗布人生活习俗、罗布人村寨，沙漠中的岩画、储水、取水的坎儿井等以及150多个荒漠景点都是五彩缤纷的荒漠物质文化的重要组成。

2. 甘肃

2004年甘肃有荒漠$1934.8×10^4hm^2$，当人类文明还在黑暗中摸索的时候，我国西北地区就已经燃起了人类智慧的火焰。仅在甘肃有记载的130多处旅游景点，其中敦煌古城是一座文化熔炉，从原始社会末期的部落文化到夏、商、周时期羌戎族遗留的岩画都展示了游牧民族的豪爽和不羁。公元前139年汉武帝派张骞出使西域，公元前111年汉武帝修建经过敦煌至罗布泊的城，设置阳光、玉门关。随着丝绸之路的兴盛，敦煌成了东进的基地。公元14世纪，明朝修筑嘉峪关关城，从此一座雄伟的嘉峪关关城矗立在戈壁滩上。敦煌市东南25km出得莫高窟俗称"千佛洞"，有洞窟492个，上下5层排列，洞内有彩塑2415尊，壁画4.5万多平方米。莫高窟是中国古老的艺术画廊，闪烁着中国宗教文化、历史文化、荒漠文化的光芒，是中国最伟大的文化艺术长廊。敦煌城外的鸣沙山，共5座褚红色的沙丘雄踞在茫茫沙海之中，因人在山顶下滑时，沙随足落轰鸣作响，故名"鸣沙山"，又因其流动的细沙向上流淌，故又名"神沙山"。在5座沙丘环抱中有一处新月形的池水名月牙泉。20世纪50年代，月牙泉东西长218m，中段宽54m，平均水深5m，最深处7m。月牙泉所处的沙山年平均降水量为50mm，年蒸发量2400mm，为年降水的48倍，因有地下潜流经过时，众多地下泉眼不断补给池水，加上沙山风吹沙而不落于泉，使得月牙泉绵古至今。但由于南岸众多庙宇、气候变化等原因，月牙泉池面严重缩小。近年来人们采取掏泉疏水，绿化治沙，人工林等措施，使得月牙泉美丽如初。月牙泉中有铁背鱼，泉边有七星草生长（图8-5，见图版）。

阳关国家级沙漠森林公园位于甘肃省敦煌市西南70km的右阳关下，库姆塔格沙漠东南边缘，1993年建园，前身是甘肃南胡林场。由于林场多年造林治沙，周围森林环绕，公园内沙丘移动幅度小，相对稳定。各种形态的沙垄、沙丘、沙梁、新月形沙丘链构成了富有特色的沙漠森林景观（图8-6，见图版）。公园内建有葡萄长廊、葡萄观赏区、沙生植物园、沙漠动物园、游泳池、儿童游乐场、度假别墅、观景台等。森林公园总面积$16.65km^2$，其中沙漠面积$133.3hm^2$，占总面积的8%。[77]

3. 宁夏

宁夏有荒漠$297\,447.4hm^2$，荒漠中的红山堡峡谷是古代长城防御体系中的一个城障，大部分被沙淹埋的瓮城，在宁夏与内蒙古交界地的土长城遗址，三关口的残垣断壁，都是当年在砂砾上修筑的宏伟建筑。宁夏沙坡头位于宁、蒙、甘三省（区）交界处，是黄河第一入川口，欧亚大陆通道，古丝绸之路的通道，北面连着绵延万里、沙峰林立的腾格里大沙漠，南面靠着祁连山余脉，中间横着一泻千里的黄河，在沙与河之间是一片郁郁葱葱的古朴园林。这里有黄河两岸的史前岩画，有战国秦长城、秦始皇长城、秦代陶窑遗址、河湾园林、沙坡头国家沙漠公园（图8-7，见图版）等众多古文化产品，被誉为世界奇观，融古代长城文化、丝路文化、游牧文化、农耕文化与现代治沙文化于一体的多元文化。[78]

4. 西藏

西藏有荒漠 43 348 725.5hm²，其中冻融荒漠 29 748 934.5hm²，占荒漠总面积的 68.63%。西藏的雪域风光、藏传佛教、布达拉宫建筑等都堪称世界奇观。

广袤的荒漠土地承载了绚丽多姿的荒漠物质文化。

二、荒漠精神文化

我国 96.28% 的荒漠化土地集中在新疆、内蒙古、西藏、青海、甘肃、河北、陕西、宁夏 8 个省区，这些荒漠化土地深居我国内陆深处，气候干旱，自然条件恶劣，仅有少量由高山融水滋养的斑块状的绿洲。在这种荒漠地区生存的人类和其他生物必须特别能忍耐、特别能吃苦、特别能适应、特别能创造……笔者将这些"特别"所彰显的文化内涵归纳为以下几种精神，以颂扬人类的大无畏精神及其产生的精神文化。

（一）忍耐精神

生活在荒漠土地的人们除了忍受严寒、酷暑、风沙等恶劣自然条件外，还要忍耐贫困与饥饿的煎熬，有坚韧、顽强的意志才能坚持在荒漠中生活和工作；人类以外的其他生物以改变自身生理构造来适应干旱缺水的生存环境。有了人类的超常忍耐，才有荒漠中的城池楼阁与辉煌，有了动植物的超常忍耐，才有了荒漠生物的多样性；有了人类与动植物在荒漠中的共同忍耐，才会有荒漠多元文化。忍耐是一种性格、一种品格、一种美德、一种值得崇尚的精神文化。

说罗布人（维吾尔族一支）是神秘传奇的活化石，主要指其生存方式的独特奇妙。塔里木河的流溢，在沙漠上形成了许多湖泊（当地称之为海子），沙漠无耕地可供种植，罗布人不种五谷，不牧牲畜，唯以小舟捕鱼为食（这里烤鱼十分美味），衣罗布麻织物（罗布麻花叶同时有很高的药用价值）。荡舟驭驼于水沙之上，在艰苦环境中生存的罗布人却多有高龄老人（图8-8，见图版），创造了荒漠长寿文化。罗布人的生存，犹如这戈壁沙漠上的胡杨，简单、粗粝而富有韧性与生命力。

（二）屯垦精神

荒漠化地区由于河流及雪山融水作用形成一些小型湖泊，一般湖泊周边水分条件较好，有利于植物生长，形成沙漠绿洲。中国的沙漠绿洲主要有河套平原绿洲、西北干旱内陆绿洲、柴达木高原绿洲。荒漠绿洲是荒漠地区的农业区，成为绿洲农业。

中国的绿洲农业始于秦代，军屯和民屯是绿洲农业的主要方式。战国后期，魏、秦、赵先后占领河套地区，设置郡县，屯垦种植，秦汉时期大规模屯垦。唐代出现第二次屯垦高峰，清代出现第三次屯垦高峰，清政府废除军屯，将屯田将士一律转为自耕农，民屯开始。新中国成立后，大批将士开赴西北，组建新疆生产建设兵团，继续在西北军屯。20 世纪 50 年代初，王震将军在湖南、湖北等地招募女兵，十万湘女进驻新疆，参与屯垦。几千年的军屯和民屯，把大西北开发建设成了塞外江南。创造了屯垦文化，彰显了屯垦精神。

（三）石油精神

"石油精神"也可称为"克拉玛依精神"，克拉玛依位于新疆准噶尔盆地西北边缘，是新中国诞生后在戈壁荒漠上建立的第一座石油城，也是全世界唯一以石油命名的城市，有"西部名城"、"戈壁明珠"、"石油名城"、"沙漠美人"、"中国最瑰丽的雅丹"等美誉（图 8-9，见图版）。

据中国社会科学院 2009 年发布的中国城市竞争力蓝皮书，克拉玛依城市生活质量在全国 294 个地级以上城市中名列第 7 位。50 年前克拉玛依是一片"寸草不生，连鸟儿都不飞"的荒凉地方。然而，克拉玛依竟从一片荒凉戈壁中树立起来，如今变成了真正的"沙漠美人"，成为了全国工业旅游示范城市、中国优秀旅游城市，被评为"中国最瑰丽的雅丹"和"中国最值得外国人去的 50 个地方"（图 8-10，见图版）。

"沙漠美人"的称号源自艾青。著名诗人艾青曾这样赞美过克拉玛依："最荒凉的地方，却有着最伟大的力量；最深层的地层，却有着最宝贵的溶液；最沉默的战士，却有着最坚强的心。克拉玛依，是沙漠的美人。"

克拉玛依是一座充满魅力的旅游城市，旅游资源丰富，工业旅游潜力巨大，发展前景十分广阔。大漠深处，独具特色的地质地貌，一望无际的百里油区，气势恢宏的生产基地，大自然的雄奇与现代工业文明交相辉映，构成了一幅壮美的旅游画卷，令中外游客心向神往。

克拉玛依依托雄厚的经济基础、日臻完善的城市功能、丰富独特的旅游资源，旅游业已经成为克拉玛依发展最快、最具活力的新兴产业。书写了克拉玛依"地下石油，地上旅游"的新篇章。从荒凉戈壁到"沙漠美人"的巨大变化，靠的是敢为人先的进取精神，克拉玛依以石油勘探开发立市，以改善石油人生存环境为根本，朝着建设世界石油城的目标奋勇前进。石油精神是敢想敢干敢于拼搏的敢为人先精神，是以人为本追求完善美丽的真善美精神。

（四）航天精神

我国第一颗原子弹爆炸，第一朵蘑菇云上天，第一颗人造卫星绕地飞行。第一艘载人宇宙飞船奔月、神舟号、嫦娥号，等等，中国的航天事业都是在戈壁、沙漠中起步、起航、起飞。一代又一代的航天人在荒漠中辛勤工作，睿智创造、默默奉献，他们在荒漠中奉献智慧与青春，奉献终生、奉献子孙。航天精神不仅是奉献精神，还包含了吃苦耐劳精神。有了众多航天人的航天精神，才有了我国的尖端科学技术成果，才实现了"敢上九天揽月"的中国梦。

（五）创新精神

我国包头至兰州铁路沿途经过戈壁、沙漠和宁夏的黄河岸，有诗曰"九曲黄河万里沙 浪淘风簸自天涯"，可见包兰铁路沿线自然条件之险恶。

为了确保包兰铁路畅通无阻，勤劳智慧的治沙工作者，宁夏人从 1956 年开始创造出以"麦草方格"为主五带一体的综合治沙工程体系，成功制服了沙漠，保障了包兰铁路的正常运营，在流动的沙丘上营造出了绿洲，这是世界奇迹，堪称世界一流的治沙工程，人类治沙史上的奇迹。（图 8-11，见图版）

内蒙古亿利集团在人称"死亡之海"的中国第七大沙漠库布齐沙漠，依托"政府政策性支持，企业产业化、公益化投资，多方受益的发展机制"和"通过改善自然促进经济的可持续发展模式"，20 多年来实施了长 200 多公里、宽 20km 左右的荒漠化治理生态绿化工程，包括 1000 多平方公里的人工林建设工程，1000 多平方公里的甘草药材种种植工程和大规模的沙漠飞播封育生态工程，并且高起点发展了沙漠天然药业、清洁能源和沙漠旅游、沙漠现代农业等沙漠绿色经济产业，带动沙漠十几万百姓走出了沙漠，摆脱了贫困，过上了幸福的好日子，实现了"民生、环境、经济、发展"共赢，引起了国际社会的广泛关注。

联合国于 2012 年 9 月在库布其沙漠发布了影响人类未来绿色事业的《全球环境展望报告》，并决定将中国库布其沙漠确定为全球沙漠绿色经济发展交流示范区，向世界推介中国生态文明建设的先进经验模式，让中国绿色发展成就影响世界。前联合国副秘书长沙祖康认为中国人首创的这一沙漠生态工程是伟大的奇迹。亿利集团的治沙人以锲而不舍、艰苦卓绝、九死一生而不悔的精神，将苦涩单调的治沙过程变为发展沙产业、利用新能源、开拓新经济的绿色事业，使昔日的"死亡之海"变成了今日的无垠绿洲，走出了一条荒漠化防治、沙产业发展的创新之路。创造了"路、电、水、网、绿"一体化的防沙治沙办法。[73]

荒漠精神文化包含着艰苦卓绝的奋斗精神、拼搏精神、进取精神，灵巧睿智的创新精神，严谨周密的科学精神，超常的忍耐精神和无私无畏的奉献精神等多种精神文化。

人类在防治荒漠化的实践中除了获得物质创造能力和创造物质财富外，还获得了巨大的精神创造能力和精神财富，创造了荒漠精神文化。是人类为使自己适应荒漠环境，改善荒漠环境，改变自身生活方式的体现。

（六）胡杨精神

胡杨是古老的树种，距今1.35亿年的生命延续着一个物种的自然传奇。

生长在西北浩瀚荒漠中的胡杨树，扎根地下50多米，抗干旱、斗风沙、耐盐碱，能在零上40℃酷暑和零下40℃严寒中傲立挺拔，"活着昂首一千年，死后挺立一千年，倒下不朽一千年"（图8-12，见图版），被称为英雄树、生命树、不死树、历史见证树。温家宝总理在甘肃民勤考察时盛赞"胡杨精神"，在全国防沙治沙大会期间盛赞"胡杨精神"，在英国剑桥大学演讲时盛赞"胡杨精神"，称赞胡杨是"中华民族坚忍不拔精神的象征"[79]。"胡杨精神"是一种吃苦精神、忍耐精神、奉献精神，已成为中华民族伟大民族精神的组成部分。胡杨的特性与风格映入人的思想，渗入人的精神，激励人的行为，转化为人的高尚品格，产生了良好的社会影响，形成了使人奋勇前进的推动力。是一个人、一个民族应有的精神和意志的完美体现。

（七）开拓精神

内蒙古自治区阿拉善盟额济纳旗位于气势雄伟的大漠旱海之中。公元1689年，英雄的蒙古族土尔扈特部落从遥远的伏尔加河流域回归故土，历经千辛万苦开拓了额济纳这片荒漠绿洲。额济纳戈壁荒漠平均年降水量37mm，蒸发量是降水量的100倍，气候干旱、恶劣、严酷，在这种条件下种树种草，其困难程度难以想象。然而，英雄的额济纳人，不畏艰苦，迎难而上，奋力改善生存环境。牧民根登和妻子永青加布在过去老鼠都不愿呆的青草滩上铲青草、扎围栏、打渠埂，辛苦得永青加布那一双布满老茧的手裂开一道道口，渗出殷红的血。20多年的顽强拼搏硬是把荒漠变成了牧场，变成了绿洲，现在红柳高得连骆驼进去都看不见了。额济纳林业治沙局局长李德平，19岁开始治沙，40岁倒在滚烫的沙漠里，用21年的青春岁月，用一双铁脚板走遍额济纳$11×10^4km^2$的沟沟坎坎。他揹树苗、挽树坑，喝的是碗底能沉一层沙的湖水，大漠的风沙吹打，烈日曝晒将他变得如同黑人。李德平局长用生命守护额济纳脆弱的生态防线，用青春营造了额济纳绿洲。将灵魂融进了英雄的胡杨林中，额济纳人的开拓精神体现了人类的意志和力量。

（八）牺牲精神

勤劳智慧的额济纳各族人民，在大漠荒海中负重拼搏创造了丰富的物质财富和灿烂的文化，建设了美丽家园。1958 年 5 月，我国要开拓自己的航天事业，将发射基地选在额济纳旗境内。额济纳人毅然放弃世代居住的丰美草场，抛家舍业，让出旗府，搬迁到环境更恶劣的下游地区，重建家园。不仅如此，额济纳旗还三易旗府，多次搬迁。为了祖国的繁荣昌盛、国防安全和航天事业，额济纳人以博大的胸怀，甘于奉献，付出了巨大的牺牲，支持了国防建设和科学发展[80]。额济纳各族人民不畏艰苦、顽强拼搏，与风沙抗争，奋力开展改善生存环境，守护祖国北疆，建设新家园的实践。额济纳人民这种特别能忍耐、特别能吃苦、特别能奉献、特别能开拓的精神，是一种吃苦耐劳、甘于牺牲、无私奉献、负重拼搏、奋勇前进的民族精神，是一种以"胡杨精神"、"骆驼精神"和"航天精神"为主体的"额济纳精神"。"额济纳精神"是一种"奉献精神"和"牺牲精神"。

三、荒漠制度文化

近年来，党中央、国务院站在中华民族可持续发展的高度，将防沙治沙作为国家重大战略，采取了一系列有力措施：我国颁布了世界上第一部防沙治沙法律——《中华人民共和国防沙治沙法》，国务院作出了《关于进一步加强防沙治沙工作的决定》，批准了《全国防沙治沙规划》，颁发了《省级政府防沙治沙目标责任考核办法》，这些政策措施将我国防沙治沙工作带入了"工程带动、政策拉动、科技推动、法制促动"的快速发展新阶段，推进了农村经济结构调整和生产方式转变，为经济社会可持续发展作出了重要贡献。联合国可持续发展委员会第 16 次会议评价：中国防治荒漠化处于世界领先地位。

（一）国家层面法律政策

1)《防沙治沙法》：是我国防治荒漠化的专门法律，也是世界上第一部专门防治荒漠化的国内法律。它于 2001 年颁布、2002 年 1 月 1 日生效，它填补了国家防沙治沙立法的空白，从根本上解决了治沙工作的管理体制，把控制荒漠化的技术和管理经验上升为法律原则和制度；标志着我国防沙治沙工作步入法制化道路。它在较大范围实现了跨部门资源立法的融合。《防沙治沙法》提出的防治荒漠化的一般法律原则概括起来有：统一规划、因地制宜、分步实施，区域防治和重点防治相结合；预防为主，防治结合，综合治理；植被的保护与恢复同自然资源的合理利用相结合；遵循生态规律，依靠科技进步；生态环境的改善与农牧民的脱贫致富相结合；国家支持与地方自力更生相结合，政府组织与社会参与相结合；保护参与防治荒漠化活动的主体的合法权益等。其中"统一规划"既是法律原则，也是一项重要的法律制度。国务院要编制全国防沙治沙规划，省、直辖市、市和县级以上人民政府要按照上一级规划的要求编制本地区防沙治沙规划；同时还要制定相应实施方案，纳入各级人民政府经济社会发展五年规划和年度计划；防沙治沙规划和方案必须服从土地利用的总体规划。《防沙治沙法》规定的防治荒漠化措施可以分为两大类，一类是由主管部门组织和实施的专门措施，另一类是与其他部门联合实施的跨部门措施。

2）《土地管理法》：1986 年 6 月 25 日由全国人民代表大会颁布的《中华人民共和国土地管理法》中最核心的一项制度是"耕地占补平衡"，要求占用多少耕地就应当补充多少耕地。这项制度在干旱与半干旱地区的实施，对土地荒漠化有着直接的影响。

3）《草原法》：2002 年 12 月修订一次，2013 年再次修订。《草原法》中规定的"草畜平衡制度"是防治草场土地荒漠化的重要措施之一。

4）《森林法》：1984 年 9 月 20 日由全国人民代表大会常务委员会颁布的《中华人民共和国森林法》对土地荒漠化问题作出相关规定。

5）《环境保护法》：1989 年 12 月 26 日全国人民代表大会常务委员会颁布。

6）《水法》：1988 年 1 月 21 日，全国人民代表大会常务委员会颁布。

7）《水土保持法》：1991 年 6 月 29 日由全国人民代表大会常务委员会颁布。

8）《中国环境保护 21 世纪议程》：1994 年 3 月 25 日由国务院颁布。

9）《国务院关于进一步加强防沙治沙工作的决议》：2005 年 9 月 8 日由国务院发布。

10）《中华人民共和国国民经济和社会发展十一个五年计划纲要》：2006 年 3 月 16 日十届全国人人第四次会议通过。

11）《全国生态环境保护纲要》：国发（2000）38 号。

12）《全国生态环境建设纲要》：国发（1998）36 号。

13）《国务院关于落实科学发展观加强环境保护的决定》：国发（2005）39 号。

14）《国家环境保护"十一五"规划》：国发（2007）37 号。

15）《全国生态保护"十一五"规划》：环发（2006）158 号。

16）《全国重点生态功能保护区规划纲要》：环发（2007）165 号。

17）《全国生态功能区划》：环境保护部公告 2008 年 35 号。

（二）国家部委的相关政策

1）《盈利性治沙管理办法》：2004 年 5 月 31 日由国家林业局颁布。

2）《全国生态脆弱区保护规划纲要》：2008 年 9 月 27 日由国家环境保护部颁布。

（三）地方政府的相关条例

1）《新疆维吾尔自治区防沙治沙若干规定》：1996 年 11 月 08 日由新疆维吾尔自治区人民政府颁布。

2）《辽宁省防沙治沙条例》：2009 年 5 月 27 日由辽宁省人大常务委员会颁布。

3）《黑龙江省防沙治沙条例》：2008 年 10 月 17 日由黑龙江人大常务委员会颁布。

4）《宁夏回族自治区防沙治沙条例》：2010 年 10 月 15 日由宁夏回族自治区人大常务委员会颁布。

5）《内蒙古自治区实施<中华人民共和国防沙治沙法>办法》：2004 年 7 月 31 日由内蒙古自治区人大常务委员会颁布。

6）《陕西省实施<中华人民共和国防沙治沙法>办法》：2003 年 8 月 1 日由陕西省人大常务委员会颁布。

7）《甘肃省实施<中华人民共和国防沙治沙法>办法》：2002 年 12 月 7 日由甘肃省人大常务委员会颁布。

8）《四川省实施<中华人民共和国防沙治沙法>实施办法》：2009 年 9 月 25 日由四川省人大常务委员会颁布。

9）《新疆维吾尔自治区实施<中华人民共和国防沙治沙法>办法》：2008 年 5 月 29 日由新疆维吾尔自治区人大常务委员会颁布。

国务院、国家部委、各级地方政府颁布实施的法律、政策、条例和各种防沙治沙办法是荒漠制度文化的体现。

四、荒漠行为文化

我国荒漠面积大，生态环境脆弱区分布广，脆弱生态类型多，危害严重。党和国家高度重视生态脆弱区的保护和防沙治沙工作，除从法律法规政策条例予以保障外，还实施了多项防沙治沙工程，企业参与兴办沙产业、民间涌现了许多治沙英雄，共同创造出荒漠行为文化，为光辉灿烂的中华文化增添了新的内涵，并将继续大发光芒。

（一）政府的荒漠行为文化

政府依据我国荒漠地区的地形、地貌、气候、水文条件和荒漠化程度的不同，采取不同的治理措施，其衍生的行为亦有差别。

1. 京津风沙源治理工程

京津要地的治理范围包括北京、天津、河北、山西和内蒙古的 75 个县（市），工程与 2000 年启动，重点是加强植被建设和保护。2010 年已完成。

2. 三北防护林体系四期建设工程

工程范围包括北京、天津、内蒙古、辽宁、吉林、黑龙江、陕西、甘肃、宁夏、青海、新疆等 13 省（自治区、直辖市）的 590 多个县（市、区、旗）。工程 2001 年启动重点是植被建设和保护。

3. 退耕还林工程、退牧还草工程

主要对由于人工樵采、过度开垦、过度放牧、陡坡耕种等原因造成的植被破坏、水土流失加剧、沙化、退化草原实行退耕还林、退牧还草。回复和增加林、草植被，增强抵御风沙危害的能力。

4. 草原沙化防治工程

在自然条件残酷的干旱沙漠边缘及绿洲区域和半干旱沙地，通过围栏封育、划区轮牧、人工种草、飞播牧草、草场改良等措施，防治草原沙化。

5. 生态移民、小城镇建设及沙区农村能源建设

生态移民、小城镇建设及沙区农村能源建设是退耕还林、退牧还草，恢复和保护沙区植被的重要措施之一。对沙化严重地区的农牧民实行有计划有步骤地异地搬迁，统一建设一批新型小城镇，减轻沙区压力，巩固治沙成果。

6. 发展沙产业

利用沙区的光、热、风资源，在地表水允许的条件下，发展具有较高利用价值又适宜沙区生长的林木、饲料种植和人工培育沙区中草药和食用植物资源，有利于巩固治沙成果。

7. 成立组织管理机构

在全国范围内建立组织管理体系，由 18 个部委及金融机构联合成立"中国防治荒漠化协调小组"。成立"防治荒漠化管理中心"，负责组织协调管理和指导全国荒漠化防治工作。

8. 建设土地荒漠化监测体系

成立"中国荒漠化监测中心",以中国荒漠化监测中心和国家林业局西北林业调查规划设计院为中心,各省区林业勘察设计院为中心的中央和地方并举的土地荒漠化监测组织体系。形成了科学合理的土地荒漠化防治技术体系,该体系是通过地面监测、航空航天监测及分析研究和评价,达到掌握荒漠化发展和逆转动态规律及防治效果、预测发展趋势的技术体系。

9. 成立顾问组提高科学决策水平

中国在国家层面组建了包括 10 位院士在内共 24 位有关方面专家组成的中国防治荒漠化高级专家顾问组,定期开展技术咨询,提高科学决策水平。

经过长期的实践、探索,中国防沙治沙技术体系日益健全,科技含量不断提高,不仅出台了《防沙治沙技术规范》、《沙化土地监测技术规程》、《京津风沙源治理工程技术标准》等一批防沙治沙技术标准,还总结形成了包括植被保护和建设、流沙固定、防护林营造、节水灌溉、资源开发等多个方面,涉及生物、化学和工程等多个学科的100 多项先进适用技术。

10. 政府鼓励社会各阶层防沙治沙

至 2005 年,我国的荒漠化防治工作已经进入"治理与破坏"相持阶段,政府每年拿出 100 亿~150 亿元人民币用于防沙治沙工程建设。政府实施治理政策吸引社会各阶层投入防沙治沙工作。不论是什么经济成分,只要纳入到国家总的治理计划当中,都可以享受同等的补贴政策。首先政府会对沙化土地的治理实行一些土地优惠政策。如对国有的荒漠化土地进行治理可以使用 70 年,同时减免一定税收。此外,政府对已经防沙治沙的树林还会实行收购政策和更加优惠的土地使用政策。如果营造的是生态公益林,政府可以给予相应补助。一是按照每亩计算的补贴,每年 5 元钱的生态效益补偿金;二是推出目前政府正在试点的收购方式,不想自己经营的可以对政府试点的生态公益林进行收购。

(二) 企业的荒漠文化行动

1. 发展沙区旅游业

沙区、荒漠区的沙山、沙丘、戈壁滩具有雄伟、旷达、奇特等许多美学特征,积极开发荒漠旅游产品,发展荒漠旅游业,克拉玛依石油企业依靠石油城雄厚的经济实力和国家优惠政策,发展荒漠旅游,取得了可喜的经济效益、生态效益和社会效益,如今一个"地下石油，地上旅游"的新型石油城已经矗立在荒漠之中。

2. 企业介入荒漠治理工程

治沙是功在当代，利在千秋的利国利民大业。内蒙古亿利集团确定"企业发展不息，绿化沙漠不止"的方针，在腾格里沙漠与巴丹吉林沙漠之间设置防风固沙沙障，修建沙漠公路，在公路两侧营造防风固沙林带、林网；设置风沙隔离板，用化学液体喷洒沙丘等多种科学技术手段治理沙漠。内蒙古锡林郭勒盟境内的浑善达克沙地是防沙止漠的重点目标之一，为了使防沙治沙实现事半功倍的效果，锡林郭勒盟在造林治沙主体多元化合作上试验探索。据统计，目前有100多个造林绿化企业和社会团体参与锡林郭勒生态建设和产业开发，非公有制治沙造林和经营业主达到7万多个，百亩以上造林大户达2000个。

3. 屯垦驻军的防沙治沙行为

在塔里木上游南岸，塔克拉玛干沙漠北缘屯垦的新疆生产建设兵团第一师十四团的屯区内有个"睡胡杨谷"，一棵棵枯死的胡杨以孤独桀骜不驯的姿态面对来人，冬季活着的胡杨树叶落尽，枝干裸露，与无限大漠相映，尽显"大漠孤烟直，长河落日圆"的荒凉与雄浑意境。

"睡胡杨谷"景区被定位为"荒漠化警示教育和屯垦精神教育基地"，这片睡胡杨林成了了解荒漠生态变化和屯垦历史的课本。新疆生产建设兵团第一师十四团组织了一支20多人的护林队伍，巡视辖区内天然胡杨林，让更多的人走进胡杨林，感悟"屯垦精神"。

（三）民间的荒漠行为文化

民间的治理土地荒漠化行为主要表现在科学研究和荒漠化土地承包治理两方面。

1. 科技人员参与土地荒漠化研究

我国的科技人员从土地荒漠化的定义、成因、危害、防治技术、开发利用等不同的角度进行广泛深入的研究。例如：乔旭宁、杨永菊、杨德刚研究了渭干河流域不同生态地区的生态服务功能价值空间转移，并给予评价，为干旱地区河流的生态服务功能价值空间转移提供了一种定量分析方法，为流域生态补偿标准的制定提供依据。赵哈林、赵学勇、张铜会等研究了"我国西北干旱地区的荒漠化过程及其空间分异规律"，吴晋峰、王鑫、郭峰等研究了库木塔格沙漠风沙地貌遗产美学价值。李发明、张莹花、贺访印等对沙产业的发展历程和前景进行了分析研究。每年都有很多关于土地荒漠化的研究成果公布于世，这些成果对推动土地荒漠化的科学治理工作做出了贡献，反映了我国科技人员对治理土地荒漠化的关注和贡献。

2. 民众的治沙行动

在治理荒漠沙漠行动中，走在最前线的始终是沙区牧民、农牧区农民及外来务工者，植树种草、挖渠取水、林草管理都是民工劳力、屯垦军民挥镐抢锹，汗洒戈壁。土地荒漠化治理中涌现了许多可歌可泣的英雄模范人物。例如：全国承包治沙第一人陕西的石光银几十年如一日，治理毛乌素沙漠；宁夏盐池县沙边子村的白春兰，在毛乌素沙漠东南缘种树 5 万元棵治理沙漠化土地 200hm²，陕西靖边县金鸡沙村妇女牛玉琴，几乎掏光家里全部收入，将 200 多万元人民币投在树木管理和建设中，像这类治沙英雄数量之多，在民间不胜枚举。

防沙治沙最大的力量是人民群众的力量，是广大民众的智慧、创造和奉献。人民群众在长期的治沙实践中形成的坚忍不拔、锲而不舍精神已经成为一种生态文化，已经成为激励全国人民建设生态文明、推动科学发展的强大动力。

第三节　沙　产　业

20 世纪 80 年代以来，随着生物技术和信息技术的突飞猛进，推动了农业科学技术跨越式发展，孕育和催生了沙产业这个新的产业体系。

一、沙产业的概念

1984 年，著名科学家钱学森在中国农科院组织的学术报告会上首次提出了沙产业概念。1991 年 3 月 11 日，钱老进一步明确了沙产业概念。他提出："沙产就是在不毛之地上摘农业生产，而且是大农业生产，是一项尖端高新技术产业"。"沙产业就是在'不毛之地'的戈壁沙漠上搞农业生产，充分利用戈壁滩上的日照和温差等有利条件，提高植物光合作用的效率，推广使用节水技术，搞知识密集型的现代化农业产业。"

李发明、张莹花、贺访印等认为：沙产业是指在沙漠和沙漠边缘区，结合人类的生产活动与资源特点，针对资源逐渐出现匮乏的现实问题，立足于生态环境建设，科学的组合和集成新兴技术，突破干旱缺水、光充足地区的生物技术，发展生态农业、相关工业和其他产业，促进沙漠和沙漠化地区生态、经济和社会的可持续发展。沙产业发展是以生态环境建设为前提，采用系统工程的理念和方法，充分利用并发挥沙漠和沙漠化地区的水、土、光、热、风等资源优势，运用物理、化学、生物、信息等学科先进技术，在密集知识储备下，发展生态农业、能源产业和产品加工业、旅游业等，就地延伸产业链条，达到生态良性化、农业产业化、产品工业化和商品标准化，实现生态、经济、社会的可持续发展。[81]

二、沙产业的特点

沙产业是知识密集型农业产业，特点是"多采光、少用水、新技术、高效益"，具有可持续和循环经济的特征，关键点在于利用尖端高新技术。高效节水和充分利用太阳能。沙产业既像传统种植业那样，是以太阳能为直接能源，靠植物光合作用来进行产品生产的体系，同时它又是充分利用生物资源和现代科学技术生产的产品。具体讲，沙产业就是改良发展能适应沙区环境且又具有经济价值的沙生旱生经济灌木。药材和藻类等其他绿色植物体，通过光合作用高效生产沙漠特色产品的新型农业。其外延就是要把种植收获的植物产品和二次转化产品，开发多用途的农业型或非农业型产品。经营者不仅是原料生产者，同时也是高级商品的再生产和经营者，产品应达到商品化、产业化和国际化的要求。传统防沙治沙中对沙区传统生物产品进行的复制，严格地说只能是沙产业的前期阶段，作为产业，它应该是市场经济的一部分，其产品具有高产值。

三、沙产业的实践

中国沙产业起步于20世纪80年代末90年代初，最早由甘肃开始关于沙产业的研讨和实践活动。通过摸索不断补充、完善和发展了沙产业理论，扩展了沙产业内涵。

1984年沙产业概念首次提出后，诸多专家学者对沙产业理论和实践进行了深入探讨和积极探索，许多沙产业组织相继成立，促进了沙产业发展。如：1991年3月11日中国林学会在北京香山召开第一次沙产业研讨会；1993年9月在北京成立了中国治沙暨沙业学会；1994年9月27日，中国科协在北京设立"中国科学技术发展基金会促进沙产业基金"，该基金在支持沙产业理论研究、扶持沙产业实体发展等方面做了大量工作；1995年11月，林业部、中国科协、甘肃省政府在甘肃武威召开了第一次河西走廊沙产业开发工作会议。1994年，中国科协、林业部和甘肃省政府在武威、张掖等地建立了试验点和示范基地，开始实践钱学森院士的沙产业设想。甘肃省相继出台了四项支持沙产业发展政策，鼓励"四荒"荒地租赁、拍卖、承包，实现国家集体个人三结合，共同投资搞农业综合开发；制定和颁布了森林、草原、水资源、水土保持、野生动植物资源、野生药材资源保护和全民义务植树等一系列有关法律法规，从法律上保障沙产业健康发展；积极推行用水管理体制改革，逐步形成以水养水、自我滚动、自我发展的良性循环用水机制，形成全民办水全社会办水的新局面，促进水利建设快速发展；制定减轻农民负担的细则，认真贯彻国务院关于减轻农民负担有关规定，保护和调动农民开发沙产业的利益与积极性，制定治沙贴息贷款等优惠政策。

四、沙产业的发展

内蒙古鄂尔多斯市采用现代科学技术，充分依托沙漠气候光热资源优势，发展知识密集型沙产业。目前已经形成了"六大支柱产业"——沙漠休闲旅游、沙生灌木加工、沙生植物食用及药用开发、沙漠新型能源利用、微藻开发利用、设施农业；"十二大产业基地"——库布齐沙漠东缘沙生灌木种植加工基地，毛乌素沙地沙生灌木种植加工基地、杭锦旗药用植物生产加工基地、东康阿设施农业示范基地、东胜沙棘生产加工基地、鄂托克旗微藻生产加工示范基地、恩格贝生态文明示范基地、杭锦旗库布齐沙漠旅游基地、杭锦旗七星湖沙漠生态旅游示范基地、响沙湾沙漠旅游基地、杭锦旗风能基地、毛乌素生物质能发电示范基地；"七大沙产业企业"——碧森种业、碧海木业、宏业人造板、天骄人造板、东达纸业、高原圣果、天骄食品等龙头企业。

经过 20 多年理论探讨和实践，沙产业在甘肃的河西走廊、内蒙古鄂尔多斯、新疆、宁夏等地得到快速发展，尤其在内蒙古鄂尔多斯等地形成了龙头企业带动、农民参与、基地建设。技术培训与推广、品牌建设及市场营销的产供销一体化的沙产业发展模式。

我国荒漠地区幅员辽阔，阳光充足，利用咸水和节水技术、提高植物光合作用效率，使不毛之地的荒漠为人类生产粮食和食品，发展沙产业是人类拓展生存空间的必由之路。

第九章 湿 地 文 化

湿地（wetland）的原意是指过湿的土地。湿地具有保持水源、净化水质、蓄洪防旱、调节气候、维护生物多样性等多种功能。湿地是地球上生态系统中的重要组成部分。湿地是地球上最富有特色的生态系统之一，湿地面积占全球陆地面积的6%，是各种环境资源中受威胁最大的一类；科学地保护湿地，合理利用湿地，已是全世界的重要任务。

第一节 湿 地 概 述

湿地是一种介于水、陆之间的特殊生态系统，具有多种生态功能和很高的经济价值。湿地广泛分布于世界各地，受到各国政府的关注。

一、湿 地 定 义

对于湿地的定义各个国家有不同的内容，学术界更是仁者见仁、智者见智，目前已出现100多种湿地定义。由于各人的社会背景、知识层次、所处立场不同，对湿地的理解不同，出现不同的定义属正常现象。

（一）国外的定义

最早的湿地定义是美国鱼类和野生动物保护协会1956年在《美国的湿地》报告集中提出的"湿地"，指被浅水或暂时性积水所覆盖的低地，一般包括草本沼泽（marsh）、灌丛沼泽（swamp）、苔藓泥炭沼泽（bog）、湿草甸（wet meadow）、泡沼（pothole）、浅水沼泽（slough）及滨河泛滥地（bottomland），也包括生长挺水植物的浅水湖泊或浅水水体，但河、溪、水库和深水湖泊等稳定水体不包括在内，因为这些水体不具有这种暂时性，对湿地土壤植被的发展几乎毫无作用。该定义强调了湿地作为水禽生境的重要性，包括了20种湿地类型，直到20世纪70年代一直是美国所用的主要湿地分类基础。但该定义对水深未做具体规定。

1979年该协会在《美国的湿地和深水生境分类》的研究报告中又定义如下："湿地是处于陆地生态系统和水生生态系统之间的转换区，通常其地下水位达到或接近地表，或者处于浅水淹覆状态，湿地必须具有以下三个特点之一以上的特征，①至少是周期性的以水生植物生长为优势；②基质以排水不良的水成土为主；③土层为非土质化土（nonsoil），并且在每年生长季的部分时间水浸或水淹。"当前，这一概念在美国最为广泛地被湿地科学家所接受。

加拿大的学者将湿地定义为："湿地是指水淹或地下水位接近地表，或水分饱和时间足够长，从而促进湿成和水成过程（wetland and aquatic processed）。并以水成土壤、水生植被和适应潮湿环境的生物活动为标志的土地。"湿地的湿、干两种极端情况为：①有浅层明水面，一般水深小于 2m；②在生态系统全部发育过程中，淹水为主导条件的周期性淹水地域。还有的学者将湿地定义为："湿地是长期水饱和，有助于湿生或水生过程的土地，以排水不良的土壤、水生植被和适应湿生环境的多种生物活动为特征。"这一定义强调了潮湿的土壤（wet soil）、水生植被（hydro-phytic vegetation）和"多种"生物活动。

英国学者 J. W. Lloyd 等定义湿地为"一个地面受水浸润的地区，具有自由水面。通常是四季存水，但也可以在有限的时间段内没有积水，自然湿地的主要控制因子是气候、地形和地质。人工湿地还有其他控制因子。"

日本有关学者认为："湿地的主要特征，第一是潮湿；第二是地下水位高；第三，至少在一年的某段时间内，土壤是处于饱和状态的。"这一提法充分表明日本当前湿地界在湿地问题上强调水分和土壤，但同时忽略了植被现状[82]。

（二）《湿地公约》中的定义

1971 年由苏联、加拿大、澳大利亚、英国等 36 国在伊朗签署的拉姆萨尔条约《关于特别是作为水禽栖息地的国际重要湿地公约》，简称《湿地公约》，又称《拉姆萨尔公约》，其湿地定义为："天然或人工、长久或暂时的沼泽地、湿原、泥炭地或水域地带，带有静止的或流动的、或为淡水、微咸水或咸水的水体者，包括低潮时水深不超过 6m 的浅海区域。"

（三）中国的定义

中国 1992 年加入《湿地公约》，对湿地的调查研究还不是很多，中国学者对湿地的明确定义还很少，许多学者比较认同美国定义。佟凤勒等对湿地的定义为"湿地是指陆地上常年或季节性积水（水深不超过 2m，积水期 4 个月以上）和过湿的土地，并与其生长、栖息的生物种群构成的独立生态系统。"这个定义强调了积水、过湿、生物种群是构成湿地的三大要素；缺点是未指出三点之间的关系，未说明水质状况。陆健健参照《湿地公约》，及美国、加拿大、英国等国的定义，结合我国状况，给湿地做了如下定义："陆缘为含 60% 以上湿地植物的植被区；水缘为海平面以下 6m 的近海区域，包括内陆与外流江河流域中自然的或人工的、咸水或淡水的所有富水区域（枯水期水深 2m 以上的区域除外），无论区域内的水是静止的还是流动的、间歇的还是永久的。"这个定义对湿地要素、条件和类型进行了界定。

综合中国学者的定义，湿地是指地球表层的一种水域和陆地之间过渡的地理综合体，它具有三个相互关联、互相制约的基本特征，即有喜湿生物活动；地表常年或季节性积水；土层严重潜育化。

狭义的湿地定义："湿地是水位经常接近地表或为浅水所覆盖的土地，以水成土和土壤水饱和为其主要特征。"采用这个定义是基于如下的理解：湿地是一种土地类型。它的促成因子是水文条件。

二、湿地成因

(一) 水体沼泽化

多发生在浅水湖泊和小河中。从丛生植物开始，有两种形成过程。一种是植物带状从湖心侵入。另一种是植物呈浮毯状从湖岸向湖水面蔓延。西藏高原沼泽有类似情况。

(二) 森林沼泽化

林区的河谷、山麓和分水岭，常有潜水渗出，造成地表过湿。其上生长苔草等喜湿植物，随后枯枝落叶、草丘的拦截，保持了地表水流，使钾、氮、钙等元素被淋溶，而铅、铁、锰等在土层下积累形成不透水层，保持水土过湿，发育为沼泽。在地形平坦的采伐迹地或火烧迹地，由于森林被砍伐，蒸腾减少了，造成地表积水，就会形成森林沼泽化。这种现象在大兴安岭、小兴安岭和长白山都可以看到。

(三) 草甸沼泽化

由于地表水常年过湿，大量的植物残体得不到充分的分解。植物残体和腐殖质阻塞了土壤空隙，缺氧的土壤条件导致泥炭的形成。禾本植物逐渐被密丛形苔草所替代，于是出现了草甸沼泽。在若尔盖草原沼泽区的阶地上，也进行着草甸沼泽化过程，并堆积了泥炭层。

三、湿地类型

(一) 国际湿地分类

与湿地的定义类型一样，湿地的分类体系也是多种多样的。为与广义湿地定义协调，我们主张采纳国际《湿地公约》的湿地分类体系。这一分类体系将湿地生境分为如下类型（表9-1）。各国根据自己的需要做如下修改，如采用土名命名某些具体湿地类型，其目的是让使用者熟悉这种分类体系。也可使某些国家特定的湿地类型增加到所列湿地类型中，如中国的高原湿地、内陆淡水湿地与人工湿地三大类。按照地貌类型和湿地作用过程将湿地划分为海域、河口、潟湖、沼泽和各种人工湿地型。湿地亚型则根据潮汐高低、积水的稳定性划分。

《湿地公约》中将湿地划分为咸水、淡水和人工湿地三大类，每大类下面又分若干二级单位、三级单位和四级单位，共36个四级单位（表9-1）。

表9-1　《湿地公约》分类[83]

湿地系统	湿地类	湿地型	公约指定代码	说明
天然湿地	海洋/海岸湿地	浅海水域	A	低潮时水位在6m以内水域，包括海湾和海峡
		海草床	B	潮下藻类、海草、热带海草植物生长区
		珊瑚礁	C	珊瑚礁及其临近水域
		岩石海岸	D	海岸岛礁与海岸峭壁
		沙滩、砾石与卵石滩	E	滨海沙洲、沙岛、沙丘及丘间沼泽
		河口水域	F	河口水域和河口三角洲水域
		滩涂	G	潮间带泥炭、沙滩和海岸其他淡水沼泽
		盐沼	H	滨海盐沼、盐化草甸
		红树林沼泽	I	海岸咸、淡水森林沼泽
		咸水、碱水潟湖	J	有通道和海水相连的咸水、碱水潟湖
		海岸淡水潟湖	K	淡水三角洲潟湖
		海滨岩溶洞穴水系	Zk（a）	滨海岩溶洞穴
天然湿地	内陆湿地	内陆三角洲	L	内陆河流三角洲
		河流	M	河流及其支流、溪流、瀑布
		时令河	N	季节性、间歇性、不规则性小河、小溪
		湖泊	O	面积大于8hm^{2}淡水湖泊，包括大陆型牛轭湖
		时令湖	P	季节性、间歇性淡水湖，面积大于8hm^2
		盐湖	Q	咸水、半咸水、碱水湖
		时令盐湖	R	季节、间歇性咸水、半咸水湖及浅滩
		内陆盐湖	Sp	内陆盐沼及其泡沼
		时令碱、咸水盐沼	Ss	季节性盐沼及其泡沼
		淡水草本盐沼	Tp	草本沼泽及其面积小于8hm^{2}生长的泡沼
		泛滥地	Ts	季节性洪泛地、湿草甸和面积小于8hm^{2}的泡沼
		草本泥炭地	U	藓类泥炭地和草本泥炭地，无林泥炭地不在此列
		高山湿地	Va	高山草甸、融雪形成的暂时水域
		苔原湿地	Vt	高山苔原、融雪形成的暂时水域
		灌丛湿地	W	灌丛为主的淡水沼泽，无泥炭积累
		淡水森林沼泽	Xf	淡水森林沼泽、季节泛滥森林沼泽
		森林泥炭地	Xp	森林泥炭地
		淡水泉	Y	淡水泉及绿洲
		地热湿地	Zg	温泉
		内陆岩溶洞穴水系	Zk（b）	地下溶洞水系

续表

湿地系统	湿地类	湿地型	公约指定代码	说明
人工湿地		鱼虾养殖塘	1	鱼虾养殖池塘
		水塘	2	农用池塘、储水池塘，面积小于 8hm^2
		灌溉地	3	灌溉渠系与稻田
		农用泛洪湿地	4	季节性泛滥农用地，包括集约保护和放牧的草地
		盐田	5	采盐场
		蓄水区	6	水库、拦河坝、堤坝形成的大于 8hm^2 的储水区
		采掘区	7	取土积水坑、采矿地
		污水处理厂	8	污水厂、处理池和氧化塘等
		运河、排水渠	9	输水渠系
		地下输水系统	Zk（c）	人工管护的岩溶洞穴水系等

美国将湿地系统分为六级，即系统、亚系统、类、亚类、主体型、特殊型。据此，将湿地分为滨海湿地、河口湿地、湖泊湿地、沼泽湿地等四个类型。

加拿大将湿地系统分为三级：类、型、体，由此将湿地分为苔藓类沼泽、草本泥类沼泽、湖滨湿地、森林泥炭沼泽湿地、潜水湿地五类。

（二）中国的湿地分类

我国是世界上湿地面积广大、类型复杂、生物多样性丰富的国家之一。中国湿地含有《湿地公约》名录中的 26 类自然湿地和 9 类人工湿地，主要包括沼泽湿地、湖泊湿地、河流湿地、河口湿地、海岸滩涂、浅海水域、水库、池塘、稻田等各种自然和人工湿地，而青藏高原的陆极湿地又具有世界特色。国家林业局根据中国的实际情况及《湿地公约》分类系统，制定了《中国湿地调查纲要》（1995 年）和《全国湿地资源调查技术规程（试行本）》（1997 年），并经多次讨论修改，将全国湿地划分为 5 大类，28 种类型（葛继稳，2007）。第二次湿地资源调查将湿地划分为近海与海岸湿地、河流湿地、湖泊湿地、沼泽湿地、人工湿地 5 类 34 型，各湿地类、型及其划分标准见表 9-2。

表 9-2　中国湿地类、型及划分标准[83]

代码	湿地类	代码	湿地型	划分技术标准
I	近海与海岸湿地	I 1	浅海水域	浅海湿地中，湿地底部基质为无机部分组成，植物盖度<30% 的区域，多数情况下低潮时水深小于 6m，包括海湾、海峡
		I 2	潮下水生层	海洋潮下，湿地底部基质为有机部分组成，植被盖度≥30%，包括海草层、海草、热带海洋草地
		I 3	珊瑚礁	基质由珊瑚聚集生长而成的浅海湿地
		I 4	岩石海岸	底部基质75% 以上是岩石和砾石，包括岩石性沿海岛屿、海岩峭壁

代码	湿地类	代码	湿地型	划分技术标准
		Ⅰ5	砂石海滩	由砂质或砂石组成的植被盖度<30%的疏松海滩
		Ⅰ6	淤泥质海滩	由淤泥质组成的植被盖度<30%的淤泥质海滩
		Ⅰ7	潮间盐水沼泽	潮间地带形成的植被盖度≥30%的潮间沼泽，包括盐碱沼泽、盐水草地和海滩盐沼
Ⅰ	近海与海岸湿地	Ⅰ8	红树林	由红树植物为主组成的潮间沼泽
		Ⅰ9	河口水域	从近口段的潮区界（潮差为零）至口外海滨段的淡水舌锋缘之间的永久性水域
		Ⅰ10	三角洲/沙洲/沙岛	河口系统四周冲击的泥/沙滩，沙洲、沙岛（包括水下部分）植被盖度<30%
		Ⅰ11	海岸性咸水湖	地处海滨区域有一个或多个狭窄水道与海相同的湖泊，包括海岸性微碱水、咸水或盐水湖
		Ⅰ12	海岸性淡水湖	起源于潟湖，与海隔离后演化而成的淡水湖泊
Ⅱ	河流湿地	Ⅱ1	永久性河流	常年有河水径流的河流，仅包括河床部分
		Ⅱ2	季节性或间歇性河流	一年中只有季节性（雨季）或间歇性有水径流的河流
		Ⅱ3	洪泛平原湿地	在丰水季节由洪水泛滥的河滩、河心洲、河谷、季节性泛滥的草地及保持了常年或季节性被水浸润内陆三角洲所组成
		Ⅱ4	喀斯特溶洞湿地	喀斯特地貌下形成的溶洞集水区或地下河/溪
Ⅲ	湖泊湿地	Ⅲ1	永久性淡水湖	由淡水组成的永久性湖泊
		Ⅲ2	永久性咸水湖	由微咸水/咸水/盐水组成的永久性湖泊
		Ⅲ3	季节性淡水湖	由淡水组成的季节性或间歇性淡水湖（泛滥平原湖）
		Ⅲ4	季节性咸水湖	由微咸水/咸水/盐水组成的季节性或间歇性湖泊
Ⅳ	沼泽湿地	Ⅳ1	藓类沼泽	发育在有机土壤的、具有泥炭层的以苔藓植物为优势群落的沼泽
		Ⅳ2	草本沼泽	由水生和沼生草本植物组成优势群落的淡水沼泽
		Ⅳ3	灌丛沼泽	以灌丛植物为优势群落的淡水沼泽
		Ⅳ4	森林沼泽	以乔木森林植物为优势群落的淡水沼泽
		Ⅳ5	内陆盐沼	受盐水影响，生长盐生植被的沼泽。以苏打为主的盐土，含盐量应大于0.7%；以氯化物和硫酸盐为主的盐土，含盐量应分别大于1.0%和1.2%
		Ⅳ6	季节性咸水沼泽	受微咸水或咸水影响，只在部分季节维持浸湿或潮湿状况的沼泽
		Ⅳ7	沼泽化草甸	为典型草甸向沼泽植被的过渡类型，是在地势低洼、排水不畅、土壤过分潮湿、通透性不良等环境条件下发育起来的，包括分布在平原地区的沼泽化草甸及高山和高原地区具有高寒性质的沼泽化草甸
		Ⅳ8	地热湿地	由地热矿泉水补给为主的沼泽
		Ⅳ9	淡水泉/绿洲湿地	由露头地下泉水补给为主的沼泽

续表

代码	湿地类	代码	湿地型	划分技术标准
V	人工湿地	V1	库塘	为蓄水、发电、农业灌溉、城市景观、农村生活为主要目的而建造的，面积不小于 $8hm^2$ 的蓄水区
		V2	运河、输水河	为输水或水运而建造的人工河流湿地，包括灌溉为主要目的的沟、渠
		V3	水产养殖场	以水产养殖为主要目的而修建的人工湿地
		V4	稻田/冬水田	能种植一季、两季、三季的水稻田或冬季蓄水或浸湿的农田
		V5	盐田	为获取盐业资源而修建的晒盐场或盐池，包括盐池、盐水泉

四、湿地特征

湿地经常分布在水体生态系统与陆地生态系统的分界处，成为水体生态系统的界面，它既不同于水体生态系统，也不同于陆地生态系统而成为独立的生态系统，并具有如下特征。湿地最明显的标志是有水存在，通常根据水、植物、土壤的特征鉴别湿地。湿地地表常年积水、季节性积水或土壤过湿；植物为水生、沼生、湿生植物；土壤以排水不良的水成土为主，多富含有机质。

(一) 受水文周期控制

湿地水位随时间变化情况称为湿地水文周期。水文周期控制着湿地生物和非生物。大多数湿地的水流和水位是动态变化的，降水、地形与湿地相连的河流、湖泊影响湿地的水位、淹水频率、淹水持续时间、淹水周期；滨海湿地的水位还具有日变化特征。几乎所有湿地的水位都具有季节变化和年际变化特征，都受水文周期控制，导致湿地的面积、结构、功能发生相应变化，这种变化称湿地动态变化。其变化原因复杂，水文变化是主要的。

(二) 特殊的基质和物质循环

湿地的基质主要为淹水形成的土壤和成土物质，包括有机土壤、矿质土壤、未经过沉土过程的沉积物。许多湿地的有机残体积累大于分解，形成有机物质积累，形成泥炭。淹水使细粒矿物质和有机物质沉积在湿地中，增加了湿地的营养，成为湿地的特殊基质。

从养分循环看，湿地比陆地有更多的养分，长期储存在有机沉积物中，并随着泥炭沉积或有机物输出等形成自己特殊的物质循环规律。湿地独特的水文条件，影响湿地与周围的物质交换和营养摄入与输出，水分输入是湿地的营养源，水分输出也从湿地带走生物和非生物物质，输出营养。在物质循环过程中，由于湿地分解缓慢，形成有机物质堆积，养分积累，生产力高。

（三）生物多样性丰富

湿地类型的多样性和湿地分布地区的复杂性，为湿地生物提供了多种多样的生存环境。湿地被称为生态交错带，这种交错带的环境适合多种深水系统的生物，如藻类、底栖无脊椎动物、浮游生物的生存繁衍、适合厌氧基质和水的运动；同时湿地又拥有维管束植物，其结构与陆地系统植物相似。这些条件丰富了湿地生物多样性。据统计，中国湿地植物约101科，其中海岸带湿地生物约8200种，内陆湿地高等植物约1548种，高等动物1500多种（图8-1，见图版），还有多种微生物类群。湿地物种多样性携带着遗传基因多样性和生态多样性，构成了极为丰富的生物多样性。

综上所述，中国湿地具有类型多、面积大（6594万 hm^2）、分布广（全国32个省市、自治区、直辖市均有）、区域差异大、生物多样性丰富等特点。

五、湿地的功能

湿地是人类最重要的环境资本之一。湿地是人类生存的条件之一。湿地生态系统是自然界重要的生态系统之一，被称为"地球之肾"。其主要功能有以下7方面。

（一）调节水量，改良气候

鄱阳湖可积蓄江西省每年洪水量的1/3，干旱时向附近河流补给水。洞庭湖的"湖陆效应"改善了滨湖地区的气候。湖区的年平均空气相对湿度为81%，比环湖丘陵区高10%以上，冬季气温比周边地区高 $0.1 \sim 1.5℃$，极端最低气温比周边高 $1.8 \sim 4.6℃$，气温年较差和日较差均比周边地区小。

（二）提供丰富的动植物产品

湿地地区能量积累快。每平方米湿地每年可生产9g蛋白质，是陆地生态系统的3.5倍。$1hm^2$ 湿地1年可生产9000kg蛋白质。

我国的辽河三角洲和博斯腾湖地区是世界著名的芦苇产区，每年为人类提供大量的造纸原料，是人类文化传播的载体。

湄公河湿地，1981年创造了9000万美元的产值，提供了2000万人所需蛋白质的50% ～70%。

湿地是地球上最富生产力的生态系统之一。

（三）良好的珍稀动物栖息地

湿地适于多种生物生长、生存、繁衍。在中国湿地生活繁衍的鸟类 300 多种，约占全国鸟类总数的 1/3（图 9-1，见图版）。此外，还有甲壳类、鸟类、两栖类、爬行类、兽类和多种植物，可称为巨大的物种基因库。

（四）净化污水，提供水源

利用湿地处理污水，基建投资和运转费用都不高，效果不低于一般污水处理厂，对生化耗氧量（BOD）和总氮（N）去除率分别达 77.1% 和 85.9%。

水是人类不可缺少的生态要素。众多的沼泽、河流、湖泊、水库在储水、供水方面起着巨大的作用。

（五）提供能源和水运条件

我国的重要油田，大多分布在湿地区域，湿地中的泥炭可用于燃烧，湿地中的灌木、苔藓可作为薪柴。水电能源、潮汐能源有着巨大的开发潜力。

内河航运承担了 30% 的货运量。

（六）观光、旅游、娱乐功能

我国许多重要的风景旅游区分布在湿地区域。海水、沙滩、潮汐、水体、湿地动植物等都是重要的旅游资源，具有文化内涵、美学内涵和观赏、游憩、娱乐功能。

（七）提供科普教育和科学研究场所

湿地生态系统，多种多样的植物群落，对教育和科学研究有着不可替代的作用，是重要的实验材料和教研基地。例如，惠东的港口海龟国家级自然保护区已成为广东省、全国乃至全世界的海龟研究和科普教育基地。

如果细分，湿地功能还有防风、固沙、保护堤岸、消除和净化毒物和杂草、保留营养物质、防止盐水入侵等多种功能。

六、湿地的危害

任何事物都要一分为二看待，湿地如果保护不好，也会产生危害。

按照辩证法的观点，事物都具有两面性。湿地不仅有对人类社会、环境保护有着非常重要的积极作用，同时在另一些方面也存在着对人类对自然不利或有害的影响或作用。根据搜集到的研究报道，湿地的有害作用主要涉及 4 个方面。

（一）传播疾病

湖泊、池塘等水流相对静止的湿地，适合蚊、蝇、血吸虫等害虫、病菌的孳生，如果不能及时采取杀灭措施，可能成为一些疾病传播的温床和源地，如血吸虫和疟疾等。

（二）排放有害气体

在相对静止湿地中，由于水流夹带的有机物质在湿地中的富集、沉淀和逐渐分解，会不断释放出 CO_2、CH_4、N_2O、CO、H_2S 等气体，这些气体在大气层中的积累使大气温度升高，会对全球气候变化带来不利影响。国内外科学家使用 31 个复杂气候模式，对 6 种代表性温室气体排放情景下未来全球气候变化进行了预测。结果表明，全球平均地表气温到 2100 年将比 1990 年上升 1.4～5.8℃，全球平均海平面将比 1990 年上升 0.09～0.88m。

据 IPCC（政府间气候变化专门委员会，1995）对过去 100 年的海平面评估，认为上升了 18cm，预测认为 2090 年将上升 20cm，2100 年将上升 49cm。根据近 40 多年的资料分析，中国沿海海平面平均每年上升 1.4～2.0mm，与全球上升速率一致，由此将产生一些难以想象的后果[52]。

（三）恶化水质

湿地水体在不能与上下游过境水体及时交换时，湿地中富集的有机物质会加速湿地的富营养化过程，湿地中的生物会大量繁殖、死亡、腐烂和更新，湿地水体会受腐烂生物的影响而逐渐发生水质恶化，最终导致水体失去人畜饮用价值，或者逐渐导致湿地的消失。我国已有 2/3 的湖泊受到污染。1998 年调查显示，洞庭湖湖区内又工业污染源 1803 个，平均每个向洞庭湖中排放 3 亿～5 亿 t 污水。我国辽河、海河、淮河、黄河、松花江、珠江、长江等七大水系，有 63.1% 的河段水质失去了饮用水功能。

（四）水患压力

如前所述，湿地具有蓄洪防涝抗旱的功能，低洼地区的湿地，在上游洪水下泄时，可以通过自身对径流的容蓄能力，缓解对下游地区水患压力。但是，对于高出周围地区的湿地而言，如悬河、水库和地上湖等，当水量蓄积过量时，反而会对周边地区形成水患压力。

总之，湿地是重要的自然资源，它不但是多种动植物赖以生存的场所，也是人类生产、生活的重要资源和场所，随着人类物质需求的增加和活动空间的扩张，人类对各湿地资源的干预和作用的强度也在随之加大。因此，从上述意义看，依法加强湿地资源保护和合理利用管理，具有非常重要的现实意义和历史意义。

七、湿地面临的威胁

国家环境保护总局 2006 年 11 月，在第十一届世界生命湖泊大会上通报，近 50 年我国平均每年有近 20 个天然湖泊消亡，75% 的天然湖泊和人工湖泊出现富营养化，我国重要湿地有 30% 面临盲目开垦和改造威胁，24% 面临生物资源过度利用威胁，26% 面临环境污染威胁。

（一）湿地面积减少

据中国科学院遥感应用研究所监测结果显示：1978 年我国湿地面积为 309 297km^2，1978 ~ 1990 年减少 66 273km^2，1990 ~ 2000 年减少 28 475km^2，2000 ~ 2008 年减少 6652km^2。1990 ~ 2008 年湿地面积减少了 11.46% 。

素有"千湖之省"的湖北省现有湖泊面积仅为 20 世纪 50 年代的 34% ；面积大于 1km^2 的湖 20 世纪 50 年代有 522 个，现仅有 217 个，减少了一大半。

湖南的洞庭湖面积，1825 年 6270km^2，1949 年减为 4350km^2，2006 年再缩为 2625km^2，昔日烟波浩渺，气势磅礴的"八百里洞庭"已被"肢解"成东洞庭湖、西洞庭湖和南洞庭湖。

据广州 2012 年完成的湿地资源调查资料显示，湿地面积比 20 世纪 80 年代减少 3.7 ×10^{4}hm^2，红树林比建国初期减少 75% 。长江中下游部分地区围湖造田减少的湖泊面积，见表 9-3。

表 9-3　长江中下游部分地区围湖造田面积[83]

省或湖名称	围湖造田面积/hm^2
湖北	6 000
安徽	1 363
江苏	1 129
鄱阳湖	1 840
洞庭湖	1 659
合计	11 991

（二）湿地退化，持水能力下降，引发洪灾和旱灾

盲目地进行农用地开垦、围湖造田、围海造田、改变天然湿地用途，造成了天然湿

地面积消减、功能下降，湿地所具有的调蓄洪水、调节气候能力丧失，致使洪涝灾害加剧、区域环境呈恶化趋势。例如，湖北神农架大九湖湿地公园将湿地开垦为菜地；浙江千岛湖沿岸围湖造楼；江苏泰州沿海围海造田等。

（三）水质恶化

工业污水、塑料、杀虫剂、肥料及制药、造纸工业等是湿地水质改变的主要原因。中国湖泊普遍受到氮、磷等营养物质污染，富营养化严重。洞庭湖仅湖区内就有 1803 个污染源，年平均向湖中排放 3.5 亿 t 污水。

八、湿 地 资 源

湿地持续不断地为人类提供淡水、稻谷、鱼、虾、贝、藻、莲藕等多种物质，提供芦苇、木材等生产生活资料；湿地在调节洪水、调节气候、控制土壤侵蚀、保持海岸线、降解污染物、维护生物多样性和生态平衡方面有着其他生态系统不可代替的作用，由此创造的湿地文化也是其他文化难以替换的。

（一）湿地面积

全世界湿地约有 8.558 亿 km^2，约占世界陆地总面积的 6%。世界湿地多分布在北半球的欧亚大陆和北美的亚北极带、寒带和温带地区，南半球的湿地主要分布在热带和温带地区[52]，见表9-4。

表9-4　世界湿地分布[84]

地带	地区	湿地面积 / （×10^{8}km^2）	占陆地面积 / %
北极	湿润半湿润	0.200	2.5
寒带	湿润半湿润	2.558	11.0
亚寒带	湿润	0.539	7.3
	半湿润	0.342	4.2
	干旱	0.136	1.9
亚热带	湿润	1.077	17.2
	半湿润	0.629	7.6
	干旱	0.439	4.5
热带	湿润	2.317	8.7
	半湿润	0.221	1.4
	干旱	0.100	0.8
合计		8.558	6.4

中国湿地约占世界湿地的 10%，居亚洲第一位，世界第四位，中国的湿地从热带到寒带、从沿海到内陆、从平原到高原、山区均有分布，全国各省（直辖市、自治区）内均有湿地。详见表 9-5。

表 9-5 中国各省（直辖市、自治区）、地区湿地[84]

序号	省、地区	湿地面积/hm²	所占比例/%
1	青海	2 554 400	3.55
2	吉林	630 056	3.50
3	黑龙江	1 494 347	3.25
4	江苏、上海	164 763	1.56
5	西藏	1 866 235	1.56
6	山东	183 129	1.22
7	福建	122 268	1.01
8	辽宁	109 345	0.73
9	四川、重庆	386 699	0.69
10	河北、北京、天津	148 906	0.68
11	内蒙古	612 334	0.56
12	湖南	86 000	0.41
13	江西	61 000	0.38
14	新疆	585 514	0.37
15	广东	55 841	0.31
16	香港	300	0.28
17	台湾	9 837	0.27
18	广西	61 857	0.27
19	湖北	48 000	0.27
20	浙江	21 890	0.22
21	甘肃	84 849	0.22
22	陕西	38 500	0.20
23	海南	6 253	0.18
24	安徽	15 533	0.12
25	河南	13 950	0.09
26	云南	29 764	0.08
27	贵州	3 700	0.02
28	宁夏	1 000	0.02
29	山西	1 000	0.01
30	澳门	—	—

中国湿地面积为 7648.55×10⁴hm²，其中人工湿地约 4028.5×10⁴hm²（包括水库和稻田），天然湿地约 3600×10⁴hm²（包括沼泽、天然湖泊、潮间带滩涂、浅海水域）。我国湿地的类型及面积统计详见图 9-2[85]。

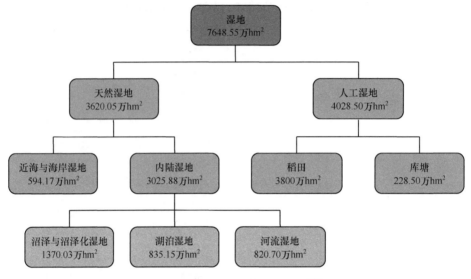

图 9-2　我国湿地的类型及面积[85]

第二次全国湿地资源调查（2009～2013 年）结果显示，目前全国湿地总面积为5360.26 万 hm²，湿地面积占国土面积的 5.58%[86]。按照全国水资源区划一级区统计，各领域面积列入表 9-6。

表 9-6　中国各流域湿地面积分布　　　　　　　　（单位：万 hm²）

流域名称	面积	流域名称	面积
西北诸河区	1652.78	黄河区	392.92
西南诸河区	210.81	东南诸河区	185.88
松花江区	928.07	珠江区	300.82
辽河区	192.20	长江区	945.68
淮河区	367.63	海河区	165.27

注：此表依据吴锋 2014 年发表在《中国林业》的文章《第二次全国湿地资源调查结果公布》整理。

（二）湿地物产

湿地既是生命的起源地，又是生命的栖息地，是人类赖以生存的家园。湿地中的物种仅次于森林，是世界湿地物种最丰富的地区之一。资料显示，全国海岸湿地生物约8200 种，内陆湿地中约有高等植物 2276 种，兽类 31 种、爬行类 122 种、两栖类 300种、鸟类 1040 种、鱼类 1040 种。湿地生物为人类提供大量食物。研究表明 1m² 湿地 1

年可生产 9g 蛋白质，1hm² 湿地 1 年可生产 90kg 蛋白质。我国辽河三角洲、博斯腾湖地区是世界著名的芦苇产区，为人类提供大量造纸原料。纸是人类文化的载体；蛋白质、淀粉、鱼虾及各种可以食用的湿地生物都是人类生存的必需品，是宝贵的物质财富。水是人类不可缺少的生命元素，众多的沼泽、河流、水库在输水、储水、供水方面起着巨大作用，保障了人类的生命安全。湖北省在历史上有"千湖之省"之称，湖北神农架林区内的大九湖亚高山湿地面积 9320hm²，境内分布着高等植物 145 科 474 属 984 种，苔藓植物 13 科 18 种；栖息着陆生脊椎动物 81 种，隶属 18 目 35 科 61 属；丰富的物种多样性携带着丰富的遗传基因和生态系统多样性，是全球 200 个重点生态区之一，是全球生态变化关注的热点；大九湖湿地还是我国南水北调的中线水源之一。浙江温州地区湿地面积 321 732hm²，有湿地高等植物 159 科 453 属 839 种，藻类植物 566 种；11 个植被类型 83 个群系；较为重要的湿地动物 89 目 397 科 1559 种；鸟类 14 目 34 科 185 种，其中列入《中日候鸟保护协定》的鸟类 100 种，列入《中澳候鸟保护协定》的鸟类 47 种。南麂列岛海域有贝类 403 种、藻类 174 种，被称为"贝藻王国"。温州湿地还是我国红树林分布的最北缘。湿地植物、动物、微生物等生物资源和水、港口、航道、土地、能源、矿物、景观、水乡古镇等非生物资源构成的湿地物质文化载体，蕴含着丰富的物质文化，是湿地文化和中华文化的重要组成部分。

位于内蒙古自治区的呼伦湖湿地，又称呼伦池、达赉湖，是华北最大的湿地，面积 3253km²。呼伦湖长 93km，平均宽度 32km，周长 447km，当水位在 545.33m 时，湖水面积 2339km²，平均水深 5.7m，最大水深 8m 左右，是中国北方最大的淡水湖，是一个吞吐性湖泊，西同俄罗斯石勒喀河与贝加尔湖相连，东与海拉尔河相通，西南有蒙古的克鲁伦河注入，南部通过乌尔逊河连接了中蒙界湖贝尔湖和中蒙界河哈拉哈河，吞吐沟连了 80 多条大小河流，总长 2375km，流域面积 37 万 km²，形成了一个无比庞大的流域系统，对维护我国北方和北半球的生态平衡有着重要的作用，是我国重要的生态屏障。1992 年建立达赉湖国家级自然保护区，1994 年与蒙古、俄罗斯建立跨国自然保护区——中俄蒙"CBR 达乌尔"国际自然保护区，2002 年 1 月被列入国际重要湿地名录，同年 11 月加入世界生物圈保护组织。

呼伦湖以"大、活、肥、洁"著称全国。"大"是湖水面积达 2339km²，为中国北方第一大湖；"活"是有乌逊河、克鲁伦河的注入，有达兰鄂罗木河的流出；"肥"是岸边牧草茂盛、畜群兴旺、牲畜粪便腐熟后顺雨水注入湖中成为天然饵料；"洁"是湖区及各河流基本无污染，是少有的一块净土。

呼伦湖是中国北方淡水渔业的摇篮，鱼类基因的宝库，经济鱼类的原种基地。有鱼类 5 目 8 科 33 种，年产量在万吨以上。湖中白虾年产量 3000t 左右。湖中有藻类 8 门 21 目 33 科 187 种。湿地中有野生植物 74 科 292 属 653 种，有浮游动物 59 种。湿地丰富的物质资源派生出丰富的物质文化。考古发现：旧石器中晚期，"达赉谱尔人"的头骨化石，证明一万多年前"达赉湖人"就在这里生存、繁衍并度过了漫长的岁月，创造了达赉湖文化^[87]。呼伦湖湿地是蒙古人种的发源地之一，是中华古老文化的发祥地之一。

第二节　湿地文化的存在形式

湿地由水、生物和土壤基质组成。

水是生命的源泉，是维持生态系统运转的要素，是地球所有生物赖以生存的基础。水维持了地球生态平衡。讨论湿地文化的重点之一是讨论水文化。

湿地面积大、类型多、分布广，全国从南到北、从东到西、从平原到高山均有湿地；不同地区、不同民族的生产生活方式千差万别，创造的湿地文化也千变万化，此处只能列其一、二加以阐述。

一、湿地物质文化

（一）大堤和围堰

大堤和围堰是湿地（图9-3，见图版）的重要物质。凡是江河渠道、港湾码头均筑有堤坝；湖库区的堤称圩、垸或围，是在近水地带修建环形堤防所构成的封闭的生产活动区域。洞庭湖区的居民大多居住在堤坝围成的圩（或称围垸）内。圩、堤上建有闸涵，圩区内设有排灌系统，长江三峡大坝、葛洲坝、都江堰的飞沙埝、鱼嘴、宝瓶口及全国各地大大小小的水利工程都离不开修堤筑坝，以保护水源。这些堤坝及堤坝内的水和其他物质，都是人类创造的物质财富、物质文明、物质文化，这些物质财富都成为重要的水体旅游资源，蕴含了丰富的湿地文化和历史文化。

（二）稻田和农具

稻田是湿地的组成部分，种植水稻是一种生产过程，可以看作行为文化，但其产品却是人类生活的重要物质，其生产工具和产品更应该是物质文化载体或物质文化。水稻生产历史悠久，《史记》载"楚地饭稻羹鱼"。湖南、湖北、广东、广西盛产水稻，古有"湖广收，天下足"和"鱼米之乡"的美誉。旧时，湖南种植水田多为三犁、三耙，即犁坂田、打中耙、耖扦脚，部分地区还有四犁四耙的，依次为犁田、整田、倒田、耙田。除春收作田外，冬至前要犁坂田，有水浸冻坯，无水冻坏。珍视种子，注重育秧，有"宁可饿断肠不能吃种粮"，"会做不如勤换种"，"会做田的坐一丘"，"秧好半截禾"的俗语。插秧称"插田"。插田的第一天下秧田扯秧，一般在凌晨，并放鞭炮，称"开秧田门"。插田习惯换工、雇工，田主称东家，插秧手称插田师傅，东家一般以腊肉，盐蛋款待，茶、烟、酒送到田间，俗称"插田酒，路上有"。有每工插田二斗的规矩，休息、吃饭由插田人安排，忌讳喊"吃饭"。"标秧师"下田开插，其他依次下田跟插，后下田的超过前者称盖被窝，败者避让胜者。传统农具中，水稻耕作有木制犁、耙、蒲滚及牛轭、铁制锄、铲、犁劈等；提排水工具有人力和牛拉的龙骨水车和木桶、粪桶、水瓢等；收割工具有禾镰、扮桶、扮折、扮刹、连枷、石滚等；稻麦加工有风车、碧、石碾、石墨、筛子等；油料加工有木榨；茶叶制作靠锅炒；棉花加工靠踏出籽机、弓弹、纺车、织机；运输工具有木质独轮车、板车、帆船、划子等；竹制的斗垫、簸箕、箩筐、背篓等。其他工具有菜刀、铡刀、柴刀、篾刀、斧头、锯子、谷仓、谷柜、黄桶、撮箕、蓝盘、晒垫、蓑衣、斗笠等。现在仅部分大山区，因坡陡、田窄、坵块小，无法使用现代机械的乡村还保留着传统的水稻种植技术，平原地区已采用机械耕种、机械收割，旧时的犁、耙、风车、石辗等农具进博物馆了。水稻种植技术跨入了新时期。

（三）捕鱼器具

人类的文化形态与自然生态环境息息相关，生活在北方大水域或南方水乡泽国的先民以渔为业，以鱼为食，在漫长的渔猎生活中创造了渔猎工具和渔猎文化。时至今日，仍旧"渔业极盛"。例如，呼伦湖的鱼、乌苏里江的鱼、舟山群岛的鱼、千岛湖的鱼、洞庭湖的鱼、耳海的鱼，全国各处的湿地都产鱼，各地的鱼种类繁多，捕鱼的工具就有上百种之多，可分为网、钓、杂具、箔筌四类。现时人们的捕鱼和垂钓工具种类更加繁多。

1）网具类：具有产量高、作业水域宽、作业时间长、机动性大、能捕捞各种水层鱼类的特点，主要有：撒网、丝网、圈网、拖网、万能网、架子网、三层刺网、猪婆网、麻网、稀大网、麻布网等。

2）钓具类：历史悠久，分布面广，较为普遍使用，主要有：挂钓、划钓、虾钓、黄枯钓、野鸡钓、奔钓、卡钓、它钓等。

3）杂具类：结构简单，渔法简便，多为兼农、副业的渔民所用，主要有：江鱼叉、灯叉、抓耙、蚌耙、白船、洗网、脚踏坑、手坑、虾篓子、野鸭枪等。

4）箔筌具：主要有迷魂阵、踩溜、花篮、缎络子、篆等。

捕鱼是一种生产活动，可视为行文文化，但捕鱼的工具和捕获的鱼，鱼的贮存、运输都离不开器具，更离不开人的劳动和创造，使得鱼和渔业成为物质文化和物质文化载体，并展现了中华民族的物质文明。

（四）舟船文化

船是湿地重要的交通运输工具之一，从古到今船的式样、种类、承载量、功能发生了巨大变化。船小到"草划子"、"班班船"，大到轮船、舰艇，都是湿地物质财富的重要组成部分；养殖的水禽，如白鸭、麻鸭、白鹅、鸬鹚等，也是湿地物质资源，其养殖技术是一种深厚的文化。湿地物质财富，是多种物质文化的载体。江、河、湖、海沿岸的灯塔及江河中的航标是为行船导航而设，杭州钱塘江边的六和塔，抚顺港边的玻璃塔，河岸边、湖岸边许许多多的各种塔，白昼目标显著，夜间燃灯，指引航向。旧时，小河岸边的船民还有更简便的导航方式。历代船民利用湖州、岸坡作为船舶航行辨别物，并于水流险要之地插杆立桩或筑台悬灯，作为航行标志。例如，清道光年间（1821 年），湖南汨罗河市黄方村父子捐款建磊石钟亭，另有义田数石，长年雇请一老人守亭，白天鸣钟，晚上燃灯，导引上、下行船者依灯循声前进。

二、湿地精神文化

水是生命之源，是所有地球生物赖以生存、发展的基础。水约占人体质量的64.7%，人体失水 10% 会出现脱水现象，失水 15% 就有生命危险，失水 20% ~30% 就会死亡。一个 70 岁的人，一生要饮用 6 万 kg 水。水不仅维持了地球生态平衡，支撑了生命存在；水还是文化的根基，文明的摇篮。

水，古往今来都是园林的重要元素之一，有"无水不成园、无树不成园、无石不成园"之说。春秋战国时期周文王的囿中就有灵池、灵沼水景；秦始皇在咸阳之东二十五里处引渭水为池；汉代引天然河湖之水筑池之风颇为盛行，尤其是皇家园林中的水池规模极为庞大；魏晋南北朝时期将汉代园林中理水的手法更向前推进一步，由于当时社会动乱，官僚士大夫阶层寄情山水，一时间造园成风，"取水月欢娱"成为达官贵人之雅好；唐代国力昌盛，园林中的水域面积更广阔，无论皇家园林或私家园林多以水景取胜；宋代徽宗亲自参与造园，其艮岳园"左山右水"，雁池"池水清澈涟漪、凫鹰浮游其面，栖息石间，不可胜计"，宋代人的乐水情趣，从西湖在盛大节日时"堤上无插足之地，湖上无行船之路"的语句中可见一斑；元代御苑的太液池，明代皇城东南隅的"东苑"、海淀李伟的私家园林"清华园"均以水景取胜；清代的西苑，水面积约占2/3，颐和园的昆明湖面积阔达 217hm^2；现代广东珠海修建的圆明新园，将西洋水法与中国的建筑装饰巧妙结合，北京国家大剧院旁的"双星抱月"，国家游泳中心"水立方"，各大中城市中的人工动态水景，如瀑布、叠水、水帘、溢流、溪流、旋流、水涛及各式各样的音乐喷泉等人工动态水景不胜枚举。水在园林中的利用史反映了科学技术的进步历程，蕴藏着水文化的丰富内涵。

水是生命的源泉，是湿地的重要元素。水的精神是湿地精神文化的主体和核心。水的精神文化主要表现在自强不息、无私奉献、胸怀宽广等方面。

自古四川先民称岷江为"孽龙"，水患无穷。春秋战国时期，李冰父子根据特殊的地理环境、水流态势，度势建堰，巧妙地利用"凸岸排沙"、"凹岸取水"原理，以"鱼嘴"分沙分流、筑"飞沙堰"泄洪排沙、凿"宝瓶口"限洪引水，三项工程浑然一体，协调运行，实现了引水灌溉、分洪减灾、排沙防淤、变害为利的目标，成就了人类科学治水的光辉典范，都江堰于 2000 年被列为世界文化遗产。

大禹是中华民族的始祖之一，大禹面对洪水泛滥天下的危局，勇敢地担当起治水的重任，为了治水，他"劳身焦思，闻乐不听，过门不入，冠桂不顾，履遗不蹋"（《吴越春秋》）。大禹把自己的全部身心都奉献给了治水事业。大禹治水成功，使中华民族得以生存繁衍，大禹治水行为体现了他对民族、对国家的无限忠诚，体现了他的无私奉献精神。大禹治水的奉献精神铸就了中华民族精神文化的基石，成为奉献精神的典范。

《晋书·祖狄传》中的"中流击楫"典故是说东晋将军祖狄慷慨激昂地用佩剑敲打着船桨对江发誓："祖狄不能平定中原而复济者，有如大江。"其意思是这次我如果不能平定中原，驱除敌寇，就不再过这条大江。祖狄借用江水表达他以身奉献祖国，报效国家的豪情壮志。

民族英雄文天祥写下的《过零丁洋》千古诗句：

辛苦遭逢起一经，干戈寥落四周星。

山河破碎风飘絮，身世浮沉雨打萍。

惶恐滩头说惶恐，零丁洋里叹零丁。

人生自古谁无死，留取丹心照汗青。

他用随风飘浮的花絮，形容当时破碎的政局，用"雨打萍"形容自己沉浮的身世，用"惶恐滩头说惶恐"表达自己为国家安危惶恐不安的心情，用"零丁洋里叹零丁"叹惜自己孤苦飘零的处境，最后文天祥面对大海留下了"人生自古谁无死，留取丹心照汗青"这一充满豪情壮志的爱国主义奉献精神的千古绝句。

古人如此，现代人又何尝不是呢！1998 年，我国长江流域、松花江和嫩江流域洪水泛滥，国家财产、民族安危遭到威胁时，军民团结，万众一心，不怕牺牲，顽强抗洪的英雄行为，集中体现了现代人的无私奉献精神，勇敢无畏、英勇顽强的拼搏精神。

老子在《道德经·八章》中用 7 个善字说明他"上善若水"的内涵。"上善"说水是象征最善良、最美好、最具高尚品德的人。老子将水人格化了。老子的"上善"有 7 个寓意，一是"居，善地"，即居住要像水一样，向深渊、大谷、海洋流去，这启示人们只有植根民众之中，才是个人安身立命的地方；二是"心，善渊"，即心胸要像大海一样，包容；三是"与，善仁"，即待人要像水一样真诚、仁爱，君子之交淡如水由此而来；四是"言，善信"，即说话要像水一样，恪守信用；五是"政，善治"，即为政要像水一样，从善如流，善于治理；六是"事，善能"，即做事要像水一样，尽自己最大的努力去做善利万物的事；七是"动，善射"，即行动要像水一样，善于把握时机。

孔子爱观赏大水，说水好比君子有十一个方面的高尚品德：一是无私、二是仁爱、三是规矩、四是智慧、五是勇敢、六是明察、七是坚贞、八是善教、九是公正、十是准确、十一是坚定。老子、孔子都用水的品格教育后人，孔子有句名言："仁者乐山，智者乐水"，后一句的意思是人应该像水一样具备运动、快乐、不惑、知人、好学、善言等品格。水给人生的启迪是积极的、充实的、丰富多彩的。宋代朱熹在《四书集注》中对"智者乐水"的解释为"智行达于事理而周流无滞，有似于水，故乐水。"意思是说：水是奔流不息的，不断吸取纳新，比喻人要像水一样不懈的学习，不断获取新知识，不断地寻求真理才能通达事理。朱熹曰：

半亩方塘一鉴开，天光云影共徘徊。

问渠哪得清如许，为有源头活水来。

诗中寓意为：池塘之水之所以能清澈见底是因有源头活水，以此启迪人要努力学习，不断用新知识充实自己，才能拥有智慧。

老子说："天下之水莫柔于水，而攻坚强者莫之能胜，以其无以易之。弱之胜强，柔之胜刚，天下莫不知，莫能行。"意思是水性之柔，却无坚不摧。"滴水穿石"就是水以柔克刚的典型事例，湖北兴山县当阳河的支流黑水河上有座由流水冲刷、撞击岩石而形成的石桥，名天生桥，是一处难得的自然景观。说它是座桥，其实是一座底部被急流奔腾的水长年猛烈冲击而掏空的崖山，是一处水无坚不摧的例证。古人用"滴水穿石"启迪人们做事要有坚定不移、坚忍不拔的精神。

水有灵气，能给人感悟和启迪，以水示喻中华民族的崇高精神，是人们以水为载体创造的精神财富的精华。水文化精神是湿地精神文化的精髓。

湿地是由水、土壤、生物构成的，湿地精神文化包括了森林文化、草原文化、水文化等多种文化的内容；鉴于森林文化和草原文化已有专述，此处予以省略。湿地精神文化可概括为：奉献精神、厚德精神、坚定精神、包容精神、公平精神、廉洁精神、明察精神、担当精神、求知精神、仁爱精神等。

三、湿地制度文化

湿地制度文化与湿地保护利用、管理密切相关。湿地制度文化源于人们的生产生活、信仰和习惯。习惯是人在长期社会生活中形成的，为人类群体普遍认可和反复实践的，具有一定社会强制力的行为规则。

"习惯法"是指国家"认可"并赋予法律效力的习惯，人们自觉遵守，具有较强的稳定性。我国古代法律很多源于习惯法。

湿地是水、土壤、生物三要素的有机结合。水是生命之源，古代蒙古牧民崇敬天神、地神、山神、水神，崇拜82尊水神，包括49尊泉水神、33尊湖泊神；忌讳择居于湖、泊之北，忌讳择居于沟，忌讳让牲畜饮用脏水；在蒙古习惯法中有"禁止向水中溺尿"、"禁止徒手汲水"、"禁止在水中洗涤"、"禁止在河湖洗破衣裳"等许多规定。湖南的土家族人敬奉水神，在许多沿湖沿江、沿河村寨建有癸神庙、杨泗庙供奉水神。

中国的第一部有关湿地的法规是唐代制定的《水部式》，最早以法规形式记载了水利管理制度。《水部式》被法国人伯希和盗走，现藏于法国巴黎的国立图书馆。

公元 1069 年，王安石就任北宋王朝参知政事，提出变法主张，当年 11 月 13 日颁布的《农田水利约束》中，设立三司条例司等就是王安石当时的变法主张之一。《农田水利约束》当时又称《农田利害条约》。

公元 1202 年，金朝政府颁布《河防令》，这是一部专门的防洪法规。

新中国成立后，我国先后颁布实施了一系列有关湿地制度的法律、法规和条例。

进入现代社会，湿地的保护、利用、管理已经步入了法制化建设。《湿地公约》是湿地保护的国际法律，揭开了人类保护湿地的新篇章，中国 1992 年 7 月 31 日正式加入《湿地公约》，中国的湿地保护纳入了国际轨道。中国政府十分重视湿地保护与恢复，先后制定了 15 部与湿地有关的法律法规；18 部与湿地有关的行政条例。举例如下。

（一）与湿地有关的政策法律

1985 年《中华人民共和国草原法》。

1989 年《中华人民共和国环境保护法》。

1996 年《中华人民共和国枪支管理法》。

1998 年《中华人民共和国森林法》。

1999 年《中华人民共和国海洋环境保护法》。

2002 年《中华人民共和国水法》。

2004 年《中华人民共和国野生动物保护法》。

2004 年《中华人民共和国渔业法》。

2008 年《中华人民共和国水污染防治法》。

2010 年《中华人民共和国水土保持法》等。

（二）与湿地有关的行政条例

1985 年《风景名胜区管理暂行条例》。

1990 年《中华人民共和国海洋石油勘探开发环境保护管理条例》。

1990 年《中华人民共和国防治船舶污染海域管理条例》。

1992 年《中华人民共和国陆生野生动物保护实施条例》。

1993 年《中华人民共和国水生野生动物保护实施条例》。

1994 年《中华人民共和国基本农田保护法》。

1994 年《中华人民共和国自然保护区条例》等。

各级地方政府还颁布过许多相应的条例和实施办法，使湿地依法管理和保护迈出了重要一步。

（三）　乡规民约制度文化

各行各业正常运营都有各自的规章制度、管理办法，统称"行规"。例如，重庆称挑夫为"棒棒"，棒棒有自己的规矩。湖南汨罗称挑夫为"箩脚子"，管理"箩脚子"的组织称"箩行"。

旧时，汨罗的水路运输业甚为发达。货物要装船、起坡，全赖肩挑。因此便出现了以搬运谋生的箩行这种苦力组织。一担箩为一股，买了这担箩称"箩老板"。箩老板可将箩又卖出去，只要立有字据，通知箩行即可。挑箩卖苦力者称"箩脚子"。箩老板不一定挑箩，不挑箩者又称"贩箩"。箩行里的首领称"箩头"，从箩脚子中间选举，报请商会同意后才能管事。箩头除负责与商会方面协商力资的定价、与商家接洽业务之外，还要分派劳力，去现场记录箩脚子的出勤情况。箩行里面设有一名管钱的会计，也由箩脚子产生。箩行的分配方法是：箩头按当日箩行的收入（箩头本人也计入出勤人数）计酬。箩脚子则在剩余的钱中按"签子"计酬。箩脚子每日所得，还要交出两成，其中零点六成作为公积金，一点四成归箩老板。其中汨罗新市的挑夫抬棺材出丧，在旧时很有名气。他们行走平稳，龙杠前的龙头左右摆动，栩栩如生，走田坳不下水，走小路不踩草，过七寸宽的小木桥不失足。因此，外地有钱人举行丧礼，也有到新市请这班"八抬"的箩脚子[88]。

箩行的规矩极为严格。箩行规定，箩脚子不许在街上借东西，更不许拿客商的货物，给客商挑芝麻豆子，挑到最后，萝里一粒也不许沾，必须打得干干净净，还得给东家看一看。如果发现谁在搬运过程中拿货主的东西，当晚收工时由箩头宣布取消挑箩资格，称"挂箩"，还要你自己买一挂鞭子当众在靖江庙门前燃放。箩行里的人不许相互争吵，倘若发生口角，当天就得讲和，不然也得"挂箩"。由于箩行里面规矩好，商人们对箩脚子从来不存戒心。当时还有这样的规矩，凡十担货以下起坡的，货主可以自家装运，十担①以上的，则非请箩不可。如挑粮米上坡，若店主在船，则解桶烫平与否与脚箩子无关；若店主不在，则解桶量米谷则必须由箩脚子负责烫平，挑物过程中损失了货物，完全由箩行负责赔偿。

明清时期，以湖南汨罗为首修建的塘、陂、堰、坝称塘长、坝长。民国时期称首

---

① 　1 担 = 50kg

士，多由族长、绅士等把持。1937 年，公布核发轮船通行证书办法，分定期和不定期（含临时）两种轮船通行证，排水量为百石①左右的民船分别由县水警局登记，报省建设厅备案。近年来，汨罗江上的乱采滥挖给汨罗江的生态和渔业资源造成严重影响，也给河势稳定、防洪工程及航运交通安全构成很大威胁。面对如此情况，汨罗市决定自2009 年 1 月 1 日起，对属汨罗城区饮用水源保护区的汨罗江老新市大桥上游 200m 至南渡桥下游 500m 河段，全线禁采。其余河段离大堤浸脚 50m 和大桥、渡口上下游各200m 范围以内禁采。非禁采区在防汛期间防汛指挥部指令停止采挖砂石的时段，所有采砂船只必须无条件服从指令，停靠指定地点，停止作业。同时，对禁采区外其余河段的砂石资源采矿权，按照公开公正、限量开采的原则，实行招标拍挂。中标船只必须严格履行合同规定的义务，不得超范围、超限量、超时间开采，不得形成新的尾堆，不得借采沙之名行淘金之实。

（四）地方政府的湿地保护法律与政策

《湖南省湿地保护条例》于 2005 年 7 月 30 日经湖南省第十届人民代表大会常务委员会第十六次会议通过，于 2005 年 10 月 1 日起施行。该条例规定了保护优先、重点突出、合理利用、持续发展的湿地保护原则，确立了林业行政主管部门综合协调，农（渔）业、水利、国土资源、环境保护等行政主管部门分部门实施的湿地管理体制。

2008 年 11 月 14 日，汨罗市人民代表大会常务委员会通过《关于保护汨罗江保卫母亲河的决议》，决定采取以下举措。

1）实施科学禁采划定禁采区；规定禁采期。

2）加大建设力度，加大工业企业环保能力建设；加快兴建城市污水处理厂；筹建汨罗江拦河大坝；高标准衬砌两岸大堤。

3）加强综合整治关闭禁采河段两岸砂石场；规范砂卵石运输秩序；治理生活垃圾和建筑渣土污染；加大规划执法力度。

该决议的通过，将对汨罗江保护产生深远影响。

四、湿地行为文化

行为文化与精神文化密切相关。精神需求产生实践行为，并创造出行为文化。

（一）政府的行为文化

政府的湿地行为文化首先表现在制定政策、法律、法规和管理条例，组织湿地调

---

① 1 石 = 100L

查、检测与规划、组织和监督规划的实施等；其次是筹备资金，开展湿地建设、湿地保护、湿地科学研究工作；再次是为湿地培养人才，加强湿地教育宣传、弘扬湿地文化。例如，国家林业局在湿地文化方面做了大量工作，取得的主要成就如下。

稳步推进湿地立法、政策研究和标准制定工作，于 2008 年制定《中华人民共和国湿地保护条例》，并报国务院审批颁布；全国有 8 个省（自治区、直辖市）完成地方湿地立法；开展了湿地重大政策研究工作，启动了湿地生态补水机制研究、湿地生态效益补偿研究；推进湿地保护恢复技术标准研究；出台了部分省区的湿地公园管理条例；争取中央财政资金，开展湿地工程项目建设，至 2008 年中央投给湿地建设的资金累计达 8 亿元；国务院明确由国家林业局组织、协调、督导和监督全国湿地保护工作，至 2008 年全国有 14 个省（直辖市、自治区）建立了湿地保护管理机构；至 2010 年年底，全国已建立湿地自然保护区 550 多处，保护面积达 1800 万 hm^2，开展 100 多处国家湿地公园的试点和建设；加强湿地宣教培训工作，扩大湿地在社会的影响，建立网站，组织了 1000 多名信息员队伍；举办了 2008 年世界湿地日大型庆祝活动；以"健康的湿地、健康的人类"为主题的摄影展吸引了 2 万多人参观；2008 年的"环保使者行动"有 500 多名大学生参加。

此外，至 2010 年年底水利部在全国批建了 423 处水利风景区；由中国住房和城乡建设部在全国批建了 41 处国家城市湿地公园。

国家各部委、各省（直辖市、自治区）地方政府除了上述湿地文化行为外，还支持和倡导开展湿地旅游，使湿地文化更加丰富多彩。

湖南常德是一座水资源十分丰富的中等城市。据《武陵区志》统计：全区土地总面积 24 949.1hm^2，其中水域面积 8760.7hm^2，占总面积的 35.5%。境内大小河流 8 条，最大的一条沅江发源于贵州，从河洑入境将城市分成南北两个自然区，南岸称"前河"，与桃花源风景名胜区毗邻，北岸称"后河"，是市政府所在地，是常德的政治、经济、文化中心。境内的湖泊、沟渠、港湾、塘堰、水井、泉眼众多，编织成一张绿莹莹、水灵灵的水系网络，其中柳叶湖风景旅游区称为"中国城市第一湖"。常德，城在水上，水在城里。今年，常德又在打造数字水、文化水、低碳水、生态水、干净水、流动水，大大提升了水文化品牌[89]。

在古代，除了夏禹治水、李冰父子修都江堰等许多湿地文化行为之外，有些地方官员还带领百姓祈雨。例如，明嘉靖二十三年（公元 1544 年）春，浙江温州春旱无雨，民间田未插完，乡民盼雨甚切。"五月初六，知府洪守垣祈雨无应。"五月十三日，洪知府将郡城内外寺庙供奉的 60 位神像移到府前。依次序拜祭龙母，十四日返神于各庙。十五日、十六日俱小雨。洪知府再令迎甲午年龙母，十七日晚大雷雨，十八日、十九日连雨，二十日返龙母于苍山[90]。

在生产力低下的古代，洪守坦知府急民所急，带领百姓敬神祈雨的故事虽然愚昧却很感人。现代科学技术发达，国家领导人重视水利和水文化，正以"献身、负责、求实"的精神，努力建设水利和水文化。水是一把双刃剑，处理好了，人水和谐、国泰民安；处理不好，水如猛兽，吞噬生命、污染环境、摧毁房屋、破坏庄稼、危害健康。因此，我们每个人在饮水、用水时，都要爱水、惜水、节水，时刻注意培养自身的生态道德。

（二）湿地龙舟文化

龙舟文化是以龙为主题的文化。人们将龙的形象再现于舟上，称为龙舟。龙舟文化中的龙舟竞渡（图 8-4，见图版）至今已有 2000 多年的历史，是我国各族人民喜爱的一种水上体育娱乐活动。

我国的龙舟分为供游玩用的龙舟和供竞赛用的龙舟两种类型。古代游玩类的龙舟又分为两种：一种主要供帝王们或民间贵族用的游玩之舟，另一种是民间节日用于游玩的龙舟。贵族的龙舟平日还作为豪华的赏玩运输工具，汉代乐府诗句中称"青雀白鹄舫，四角龙子幡，婀娜随风转。"隋朝杜宝的《大业杂记》所记最详："其龙舟高四十五尺，阔四十五尺，长二百尺。"船行时两岸需 320 人拉纤，其后还有数以百计的龙舟随从，每条龙舟均雕制龙头，用彩锦作帆樯，连绵 5km。隋炀帝乘龙舟游扬州时吟《泛龙舟》诗一首：

> 舳舻千里泛归舟，言旋旧镇下扬州。
> 借问扬州在何处，淮南江北海西头。
> 六辔聊停御百丈，暂罢开山歌棹讴。
> 讵似江东掌间地，独自称言鉴里游。

元代最后一位皇帝元顺帝是一位制作龙舟的能手，据《元史·顺帝记》记载：至元十四年（公元 1354 年），他在内苑造龙船，自己做的样船"首尾长一百二十尺，广三十尺，前瓦帘棚、穿廊、两暖阁，后吾殿楼子，龙身并殿宇用五彩金妆。前有两爪，上用水手二十四人，身衣紫衫、金荔枝带、四带头巾，于船两旁下各执篙一。"这条船游动时竟然"其龙首眼口爪尾皆动"，可见其机械传动部位的灵巧和元顺帝的聪颖。

在苏州、杭州、南京、福州等地有一类极为豪华而又载有歌舞、戏剧、吹打弹唱演职人员的龙舟。往昔的江苏镇江有一种特技龙舟，舟上划手不多，以水上杂技如船上荡秋千、跳水、水底寻物、负重跳水等活动为主。明代张岱的《陶庵梦忆》中写的"金山竞渡"就是这类龙舟。古代瓜洲龙舟的文化含义更为深刻：刻画龙头尾，取其怒；旁坐 20 人，持大楫，取其悍；中用彩篷，前后旌幢彩伞，取其绚；幢钲、挝鼓，取其节；艄后列军器一架，取其锷；龙头上一人倒置其上，取其危；龙尾拴一小儿，取其险。湖南、湖北、江西靠水居住的小孩，常在端午节用蓼叶或纸片扎成"龙船"到水边嬉戏，称为"放龙船"，据考证，这已有 500 多年历史。

关于龙舟起源的说法各地不一。浙江认为龙舟竞渡是为纪念和再现当年越王勾践操练水兵的情景；《荆楚岁时记》中认为龙舟竞渡是起源于吴国人对伍子胥的怀念；湘、鄂、川、黔四省相传龙舟竞渡是为了纪念东汉名将马援扫平"蛮酋"，统一中国；云南大理白族关于龙舟竞渡的起源有两种说法，一说是为纪念坚贞不屈、跳洱海自杀的柏洁夫人，另一说是纪念为民除害而献身的英雄段赤诚；闻一多先生在他的《端午考》与《端午的历史教育》论文中认为，古代的越民族以龙为图腾是为表示他们是"龙子"，借以巩固本身的被保护权，每年五月初五举行一次盛大图腾祭，其中有一项活动是在急鼓声中刻画成龙形的独木舟，在水上做竞渡游戏，绘图腾为神，也给自己取乐，这便是龙舟竞渡的由来。

湖南的龙舟竞渡与伟人屈原有关。最早记载端午龙舟竞渡与屈原有关的书是南朝梁人宗懔的《荆楚岁时记》和吴均的《续齐谐记》。《荆楚岁时记》载："五月五日竞渡，俗为屈原投汨罗江，伤其死，故并命舟楫以拯之……"，吴均在《续齐谐记》中称："楚大夫屈原遭谗不用，是日投汨罗江死，楚人哀之，乃以舟楫拯救。端午竞渡乃遗俗也。"荆楚地区在端午节以龙舟竞渡的形式纪念屈原的风俗开始只在楚地流行；唐朝开始在四川等地流行；明清时期在国内东起沪杭，西至云贵，北自黑龙江，南至闽台，端午的龙舟竞渡纪念屈原的风俗迅速遍及全国，达到"天下无舟不竞渡"的程度。在国外，日本、越南、泰国及东南亚各地，及太平洋上的一些岛国，都兴起了龙舟竞渡，形成了一个广大的龙舟文化圈。1984 年，国家体育运动委员会决定将龙舟列为正式体育比赛项目，并制定了龙舟赛规则，把全国性龙舟赛定名为"屈原杯"龙舟赛。1991 年岳阳举办汨罗江国际龙舟赛，参赛的有 26 个国家和地区的 700 多名运动员。1992 年岳阳举办的汨罗江国际龙舟赛期间，贸易成交额达 9 亿多元。现在龙舟赛已成为水上旅游项目，在旅游区随时可以进行。由湿地龙舟文化衍生出湿地商业文化。

1. 造龙舟

造龙舟是湿地行为文化的重要象征之一。湖南汨罗的龙舟多以自然村或姓氏家族为单位打造，一般是在农历四月中旬即开始。造舟前，大家公举出 2～5 位德高望重的人组成龙舟会，其经费都由村民们自愿募捐。造舟场地一般选在祠堂的大厅或临时搭建的工棚，四周围得严严实实，不准女人和小孩接近，因为小孩口无遮拦，恐说出不吉利的话。择吉日开工时，在一张小方桌上摆香烛，一阵鞭炮过后，"掌墨师"（即主木匠师傅）拿公鸡一只，割鸡冠血抹在筋木上，念一大段祭词。祭祀之后，掌墨师砍下第一斧谓之"发木"，造船工程正式开始。雕龙头则在另一间屋内进行，闲杂人等不得擅入，雕成后请老匠人"开光"（点睛），也要举行隆重的祭龙头仪式，谓之"关头"，然后日日香烛供奉，龙舟制作完工的当天晚上，举行"亮舟"仪式。于龙舟前设香案，在龙舟及周边不同方位放总共 99 盏灯，以灯的不同盏数示吉祥。例如，龙头上点 5

盏灯，象征5龙捧圣。龙舟凤尾上放3盏灯，象征天、地、人。之后还要大摆筵席（俗称龙舟宴）以示庆贺方能下水。

龙舟下水以后，便在汨罗江上划来划去，既是娱乐也是操练。沿江如有此条龙舟所在地的亲朋好友，其亲友必备上香烟、酒、红绸、鞭炮，将红绸系在竹竿上，来到江边，举起竹竿一边摇晃一边呼喊本族龙舟，并燃放鞭炮。被呼喊的龙舟则奋力划向岸边，待龙舟靠岸后，岸上持盘者面对龙舟念一段赞词。龙舟上的头领（一般是舵手）上岸，接过礼品互换位置回诵一段赞词，仪式告毕。然后将红绸系于龙角上。

2. 朝庙

农历五月初四前，汨罗江两岸的龙舟都要陆续划到屈子祠所在的玉笥山下江边，由头领扛着龙头，划手们扛着桨片，排着整齐的队伍，敲锣打鼓来到屈子祠内屈原神像前，将龙头放到香案上，摆上供品，净手正冠，敲钟擂鼓，管弦同奏，铳炮齐鸣。主祭者长袍诵祭文，展祭联、器乐二引，香、果、酒二献，众人叩首，反复二次，是为二跪九叩。因屈子祠古称汨罗庙，故其仪式称"朝庙"，众人绕神一周，朝庙实际是祭祀屈原。仪式结束，为首者扛起龙头，五沉五浮，谓之给龙头洗澡。站在两边的划手齐唱："端午竞渡吉祥歌，汨罗江里龙舟梭。屈原本是神仙辈，大显神威保河山。哟"。再把龙头安上船首，就可以参加竞渡了。

3. 扯龙须

龙头的胡须一般用苎麻染色制成，在龙头朝庙完或抢红靠岸的瞬间，观众中有眼明手快者，扯下一两根龙须系在小孩的手腕上，俗信可保小孩一年平安。

4. 竞渡

众龙舟在江面上悠闲地划着，当两船划至并列的位置时，往往一条船上的人就向另一条船上的人发出挑战："拼一船好哦"，另一条船上的人当然不示弱，应声"好"，随着一声刺耳的令哨，锣鼓大震，前后各四位划手立即将"挠子"扦入水中拼力划起来（非竞赛时前后各四挠将挠子立于胸前，随船俯仰），顿时江面上水花飞溅。两船相拼必有输赢，有时快者还从慢者的船头包抄过去，谓之"包头"，这是竞渡之大忌，往往因此引发械斗。划输的船发誓来年一定要划赢，到了第二年他们早早地重新造船，早早地操练，抛田荒地也在所不惜，因此汨罗江畔流行"宁可种输一年田，不能划输一年船"的说法。划赢的一方要大摆筵席，搭台唱戏以示庆贺。

5. 草划子竞渡

汨罗江一带的村民们每到春天都要到洞庭湖的湖洲上打青草，用一种狭长的小船运回来沤到田里作肥料，这种小船就称"草划子"（就是平时捕鱼的鱼划子）。造不起龙舟的地方，年轻人又想热闹，便用这种草划子中间竖起将军柱，系上缆绳，挂上彩旗，用桨作"招"（即舵），钉上几把挠子，也敲锣打鼓地划起来。他们不与正规的龙舟竞赛，只与草划子竞赛或自娱自乐。

6. 收龙舟

相传屈原在农历五月初五投江，五月十五才打捞上来，故此汨罗江一带的乡民在五月十五还要举行一次龙舟竞赛，名曰过"大端阳"。过完大端阳才将龙舟洗净，燃放鞭炮，点上香烛，祭祀一番再收起来，意为"谢龙"。公举一户大家都信得过的人家，恭恭敬敬将龙头送到他家楼上，安放在事先准备好的小方桌上。这户人家要负责在每月的初一、十五给龙头燃烛、上香，直到来年端午节。

龙舟赛虽然十分喜庆热烈，但操之不当，也藏隐患。据《明代温州民俗文化》记载："自城市以达都鄙，里社丛祠各置龙舟。每邻端午，好事者先捐私囊，或创或修。竞渡之日，遍掠祭户以及祭户之姻亲而补己所费。聚众鼓噪，间事劫夺者有之。为之姻亲者，往往质当待索，罔敢或迟。及其斗胜夺彩，少有不平，鼓枻相击，损伤肢体甚至殒命者有之。构隙兴讼，伤财害民，孰有逾于斯哉"[90]。由此可见，传统龙舟文化也有其消极影响。

（三）端午文化

1. 包粽子

农历五月初五是中国传统的端午节，包粽子、吃粽子是中华民族的传统习俗。由于中国地域辽阔、民族众多、文化丰富，同一个端午节习俗，同一种粽子文化，在不同地区不同民族的表现形式迥然不同。例如，贵州省黄平县谷陇镇大寨村的苗族同胞，对粽子的做法就有几种。其中一种称为"灰粑粑"，将糯米、红豆洗净浸泡好，将稻草烧成灰，加少许在浸泡好的糯米红豆内，拌匀，用清洗干净的新鲜竹叶包成大小适中的枕头形。五月初四上午采粽叶，下午包，晚上煮熟。5~10 个一串扎好晾掛，有小孩的家庭还用小竹竿当扁担，一头挂一个装点得五彩缤纷的枕头粽，端午节早上孩子们穿上最漂亮的衣服，挑着最美丽的粽子，成群结队地唱着儿歌在村寨里绕几圈，这是孩子们在端午节最盼望、最高兴的事情，也是村寨里一道亮丽的风景，是苗寨庆祝端午节的序曲。端午的晚餐，亲朋好友聚在一起，喝酒，吃"灰粑粑"、鸡肉稀饭、酸汤鱼，节日气氛非常浓烈。丹迪的苗家还有一个习俗，端午节这天出了嫁的女儿要回娘家过节，婆家要给媳妇包"背娃粽"。"背娃粽"由大小不同的粽子组成，大粽子后面梆个稍小粽子，表示爸爸背个大娃娃；另一个大粽子后面梆个更小的粽子，表示妈妈背个小娃娃。背娃粽包好后，还要穿上草裙、服饰、头饰、银饰等多种饰物。用一根竹签将两个背娃粽串在一起，以示爸爸妈妈相亲相爱永远在一起。苗家人用背娃粽祈求人丁兴旺，多子多福。

无锡人口味偏甜，无锡的白米粽做法是将芦苇叶洗净。糯米搓洗干净不浸泡，即洗即包成三角形，煮3~5h，再焖2~3h。吃的时候醮点白糖，白米粽香甜可口，堪称一绝。有一位叫惠淑君的地道无锡人，在无锡生活了60年，终年包粽子卖，她包的白米粽远近闻名，供不应求。

嘉兴，距无锡不过100里，可粽子的口味决然不同。嘉兴的鲜肉粽，口味偏咸。其做法是用酱油浸泡糯米，拌匀，鲜肉切成块，用耗油、香油、酱油拌匀，包成三角形，边包边加入肉块，用绳子扎紧，放入锅中，先用旺火煮2h，再用文火焖3h。吃起来，香滋滋、油津津、口感诱人，嘉兴的鲜肉粽闻名全国。

广东的粽子与众不同，一般用当地的多年生草本植物的叶——冬叶或芭蕉叶来包粽子，糯米里还包有鲜肉、莲蓉、豆沙、板栗等馅料，形状像埃及的金字塔，边煮边加开水，个头大，称千里粽王。广东人称粽子为裹蒸，尤以肇庆"裹香皇"老字号用鼎湖纯净山水秘制的传统粽最负盛名。

辽宁丹东宽甸的鲅鱼粽更有特色，用大黄米、芸豆为主料，用芦苇叶包成三角形，将新鲜鲅鱼切成片加盐拌匀，包在主料当中，煮熟食用。鲅鱼肉鲜美，但鲅鱼难捕，为了端午包粽子，家里人划着小船，船头挂着灯笼在雾气弥漫的鸭绿江捕捞鲅鱼，成为江上一景。宽甸过端午还有一种独特习俗：家家户户大门中央挂一个布隅小猴，称"挂门猴"。原因是端午节到天气转热，民间认为此时蛇、蝎、蜈蚣等五毒醒、不安宁，猴王孙悟空能斩妖除魔，"门猴"意为有猴王孙悟空守门拒五毒、保平安。宽甸人认为五色吉祥，家家的小媳妇端午节清早都会悄悄在丈夫左脚腕上系一圈五色线，以求保平安。小孩子的手臂、手腕上会被系卜许多圈五色线。

湖南汨罗屈子祠畔的获湖村，端午节粽子又有另一种特色，竹叶采回后用开水浸泡十几分钟后再清洗净，用上好的糯米反复搓洗，使其洁白无瑕，粒粒晶莹如玉，加些食用碱面拌匀，糯米粒粒变为淡黄色，叠好的竹叶先装些糯米用筷子压紧，中间放腊肉和蜜枣，再加一些糯米扎紧，这种碱水粽煮熟后解开粽叶，黄澄澄、亮晶晶、香喷喷，特别诱人。

江西南昌人口味重，喜吃咸，糯米洗净后加适量酱油拌匀，粽子中间加鲜肉和板栗，包粽子能手黎翡女士说："肉和板栗一定要放在每个粽子的糯米中间，这样煮熟后熟得均匀，油也均匀，口感好。"在南昌，粽子已形成产业，黎翡在粽子加工厂一干就是16年，包粽子已成了她的事业。

粽子不仅体现了湿地的物质文化；而且是中国历史上典型的艺术特色食品之一。粽子文化起源于"祈年"，已有3000多年历史，南北朝时粽子就已经是全社会、各民族普遍喜爱的美食。南北朝以来，端午节与屈原挂钩，以裹饭（后变为角粽）祭水神祈平安、悼念屈原。唐沈亚之《屈原外传》载："至汉建武中，长沙区回，白日忽见一人，自称二间大夫，谓曰'闻君尝见祭，甚善。但所遗并蛟龙所窃，今有惠，可以糠树叶塞上，以五色丝转缚之，此物蛟龙所惮'，回依其言，世俗作粽，并带丝叶，皆其遗风。"

粽子按配方分类有肉馅粽、果馅粽、豆馅粽、酱菜馅粽和纯糯米粽，按形制有九凤朝阳九子粽、屈原八仙粽、屈子艾香粽、屈子珍塔粽等。如今粽子的花色品种更加繁多，著名的嘉兴肉粽、肇庆"裹里"、五芳斋名粽，畅销全国，名扬中外。在中国饮食文化中，唯粽子有历史整合之美，更兼有中华民族纪念意义。2006 年 5 月，湖南汨罗成功举办了第二届中国粽子文化节，来自全国各地 100 多家粽子生产企业的代表云集罗城，缅怀屈子英灵，共商振兴粽子产业大计。

2. 抢龙水

端午节这天天刚亮的时候，沿江居住的人家都要抢先到汨罗江挑回一担江水倒入家里的水缸内。人们笃信这时龙已经出游，喝了龙沐浴过的水可以强身健体。

3. 踏露水、抹露珠

农夫清早赤脚去野外踏露水。年轻姑娘则清早起来，用手帕放在青草上，吸上晶莹剔透的露珠，蒙在头上擦头发。俗传端午露珠为龙珠，有防病除毒之功效，也为纪念屈原常常披着晨曦、踩着露水到汨罗江畔行吟的瑰丽诗篇。

4. 插栀子花

每年端午节，年轻姑娘采摘香气扑鼻的栀子花插在头上。此俗传说也是源于纪念屈原的女儿女嬃娘娘。

5. 采百草

人们认为端午百草被屈原点化了，药性最好。各家各户傍晚时分，男人妇女齐动手，采水灯芯、金银花、葛藤、菖蒲、法夏等各种药材。

6. 洗端午澡

端午节这天，会游泳的人都要跳到江河中洗一次澡，俗信此举可祛病除灾。

7. 挂香荷包

农历四月中旬开始，人们将一些中草药和头年收藏的干艾叶拌上冰片等香料，用各色碎布缝成粽子、桃子、枕头、小锁等形状，系上五色彩线，挂在小孩的脖子上，以求避灾祛病，戴到大端阳即扔掉，名为"扔灾"。

8. 调节

端午节前数日，已出嫁的女儿必定要准备一份礼品，包括粽子数十个、酒两瓶、鲜猪肉一块、蒲扇若干把（如娘家有未出嫁的妹妹则用折扇），偕同夫君送给娘家，谓之"调节"。端午节这天丈母娘必定要接女婿女儿外孙回娘家，有儿歌曰"汨罗江长又长，外婆接我过端阳，一不要你的饼，二不要你的糖，只要你的黄壳粽子给我尝。"传说此俗也源于纪念女婴娘娘。不过有的地方也有例外。例如，湖南省株洲市旧时，端午节河西包粽子，河东做包子。

9. 歇端阳

端午节这天是必定要休息的，汨罗江一带有"牛歇谷雨马歇社（方言读 sha），人不歇端阳惹人骂"之说。

10. 插艾叶菖蒲、饮雄黄酒

俗云"五月五日午，屈原骑艾虎，手持菖蒲剑，驱魔归地府。"各家清早起来割回艾叶和菖蒲，将之挂于门窗，以示屈原把守，"妖魔鬼怪"都不敢进屋。也用艾叶菖蒲煎水饮用、洗澡，以保健治病，燃烧菖蒲以驱蚊除瘴。这日大人饮微量雄黄酒，小孩额头用雄黄酒在额头上写"王"字，谓得屈原保佑，辟邪镇恶和防病。这是全国许多地方都有的习俗。

11. 唱老戏

汨罗人所谓的"老戏"，有夔龙和颂屈原的巫舞楚歌、社戏、皮影戏、花鼓戏、扇具戏、踩高跷、抬故事等。近十年来，样板戏、龙舟竞渡的狂热，狂欢之中，歌舞会、电影也一一登场。这样，上午有龙舟赛观看，下午江岸有演戏看戏的欢歌笑语，人们沉浸在节日狂欢之中，汨罗江畔端午节，是湘楚地区数千年民俗文化的再现：有源于远古的龙崇拜习俗，有始于上古的驱邪、除毒、避瘟习俗，有古朴珍贵的古老地方艺术。这些艺术形式激起一代又一代劳作的人们对美好生活的向往，也给人们留住了解活的历史文化。它的鲜明特色表现在许多原生习俗或转型为纪念屈原的风俗。汨罗人们千百年来一直保护着今已被列为全国重点文物保护单位的屈子祠和屈原墓等众多遗迹，至今传颂着纪念屈原的《金镐掘井》、《纱帽垛子》、《夺镐》、《月亮光光》、《巴山野老》等许多传奇故事，具有很高的精神和艺术品位，是世世代代人民弘扬爱国热情，振奋民族精神，光大民族正气的无价之宝。2006 年，

"汨罗江畔端午习俗"被列为国家第一批非物质文化遗产。"汨罗江畔端午习俗"是湘楚地区乃至全国的湿地文化的缩影。

（四）湖泊湿地文化

长江中下游人口稠密，河泊众多，素有"水乡泽国"之称。明代记载"十树一村，五树一坞"。一般来说人口稠密的地方，经济发达，文化繁荣。例如，浙江镜湖湿地呈现的景象是："村舍阡陌，河湖泛波，渔舟帆影，远眺三山依稀，六山隐隐，都市繁华，高楼栉比。"镜湖湿地的东浦镇，东汉永乐年间，会稽太守马臻围筑鉴湖，始成陆地，东晋末南朝初形成聚落，唐朝时期居民增多，形成集市。东浦四面环水，居民为方便出入掘河引水及舟船通达，家家临溪、户户通水。东浦古镇溇多、桥多、弄堂多、名人多，宋代以来，先后出过状元 1 名，进士 20 名，举人 19 名，官宦乡贤 44 名和一大批文人、学士、名医[91]。

1. 鉴湖湿地文化

著名的鉴湖又名镜湖，被称为绍兴人的母亲湖，是我国最古老的大型人工湖之一，建成于公元 140 年，一条东起曹娥江，西至钱清江的大堤长 64km，拦截了会稽、山阴两县 36 条溪流之水，形成了长 155km、宽 2.5km 的狭长的大湖，号称 800 里鉴湖。鉴湖建成之后，使稽北丘陵的"穷山恶水"变为："千岩竞秀、万壑争流，烟雾朦胧其上，若云兴霞蔚"的美丽富饶之地，使绍兴日臻繁华，成为著名的鱼米之乡。

烟波浩渺、风光如画的鉴湖，吸引了无数文人墨客，留下了大量脍炙人口的诗词佳句，成为"唐诗之路"的起点。例如，李白写的"鉴湖水如月，耶溪女如雪"，白居易的"一泓镜水谁能美，自有胸中万顷湖"等。此后，宋朝、元代、明代、清代的文人墨客都为鉴湖留下了许多优秀诗词，为鉴湖山水增辉添彩。其中，陆游曰：

千金不需买图画，听我长歌歌镜湖。

湖山奇丽说不尽，且复为子陈吾庐。

陆游的这首诗最令绍兴人自豪和骄傲。诗人贺知章、陆游都因爱此"湖山奇丽"而终老在绍兴。

鉴湖上的乌篷船属绍兴特有。相传越王勾践被吴国战败后，卧薪尝胆 10 年恢复了元气，决定伐吴，筹集粮草，制造兵器，打造战船，用竹片编制的船篷，用桐油拌煤灰将船篷抹黑，既可挡风避雨遮太阳，又利于夜战。公元前 478 年 3 月，越王勾践率 5 万越军伐吴，大获全胜。伐吴的胜利，使乌篷船成了越人的骄傲。千百年来，绍兴人用乌篷船载客、运货、采莲、捕鱼、游湖、赏景、咏诗、作画，并成为一道水上风景。至今许多乌篷船的前仓与中仓之间的小门上还写着"寒雨连江夜入吴"，以此炫耀当年的胜利。鉴湖的山水风光使无数文人倾倒，形成了人水和谐的生态文化。

浙江绍兴是菱荷之乡，莲、荷文化特别发达。"越女采莲"是古时绍兴最喜爱的活动之一，历史上描写采莲、爱莲的诗文之多，不胜枚举，举例如下。

陆游《镜湖女》中云：日暮归来月色新，菱歌缥缈泛烟津。

陆游《秋兴》中云：千点荷声先报雨，一抹竹影剩分凉。

杜甫云：越女天下白，鉴湖五月凉。

明代傅俊云：采菱歌去声还杳，载酒船来路欲迷。

徐渭的《镜湖竹枝词》曰：

> 越女红裙娇石榴，双双荡桨在中流。
>
> 憨妆又怕旁人笑，一柄荷花遮满头。
>
> 杏子红衫一女郎，郁金衣带一苇航。
>
> 堤长水阔家何处？十里荷花分外香。

镜湖湿地以绿色为主调，拥有青山、绿树、翠竹、碧水、蓝天，是浙江第一个国家级城市湿地公园，是一处景色优美、人杰地灵的胜地，是湿地文化的代表作。

2. 杭州西湖文化

清代《冷庐杂识》中说："天下西湖三十又六，唯杭州最著。"西湖又名钱塘湖、武林水、西子湖，位于浙江杭州市中心，湖面南北长 3.3km，东西宽 2.8km，湖岸周长 15km，平均水深 2.27m，最深处 5m，最浅处不足 1m。1982 年西湖被定为国家风景名胜区，1985 年被评为"中国十大风景名胜"之一，2011 年 6 月 24 日，被正式列入《世界遗产名录》。

西湖㴸水秀丽，林壑幽深，人文古迹众多，神话传说优美。"西湖十景"名称源自南宋西湖山水画的题名，苏堤春晓、曲院风荷、平湖秋月、断桥残雪、柳浪闻莺、花港观鱼、雷锋文照、双峰抑云、南屏晚钟、三潭印月等名称，在南宋祝穆的《方舆胜览》、吴自牧的《梦粱录》中均有记载。1985 年经过市民参与评选，专家委员会反复研究，确定了"新西湖十景"，即云溪竹径、满陇桂雨、虎跑梦泉、龙井问茶、九溪烟树、吴山天风、阮墩环碧、黄龙吐翠、玉皇飞云、宝石流霞。2007 年 10 月 20 日又宣布了三评西湖十景的结果，成为"西湖新十景"，即灵隐禅寺、六和听涛、岳墓栖霞、湖滨晴雨、钱祠表忠、万松书缘、杨堤景行、三台云水、梅坞春早、北街梦寻。尽管二评、三评增补了不少新的景点，但西湖景色还是未全部入列。西湖的风光美丽，人文荟萃，历史悠久，古迹众多，美不胜收。西湖把自然、人文、历史、艺术巧妙地融为一体，杭州因西湖著名，成为我国著名的历史文化旅游胜地。

联合国世界遗产中心主任朗西斯巴达兰称赞说："杭州西湖是我见过的世界所有湖泊中最美丽的。"

意大利著名旅行家马可·波罗赞美杭州是"世界上最美丽华贵之城"。

古人云，山水是文人的精神所在，文人为山水增姿添彩。文人笔下的西湖之美无与伦比。

白居易是最早用诗赞美西湖的文人，他笔下西湖的春光：

乱花渐欲迷人眼，浅草才能没马蹄。

湖上春来似画图，乱峰围绕水平铺。

"江南好，风景旧曾谙，日出江花红胜火，春来江水绿如蓝，能不忆江南"。

白居易在出任杭州刺史期间写过许多吟诵杭州青山碧水的诗词，离任后还深情地写下了：

江南忆，最忆杭州。

山寺月中寻桂子，郡亭枕上看杭州，何日更重游。

北宋苏东坡脍炙人口的诗句：

水光潋滟晴方好，山色空蒙雨亦奇。

欲把西湖比西子，淡妆浓抹总相宜。

诗人杨万里写的西湖：

毕竟西湖六月中，风光不与四时同。

接天莲叶无穷碧，映日荷花别样红。

在诗人眼里，西湖犹如醉人的画卷。[92]

3. 洞庭湖文化

洞庭湖位于湖南省北部，是我国第二大淡水湖泊。据记载推测，唐宋时期洞庭湖总面积达 17 900 km^2，有"洞庭天下水"之誉。根据自然形势划为西洞庭湖、南洞庭湖、东洞庭湖三部分。洞庭湖水系流域面积 24.7 万 km^2。湖区总面积 1.8 万 km^2，洪水期湖面面积 3900 km^2。

洞庭湖区名胜古迹众多，其中岳阳楼距今已有 1700 多年历史[93]。洞庭湖不仅湖光山色绝佳，而且是著名的"鱼米之乡"。湖滨盛产稻谷，湖中盛产鱼虾。唐代著名诗人李商隐在《洞庭鱼》中记述：

洞庭鱼可拾，不假更垂罾。

闹若雨前蚊，多如秋后蝇。

洞庭湖的湘莲，籽粒饱满，为莲之珍品。荷花盛开时，绿色荷叶衬托着亭亭玉立的花朵，素洁高雅。君山茶自唐代就被列为贡茶。清代《洞庭湖志》所载的"潇湘八景"中，有五景在洞庭湖，即"洞庭秋月"、"远浦帆归"、"平沙落雁"、"渔村落照"、"江天暮雪"。

古往今来，洞庭湖都备受文人墨客的关注，在描写洞庭湖的诗词中，孟浩然、杜甫、刘禹锡的作品最具代表性。

孟浩然诗中的洞庭湖是：

八月湖水平，涵虚混太清。

气蒸云梦泽，波撼岳阳城。

在天高云淡的秋季，浩瀚的湖水与天宇浑然一体，湖上笼罩着水雾，大风吹起的波涛迎面拍来，好像要撼动岳阳城。

杜甫在《登岳阳楼》中如此写道：

吴楚东南坼，乾坤日夜浮。

意思是东南吴楚地好像因洞庭湖面与大地分开了，天地也像日夜都漂浮在洞庭湖上。

李白在《游洞庭》写道：

南湖秋水夜无烟，耐可乘流直上。

且就洞庭赊月色，将船买酒白云边。

淡扫明湖开玉镜，丹青画出是君山。

刘禹锡在《望洞庭》写道：

湖光秋月两相和，潭面无风镜未磨。

遥望洞庭山水翠，白银盘里一青螺。

这些诗篇不仅描写了洞庭湖的浩大壮阔、湖水的激荡磅礴，而且写出了明月照洞庭时湖水的宁静、柔美，写出了君山的青翠秀美。

宋代黄庭坚在《雨中登岳阳楼望山》中是这样咏诵洞庭湖的：

满川风雨独凭栏，绾结湘娥十二鬟。

可惜不当湖水面，银山堆里看青山。

诗人将风雨交加、白浪滔天时洞庭湖的景色描绘得生动贴切，让读者有身临其境之感。

《岳阳楼记》是北宋文人范仲淹应好友滕子京为重修岳阳楼而写的记文。文中描述洞庭湖的景色：

远看"衔远山，吞长江，浩浩荡荡，横无际涯；朝晖夕阴，气象万千。"

阴雨连绵时，

阴风怒号，浊浪排空。

日星隐耀，山岳潜形。

商旅不行，樯倾楫摧。

薄暮冥冥，虎啸猿啼。

在春光明媚的日子里，白天洞庭湖是：

波澜不惊，上下天光，一碧万顷。

沙鸥翔集，锦鳞游泳。

岸芷汀兰，郁郁青青。

夜间洞庭湖的景色是：

> 长烟一空，皓月千里。
>
> 浮光耀金，静影沉璧。
>
> 渔歌互答，……

范仲淹的这篇《岳阳楼记》题为楼，实则写洞庭湖的水，借水喻志，表达了作者被贬谪后的复杂心情，抒发了他"不以物喜，不以己悲"、"先天下之忧而忧，后天下之乐而乐"的情怀和品格。[93]

4. 昆明湖文化

北京颐和园中的昆明湖，水面面积226.7hm²，约占颐和园总面积的4/5，据传当年建园时取泥堆山，人工挖掘的大坑引水入坑后建成了昆明湖，堆成的山便是万寿山。湖中建有两堤、六岛、九桥，将湖面分隔成南湖、西湖等多处水体景观。南湖紧临前山，宽1km，长2km。东堤从玉澜堂开始，与西堤在湖南端的长河入口处交汇，南湖被围成一个与寿桃形状相似的水体，南湖的中线与排云殿的中线几乎在一条线上，形成了颐和园的中轴线。南湖中设置了一个大岛、两个小岛。大岛名南湖岛，邻近宫廷区的小岛名知春亭岛，另一个小岛远在南湖尽头的凤凰墩。南湖岛上有座龙王庙，故人们又称南湖岛为龙王庙岛。南湖岛上青松翠柏、绿树成荫、楼台隐约、一派仙宫幻境，美如画卷。昆明湖因南湖中三个小岛的点缀，使湖面既开阔旷达，又不过于空疏。南湖岛与万寿山隔湖相对，宾主呼应，小岛似一枚绿螺浮现于清波之中。在南湖东堤的十七孔桥，桥拱由汉白玉建成，既连续，又通透，既美观，又便于舟楫。在东堤昆明湖最南端的"绣漪桥"上挂着一幅赞美十七孔桥的诗句：

> 螺黛一丸，银盆浮碧岫，
>
> 鳞纹千叠，璧月漾金波。

东堤桥头建有一座八角双重檐的廊如亭，雄居北端施耐德涵虚堂与北岸的佛香阁隔湖相望，形成对景，由此西眺，万寿山、西堤、玉泉山、西山、昆明湖水尽收眼底。与十七孔桥连在一起的岸边铜牛，身上刻有"镇海神牛"四个字，相传大禹治水时，每治理一处便铸一铁牛投入河中，以镇河神，防止再度泛滥。因昆明湖水面大，固以此牛镇之。

颐和园是世界闻名的古典园林，园中昆明湖辽阔的水面使颐和园灵气倍增。清乾隆皇帝有感昆明湖的诗曰：

> 何处燕山最畅情，无双风月绿昆明。
>
> 披襟清永绕真乐，不藉仙踪问石鲸。
>
> 倒影山当波底见，分流稻接坑边生。
>
> 侵肌水色夏无暑，快意天容雨正晴。

昆明湖中藻鉴岛是六岛中最大的岛,岛上的主要建筑藻鉴堂,是当年乾隆皇帝游湖途中,舍舟登岸,与文臣们品茗观景、抒发情感的地方。

昆明湖中的桥有六桥在西堤。这六座景桥造型各异,有五座为亭桥,亭的造型姿态各不相同,座座都是景;只有玉带桥是一座高拱桥,通体洁白、柔和、匀称、流畅,似一条"玉带"相坎堤上,乾隆皇帝曾赋词赞曰:"卧波玉虹接长堤,舟过前山径向西。"[94]

颐和园的造园艺人、能工巧匠,通过堤、桥、岛、廊、廓、亭将园中的昆明湖装扮得无比秀美,乾隆皇帝的诗作又为昆明湖增加了姿色。昆明湖的水,万寿山的山,乾隆皇帝的诗文,构成了颐和园之大美,成为世界园林的艺术精品、文化产品的极品。

5. 青海湖文化

青海湖,古称"西海"、"鲜水"、"仙海"、"卑禾羌海"。蒙语称"库库诺尔",藏语称"错温波",均意为"青色的海"。从北魏开始更名为青海湖。青海湖位于青海省东北部的大通山、日月山、青海南山之间,离西宁 100 多公里。它既是中国最大的内陆湖泊,也是国内最大的咸水湖。面积 4456km^2,环湖周长 360 多公里。海拔 3620m,蓄水量 $1050×10^8 m^3$。

青海湖四周雪山环绕,辽阔的草原,皑皑的白雪,蔚蓝色的天空,飘动的朵朵白云,风景壮丽。湖中有沙岛、海心山、鸟岛、海西山和三块石五个岛屿,是令人神往的游览胜地。

(1)青海湖传奇之美

相传 1000 多年前,唐蕃联姻,文成公主远嫁吐蕃王松赞干布。临行前,唐王赐给她能够照出家乡景象的日月宝镜。途中,公主思念起家乡,便拿出日月宝镜,果然看见了久违的家乡长安,她泪如泉涌。然而,公主突然记起了自己的使命,便毅然决然地将日月宝镜扔出手去,没想到那宝镜落地时闪出一道金光,变成了青海湖。

(2)青海湖天地人和之美

这里的天和水一样蓝,那是水与天的融合。青海湖地处青藏高原的东北部,这里地域辽阔,草原广袤,河流众多,水草丰美,环境幽静。从山下到湖畔,则是广袤平坦、苍茫无际的千里草原,而烟波浩渺、碧波连天的青海湖,就像是一盏巨大的翡翠玉盘平嵌在高山、草原之间,构成了一幅山、湖、草原相映成趣的壮美风光和绮丽景色。

这里的草原和湖一样绿,是大自然的完美融合。湖的四周被四座巍巍高山所环抱,辽阔起伏的千里草原就像是铺上一层厚厚的绿色的绒毯,五彩缤纷的野花,把绿色的绒毯点缀得如锦似缎,数不尽的牛羊和骏马犹如五彩斑驳的珍珠洒满草原;湖畔大片整齐如画的农田麦浪翻滚,菜花泛金,芳香四溢;那碧波万顷,水天一色的青海湖,好似一泓玻璃琼浆在轻轻荡漾。

青海湖地区素有"鸟类王国"之美誉，湖区鸟禽有100多种，是我国高原内陆地区水禽候鸟栖息、繁衍和越冬的重要区域之一。每年4月，数十万只候鸟在湖中岛上筑巢栖息，遮天蔽日，声闻数里之外，实为青海湖一大奇观。青海湖畔有着辽阔的天然牧场，是我国少数民族聚集的地方，除汉族外，还有羌族、藏族和蒙古族等。早在汉代以前，羌族先祖就在青海湖一带放牧。唐代这里是将士守卫的边塞区域，唐代著名诗人王昌龄曾游边塞，作诗云：

> 青海长云暗雪山，孤城遥望玉门关。
>
> 黄沙百战穿金甲，不破楼兰终不还。

描写了湖水、白云、雪山所构成的壮丽景观及将士为国戍边的豪迈之情。

（3）青海湖的诗歌意境之美

青海是人类诗和歌的最早摇篮之一。2007年8月9日，来自世界34个国家和地区的200余位杰出的当代诗人，在中国西部高原的青海湖畔，联名向世界发布了《青海湖诗歌宣言》，青海湖国际诗歌节从此诞生。波兰国家作协主席、著名诗人马雷克瓦夫凯维奇评价说："青海湖国际诗歌节是东方的一个创举。"青海湖国际诗歌节和波兰华沙之秋国际诗歌节、马其顿斯特鲁加国际诗歌节、荷兰阿姆斯特丹国际诗歌节、德国柏林诗歌节、意大利圣马力诺国际诗歌节、哥伦比亚麦德林国际诗歌节，并列为世界七大国际诗歌节。

（4）青海湖的军事神秘之美

青海湖是近现代中国重要的军事科技研究、试验基地，拥有丰富的军事科技文化。20世纪50年代末至60年代初，一批又一批科学家来到广袤无垠的青海湖边，为我国"两弹一星"事业奉献了无悔青春乃至生命，中国的第一颗原子弹和氢弹都是在这里的地下工厂研究并制造成功。此外，原中国鱼雷发射试验基地（151基地）也在青海湖南岸，其在完成了它的历史使命之后，才被掀开神秘的面纱，被世人所知。现保留一部分原有的生产车间、实验区和鱼雷、电台等实物供游人参观。[95]

（五）江河湿地文化

1. 长江文化

长江是我国第一条大河，发源于青藏高原，在上海注入东海，全长6397km。上游河道狭窄，水流湍急。两岸山势雄险多变，危崖峻峰，鳞次栉比；自上而下，过了宜昌，进入中下游平原，江阔天低，一望无际；过了南京江面更加宽阔无垠。长江，以它特有的波澜壮阔的雄伟气魄，象征中华民族的伟大力量[96]。随着江水和两岸景观的无穷变化，写长江的诗文更加绚丽多彩。例如，宋代诗人范成大的"束江崖欲合，漱石水多漩"，仅用10个字生动地写出了巫峡的雄险幽深，还有"绿水逶迤去，青山相向开"（唐代张悦），"上有万仞山，下有千丈水。苍苍两崖间，阔狭容一苇"（唐代白居易），"碧丛丛，高插天，大江翻澜神曳烟"（唐代李贺）。唐代诗人词家无不为长江三峡景观所倾倒，唐代大诗人李白的《早发白帝城》：

朝辞白帝彩云间，千里江陵一日还。

两岸猿声啼不住，轻舟已过万重山。

诗中用"千里江陵一日还"、"轻舟已过万重山"两句生动地描写出长江三峡一泻千里的水势和飞快如箭的轻舟，并抒发了当时的愉快心情。李白因受李璘案件牵连，被逐放去夜郎，行至巫山，勿闻遇赦，心情喜悦，写下了这首千古绝唱。长江冲出三峡，过了宜昌，进入中下游平原，面对宽阔的江天，李白写了《渡荆门送别》：

山随平野尽，江入大荒流。

月下飞天镜，云生结海楼。

这首诗展现了荆楚地区江流宽阔、田野平畴、皓月如镜的景色，李白在《望天门山》中写道：

天门中断楚江开，碧水东流至此回。

两岸青山相对出，孤帆一片日边来。

这首诗将安徽当涂与和县之间，长江两岸山矶夹峙，江流紧束之景描绘得惟妙惟肖。长江过南京后，江面更加宽阔，李白在《黄鹤楼送孟浩然之广陵》又写出：

故人西辞黄鹤楼，烟花三月下扬州。

孤帆远影碧空尽，唯见长江天际流。

这首脍炙人口的短诗把人带入暮春，一叶孤舟航行在浩荡连天的图画中，李白还有"三山半落青天外，一水中分白鹭洲"等许多诗词佳句，句句引人入胜，发人深省，无不为他的艺术杰作而感染。

宋代苏轼的"扁舟转山曲，未至已先惊。白浪横江起，槎牙似雪城。"

苏轼的《念奴娇·赤壁怀古》：

大江东去，浪淘尽，千古风流人物。故垒西边，人道是，三国周郎赤壁。乱石穿空，惊涛拍岸，卷起千堆雪。江山如画，一时多少豪杰。

明代宋濂的《入峡》：

荡舟趋洄流，惊涛漾轻桨。

巉峰开复合，青天细如掌。

魏际端的：

大江东去海门宽，万里江流激箭湍。

不信山从水底来，却疑身在画中看。

郭沫若的《过三峡》：

　　　　　　　　　　岸崖双壁立，峡道九肠回。

　　　　　　　　　　山塞疑无路，湾回别有天。

陈毅在《重过三峡》和《咏三峡》中，是这样描述的：

　　　　　　　　　　山川壮丽欣重睹，旧梦依稀人血痕。

　　　　　　　　　　千万险滩皆稳渡，水头如剑破夔门。

　　　　　　　　　　蜀道真如天，江行万里间。

　　　　　　　　　　每到挟峡处，总破一重天。

　　　　　　　　　　峨眉高万丈，瞿巫锁西风。

　　　　　　　　　　江流关不住，众水尽朝东。

　　以上诗词说明历代诗人词家，无不为长江景色所倾倒。长江给文人激情和灵感，文人用笔墨为长江增色添彩。

2. 黄河文化

　　黄河发源于青海省巴颜喀拉山北麓，曲折东流入渤海，全长超过 5000km，是中国第二大河。在中国古代文明的多元文化中，黄河文化是最有代表性的、最具影响力的主流文化。

　　黄河是中华民族的摇篮，中国传统文化的发源地，文人笔下的黄河又有一番景色。[97] 唐代，李白的《将进酒》中："君不见黄河之水天上来，奔流到海不复回。"

　　在《公无渡河》中写道："黄河西来决昆仑，咆哮万里触龙门。"

　　王之涣的"黄河远上白云间，一片孤城万仞山。"

　　王之涣在另一首《登黄鹤楼》中写道：

　　　　　　　　　　白日依山尽，黄河入海流。

　　　　　　　　　　欲穷千里目，更上一层楼。

　　描绘出一幅日落时，峰峦夕照，黄河奔大海的情景，蕴含着只有努力进取才能成功的哲理。

　　明代，黄滋的"黄河九曲天边落，华岳三峰马上来。"

　　薛瑄在《禹门》中曰：

　　　　　　　　　　连山忽断禹门开，中有黄河滚滚来。

　　　　　　　　　　更欲登临穷胜景，却愁咫尺会风雷。

　　顾炎武在《龙门》中曰：

　　　　　　　　　　旦地黄河出，开天此一门。

　　　　　　　　　　千秋凭大禹，万里下昆仑。

　　写出了黄河龙门峡的险峻；用"天上来"、"决昆仑"、"白云间"、"天边落"等词语写出了黄河从青藏高原咆哮而来，居高临下，一泻千里的宏伟气势和震撼乾坤的壮丽画面。

历史文人不仅用诗词散文描写了气势雄伟的黄河，也用笔墨绘制了黄河的画卷，水利部黄河委员会的周中孚用了五年时间，用写实手法，将发源于巴颜喀拉山，流经九省后汇入黄海的黄河全貌，含黄河已建成的七座大型水库、水电站、下游的淤灌、闸坝，以及沿河的重重山林、名山古寺、古迹、水泽田野、风土人情等尽收画中，画卷长160m，卷名《黄河万里图》。香港的著名画家李汛萍绘制的《黄河万里图》也是一幅名作，画卷长超过60m，1988年在北京中国美术馆展出。[98]

中国古典音乐《春江花月夜》借水表达了游子浓情；近代光未然作词，冼星海谱曲的《黄河大合唱》"风在吼，马在叫，黄河在咆哮，黄河在咆哮，河东河北高粱熟了……青纱帐里，游击健儿逞英豪……"用激昂的词曲，借黄河的气势，歌颂了两岸人民英勇抗日的壮举，歌颂了中华民族的巨人形象，谱写了中华文化的新篇章。

3. 京杭大运河文化

京杭大运河是世界上最长的人工河流，是世界上最古老的运河之一。京杭大运河、都江堰、坎儿井、灵渠是我国古代著名的四大水利工程，享誉全世界。京杭大运河与万里长城，并称我国古代的两项伟大工程，闻名全世界。

京杭大运河，南起杭州，北至涿郡（今北京），全长1794km，是我国重要的南北水上通道。途径浙江、江苏、山东、河北四省，沟通钱塘江、长江、淮河、黄河、海河五大水系。京杭大运河是由人工河道和部分河流、湖泊共同组成的，全程可分为通惠河、北运河、鲁运河、中运河、里运河、江南运河等七段。

京杭大运河从开掘修建距今已有2500年的历史。始凿于春秋时期，形成于隋代，发展与唐宋，取直于元代，疏通于明清。作为南北的交通大动脉，历史上曾起过巨大作用，促进了沿岸城市的迅速发展。

公元前486年，吴王夫差在江苏扬州附近开凿了一条引长江水入淮的运河，称邗沟；以后在这个基础上不断向北向南发展，尤其经隋朝和元朝两次大规模发展和整治，基本上形成了今日京杭大运河的规模。

隋代大运河的开凿是运河航运事业的转折点，它把长安、洛阳至扬州、苏州、杭州串联在一起。后来的唐宋各朝从大运河获得了更多的好处。晚唐诗人皮日休在诗中写道：

尽道隋亡为此河，至今千里赖通波。

若无水殿龙舟事，共禹论功不较多。

隋代大运河的开凿，劳动人民付出了巨大的代价。晚唐文人韩僵写的《开河记》中描写了修河民工的悲惨生活。其中写道，隋炀帝派遣酷吏麻叔谋主管修河，强制天下15岁以上的丁男都要服役，共征发了360万人。同时又从五家抽一人，或老，或少，或女子，担负供应民工的伙食炊事。隋炀帝还派出了 5 万名监工，各执刑杖，督促民工劳动。因为劳动负担很重，又经常遭受监工的棍棒毒打，所以不到 1 年，360 万人中死者竟达 250 万人。所以，京杭大运河是劳动人民用血汗和生命创造的珍贵物质和精神遗产。

到元朝时，定都北京，为此把原来以洛阳为中心的隋代横向运河，修筑成以大都为起点，南下直达杭州的纵向大运河。

京杭大运河一向为历代漕运要道，对南北经济和文化交流曾起到重大作用。唐代大诗人韩愈曾说："当今赋出于天下，江南居十九。"可见运河漕运对朝廷的重要性。漕运是我国历史上一项重要的经济制度，就是利用水道调运公粮的一种政府运输行为。历代封建王朝多数建都北方城市，他们向农户征收地租田赋，较多采取征收实物的办法，而附近地区所产的粮食不能满足京城的需要。因此，把其他地区征收的粮食调运到京城就成为一项重要的政治措施，为封建统治者所重视，从而形成过一套较完整的制度和管理体制，有漕船、漕粮、漕米、漕军、漕丁和漕夫等专业划分，当然许多朝代也设有专管漕运的官员。

直至 19 世纪，随着津浦铁路通车等原因，京杭运河的作用逐渐减小。加上黄河改道后，山东境内河段水源不足，河道淤浅，南北断航，京杭大运河遂趋向萧条。[99]

目前，京杭大运河经整治建设，季节性的通航里程可达 1100km。江苏境内的运河段大多可以畅通无阻。目前，古老的京杭大运河还要成为南水北调的输水通道，继续发挥重大的作用。

第三节　人类对湿地的干扰

一、人类对湿地的保护与建设

人类从古到今，重视湿地的保护与建设。世界各国都有着开发利用、保护和建设湿地的悠久历史，创造了辉煌的成就，促进和保障了各个时期社会的繁荣和发展。我国历代对湿地的保护与建设主要体现在水利工程的建设。水利在中国也有着重要地位和悠久历史。历代有为的统治者，都把兴修水利作为治国安邦的大计。我国古代治水名人和水利专家主要有夏禹、孙叔敖、郑国、史禄、王景、姜师度、李冰父子、苏东坡、范仲淹、王安石、徐光启、左宗棠、林则徐等。历代治水与修建的水利设施主要有夏禹治水、春秋战国时期的芍陂、都江堰、郑国渠、秦朝的灵渠、西汉的邛渠、白渠、东汉的王景治理黄河、隋唐的大运河、元朝的京杭大运河、当代全国各地的水源林工程等。这些都说明了我国历代对湿地的关注、建设与保护，这些治水措施和水利设施对历代的社会安定和经济发展都起了巨大的作用。

二、人类对湿地的干扰与破坏

人类通过各种各样的方式来影响湿地，通过影响水文、基质、侵蚀过程、能量过程，最终导致生态响应。因此，人类影响湿地是十分复杂的，可以将人类影响看成一个生物物理过程。湿地的主要人为干扰方式包括农业开垦、城市开发、水利工程、采矿、道路和桥梁的修建和旅游等。

农业是淡水和河口湿地面积丧失和退化的主要因素，主要表现在开荒、过度放牧、排水及灌溉等方面。据统计，因围湖开荒，中国湖泊面积比建国初期减少了 130 万 hm^2，素有"千湖之省"的湖北省原有湖泊 1300 多个，2004 年仅存 326 个，消失的大小湖泊近 1000 个。[100]

城市化导致湿地水量减少、水质变劣；城市垃圾和污水入侵湿地，湿地已成为工农业废水、生活废水、废渣的承泄区，使湿地生态系统失去平衡。

水利工程的修建，可以在防洪、灌溉、发电等方面带来正面效益，但同时也会对河流沿线的生态环境造成负面影响。例如，水库长期蓄水不放水，将使下游河槽内草木丛生，同时冲泄物质减少使得水中肥分下降，影响灌溉质量等。特别是山区小型电站的建设，使许多溪流形成断流，改变了河道河貌。

在一些重点旅游区，由于不限制游客数量，游客量的无限增多又增加了湿地保护的难度，加上一些旅游开发者的生态意识淡薄、旅游者素质不高，对湿地景区的植被和动植物造成了干扰和影响，直接或间接对湿地生态环境造成了破坏。例如，新安江水库周边兴建了大量旅游宾馆，其中不少旅游宾馆是围湖造地而建；我国某些森林公园中的溪流湖泊景区，因公园道路、广场和桥梁建设，在溪流河道中挖取石材，损坏了河道河貌，导致河床渗漏，水量减少，加上污水直接排入溪流湖泊，导致水质变劣，湿地生态功能退化。

湿地被称为"地球之肾"，一般位于所在地区的低凹处。湿地能调节水量和调节气候，有独特的物质循环和能量流动规律，能净化污水，是良好的珍稀动物栖息地。湿地为人类提供水资源、矿物资源、能源、丰富的动植物产品和水上娱乐及运输条件，具有景观与旅游价值、科研与教育价值。但是，由于自然变化和人为破坏，导致湿地面积锐减和功能退化。"地球之肾"已受到严重破坏，已造成人类生存危机。因此，恢复湿地功能迫在眉睫，保护湿地已成为全人类的共识。保护湿地是弘扬生态文化、建设生态文明的重要内容。

第十章 海洋文化

海洋是生物圈中最大的生态单位，是全球生命支持系统的基本组成之一，海洋在人类发展历程中占据极其重要的地位，在离海岸线 60km 以内的沿海，居住着全球一半以上的人口，海洋运输收入占全球贸易总值的 70%，海洋旅游收入占全球旅游总收入的 33% 以上。据联合国《21 世纪议程》估计，到 2020 年全世界将有 75% 的人口聚集在沿海。

海洋被看做人类社会持续发展的希望所在，为此，世界各国都非常注重海洋开发利用和海洋文化事业与产业。

第一节 海 洋 概 述

一、海和洋的概念

（一）海

海，是洋的边缘，是大洋的附属部分。海的面积大约占到海洋总面积的 11%。海的水深比较浅，平均深度从几米到两三千米。海因为临近大陆，所以常受大陆、河流、气候和季节的影响，特别是海水的温度、盐度、颜色和透明度，都会受陆地的影响，有明显的变化。海水温度在夏季时一般会升高，冬季时会降低。在有的海域，海水还会部分结冰，如中国的渤海。此外，在大河入海的地方即入海口的海水，在多雨的季节里，盐度会降低。河流受到临近陆地的影响，常挟带着大量的泥沙入海，因此近岸的海水一般是浑浊的，透明度较差。海不像洋，它没有自己独立的潮汐与洋流，只能被动地接受来自大洋的潮汐与洋流的影响。

海一般可以分为边缘海、内陆海和地中海。边缘海是位于大陆边缘，以岛屿、群岛或半岛与大洋分离，仅以海峡或水道与大洋相连的海域。例如，中国的东海和南海就是太平洋的边缘海。内陆海是位于大陆内部的海，如欧洲的波罗的海等。地中海比较特殊，它是几个大陆之间的海，一般比内陆海要深一些。

（二）洋

洋，远离大陆，面积辽阔，是海洋的中心部分，是海洋的主体，世界大洋的总面积约占海洋总面积的 89% 。大洋的水深，一般 3000m 以上，最深处可在 10 000m 以上。大洋不受陆地的影响，水文和盐度比较稳定，具有独立的洋流和潮汐系统。大洋的水颜色是蔚蓝色的，水中的杂质很少，因此透明度很大。世界上总共有 5 个大洋，即太平洋、印度洋、大西洋、北冰洋、南冰洋。[101]

二、海洋中的特殊现象

（一）潮汐

潮汐是指海水受月亮和太阳的引潮力作用产生的周期性运动，即海面每天都发生的周期性涨落现象。习惯上将垂直方向的涨落称潮汐，水平方向的流动称潮流。

潮汐的形成与月球、太阳和地球的相对运动有着密切的关系，其中月球的运动是形成潮汐的主要因素。

潮汐有日变化和月变化。由于受陆地的存在、海岸线曲折、海水深度不同及港湾、海峡、岛屿、江河等的影响，地球上各地潮汐的规律不完全一样，一般分为半日潮、全日潮和混合潮三类。

（二）蜃景

蜃景又称海市蜃楼，是由大气的折射和反射作用造成的，是一种光学幻景。其一般出现在中、高纬度地区的海面、沙漠等地势开阔的地方。

中国山东的蓬莱、俄罗斯的齐姆连斯克、美国的阿拉斯加经常出现蜃景。西汉司马迁《史记·天官书》写道："海旁蜄（蜃）楼气象楼台，广野气成宫阙然。"[102]

（三）厄尔尼诺现象

厄尔尼诺现象是太平洋赤道带大范围内海洋和大气相互作用后失去平衡而产生的一种气候现象。正常情况下，太平洋热带地区的季风洋流是从美洲流向亚洲，使太平洋表面保持温暖，给印度尼西亚周围带来热带降雨，但这种模式每 2 ~ 7 年被打乱一次，风向和洋流发生逆转，太平洋表层热流就转而向东走向美洲，随之便带走了热带降雨，出现所谓的"厄尔尼诺现象"。厄尔尼诺的全过程分为发生期、发展期、维持期和衰落期，历时一年左右，大气的变化滞后于水温度的变化。

厄尔尼诺现象发生时，太平洋中东部海域表面水温正距平高达 3℃ 以上，海温的强烈上升造成水中浮游生物大量减少，秘鲁的渔业生产受到打击，同时使厄瓜多尔等太洋赤道地区发生洪涝或干旱灾害。这样的厄尔尼诺现象也称为厄尔尼诺事件。一般认为海温连续三个月正距平在 0.5℃ 以上，即可认为是一次厄尔尼诺事件。

（四）拉尼娜现象

拉尼娜现象是指赤道太平洋东部和中部海面温度持续异常偏冷（与厄尔尼诺现象相反），是热带海洋和大气共同作用的产物。东北信风将表面被太阳晒热的海水吹向太平洋西部，致使太平洋西部海平面比东部增高将近 60cm，西部海水温度增高，气压下降，潮湿空气积累形成台风和热带风暴，而东部底层海水上翻，东太平洋海水变冷。拉尼娜是一种厄尔尼诺年之后的矫正过渡现象。其会使太平洋东部水温下降，出现干旱，与此相反的是西部水温上升，降水量比正常年份明显偏多。科学家认为，拉尼娜水文现象对世界气候不会产生重大影响，但会给中国广东、福建、浙江，乃至整个东南沿海带来较多并持续一定时期的降雨。[102]

三、世界五大洋

五大洋泛指地球上所有的海洋包括太平洋、大西洋、印度洋、北冰洋、南冰洋。地球的表面积为 5.1 亿 km^2，海洋面积为 3.61 亿 km^2，占地球总面积的 70.8%，陆地面积 1.49 亿 km^2，占地球总面积的 29.2%。海洋面积和陆地面积的比例约为 7：3。五大洋按面积大小依次为：太平洋、大西洋、印度洋、南冰洋、北冰洋。[101]

（一）太平洋

太平洋的面积为 16 624 万 km^2（不包括属海），平均水深约为 4028m，海水体积为 72 370 万 km^3。太平洋东西最宽为 1.99 万 km，南北最宽为 1.59 万 km。太平洋北有白令海峡与北冰洋相通，东有巴拿马运河、麦哲伦海峡、德雷克海峡沟通大西洋，西有马六甲海峡、巽他海峡和龙目海峡与印度洋沟通，东南有印度洋海丘、托里斯海峡和帝汶海等沟通印度洋。太平洋中较大的岛屿有 2600 余个。

（二）大西洋

自南冰洋确立后，大西洋的面积调整为 7600 多万平方公里，平均水深 3627m。大西洋中群岛不少，像加勒比海中的大安的列斯群岛、小安的列斯群岛和佛得角群岛、马德拉群岛等。位于大西洋区域的海有：波罗的海、北海、爱尔兰海、地中海、利古里亚海、第勒尼安海、亚得里亚海、爱奥尼亚海、爱琴海、马尔马拉海、黑海、亚速海、加勒比海、斯科舍海、比斯开湾、墨西哥湾、圣劳伦斯湾、哈德逊湾、几内亚湾等。其中北大西洋西岸的加勒比海面积为 275.4 万 km^2，北大西洋东岸的地中海面积为 250 多万平方公里。最小的海是位于土耳其西北隅的马尔马拉海，面积仅 1.1 万 km^2。它也是世界上最小的海。

（三）印度洋

印度洋平均水深 3840m，仅次于太平洋，位居第二位。其最深处在阿米兰特群岛西侧的阿米兰特海沟底部，深达 9074m。海水体积总计 29 195 万 km³。印度洋在世界五大洋中占据枢纽位置，从印度洋走海道进出太平洋、大西洋都非常方便，波斯湾更是世界经济发展的命脉。印度洋属海较少，位于印度洋区域的海有：红海、阿拉伯海、安达曼海、波斯湾、孟加拉湾及大澳大利亚湾等。其中面积最大的是位于印度洋西北部的阿拉伯海，为 386.3 万 km²，其次是印度洋东北部的孟加拉湾，217.2 万 km²。

（四）北冰洋

北冰洋的面积为 1300 多万平方公里，面积最小。北冰洋最宽约 4233km，最窄处 1900km。北冰洋虽小，然而却具有重要的战略意义。北冰洋平均水深 1296m，海水体积 1698 万 km³。位于北冰洋区域的海有：挪威海、格陵兰海、巴伦支海、白海、喀拉海、拉普杰夫海、东西伯利亚海及楚科奇海、波弗特海和巴芬湾等。其中面积最大的是位于北欧沿岸的巴伦支海，面积为 140.5 万 km²；其次是挪威海，面积为 138.2 万 km³。

（五）南冰洋

国际水文地理组织于 2000 年确定南冰洋为一个独立的大洋，成为继四大洋后的第五洋。南冰洋，也称"南极海"、"南大洋"。国际水文地理组织定义南冰洋为以南纬 60° 为界的经度 360° 内，包围南极洲的海洋，海岸线长度为 17 968km。海洋学家对此定义仍有不少异议。澳大利亚的地图将澳大利亚和新西兰以南的洋面都标注为南冰洋，而不是印度洋。

在 3000 万年前，当南极洲和南美洲分离时，环绕南极洲的洋流才开始出现，因此南冰洋是一个非常年轻的大洋。南极洋流和北方暖水的汇合处，是南冰洋的天然边界。

第二节 中国的海洋国土

海洋国土是指沿海国家和群岛国主权管辖范围内的全部海域。它包括内海水、港口、领海、毗连区、专属经济区、大陆架，上述管辖海域的海床和底土及领海上空。它是根据该国政府主张和国际海洋法规定而确定的。海洋国土虽然也包括海岸、海底和海中岛屿，但主要成分是液态的水体。海洋水体是非常巨大的。

中国除了广阔的陆地外，还有辽阔的领海和众多的岛屿。中国的近海范围包括渤海、黄海、东海、南海及台湾以东的太平洋海区。海洋面积总共为 483 多万平方公里。

中国的海区大致介于亚洲大陆与太平洋之间，北面和西面濒临中国大陆、中南半岛、马来半岛，东面以朝鲜半岛、日本九州岛、琉球群岛、中国台湾岛和菲律宾群岛与太平洋相邻，南抵大巽他群岛。海区呈北东—南西弧形分布，自北向南有渤海、黄海、东海和南海。它们都属于北太平洋西部的边缘海，其中，渤海为中国的内海。台湾东岸濒临太平洋。上述海域统称中国内海。[103]

一、中国的海区

我国的海域称为中国近海，东南面与太平洋相连，有渤海、黄海、东海、南海、台湾以东太平洋海域五个海区。这五个海区连成一个弧形海域，基本属太平洋的边缘海。

（一）渤海海区

渤海，古称沧海，是一个半封闭的内陆湾，是中国的内海。渤海海面被辽东半岛和山东半岛呈拱形包围着。渤海由北部的辽东湾、西部的渤海湾、南部的莱州湾，以及中部的中央盆地四部分组成。扼守渤海东部出口的渤海海峡，南北宽约106km，有岛屿散布其间，把海峡分为 6 个水道，最宽的水道（老铁山水道）有40km。渤海与黄海的分界线是从辽东半岛南端老铁山角庙岛列岛至山东半岛蓬莱田横山之间的连线。渤海的海域面积 7.72 万 km^2，滩涂面积 5124km^2，0 ~ 15m 深的浅海面积 3.11km^2，平均水深 18m，最深处 70m，大陆海岸线长 2668km。

（二）黄海海区

黄海位于我国大陆和朝鲜半岛之间，是一个半封闭的浅海，南部海域因受黄河、长江等大河的影响，海水含泥沙量高，常呈浅黄色。黄海的大陆海岸线长 3952km，海域面积 37.86 万 km^2，滩涂面积 7601km^2，0 ~ 5m 深的浅海面积 3.04 万 km^2，平均水深 41m，最深处 146m。由于黄河上游每年有 12 亿 t 泥沙流入黄海，其中40% 在河口附近，淤积成滩，河口沙滩每年延伸 2 ~ 3km，故黄海的滩涂面积呈增长趋势。

黄海，南从长江口北角到朝鲜济州岛西南端连线与东海为界。黄海北部有古黄河水下三角洲，其前缘为29m 等深线。在长江口外稍北的地方有长江水下浅滩，长达 100 多公里。

（三）东海海区

东海位于北纬 23°00′ ~ 33°10′、东经 117°11′ ~ 131°00′，南以福建、广东省界经东

山岛南端至台湾南端鹅銮鼻连线与南海为界，北以长江口北霹与黄海为界。东海大陆架十分宽广，面积约占整个海域面积的 2/3。东海沿岸多港湾、岛屿。因受长江淡水影响，东海渔业发达，素有"天然鱼仓"之称。东海的大陆海岸线长 5063km，海域面积 79.48 万 km^2，滩涂面积 $5417km^2$，$0 \sim 15m$ 深的浅海面积 3.9 万 km^2，平均水深 1000m，最大水深位于冲绳岛西侧（中琉界沟）约为 2700m。

（四）南海海区

南海位于菲律宾群岛、加里曼丹岛、中南半岛和中国大陆之间，是中国最大的边缘海。南海海域广阔，岛屿众多，其中包括中国第二大岛海南岛及东沙、西沙、中沙、南沙诸群岛。南海位于热带，海水蒸发量大，盐度高，适于造礁和珊瑚繁殖。南海的大陆海岸线长 4451km。海域面积为 358.91 万 km^2，滩涂面积为 $3536km^2$，$0 \sim 15m$ 深的浅海面积为 2.33 万 km^2，平均水深 l112m，最大水深 5377m。南海最南部的曾母暗沙等礁滩是我国最南部的领土。

（五）台湾以东太平洋海区

台湾以东的太平洋海区是指琉球群岛以南，巴士海峡以北的太平洋水域。台湾海峡属东海大陆架区。流入的主要河流有长江、钱塘江、闽江、浊水溪等。台湾以东的海区，地形复杂，水较深，黑潮暖流终年流经，其气象、水文条件与其他四个海区迥异。

除渤海是中国的内海外，其他海区，我们与周边国家的海域界线还都没有完全划定。南海在中国断续国界线内面积有近 210 万 km^2，黄海和东海的总面积为 117.34 万 km^2。根据"公约"规定，按公平原则与相邻相向国家划分海域，大约有 2/3 或 3/4 应划为中国管辖。这样估算下来，中国管辖海域面积就有 300 万 km^2 左右。根据中国政府 1958 年 9 月 4 日宣布的领海宽度 12 海里①计算，中国的总领海面积为 37 余万平方公里。从总量上看，中国是海洋国土大国。[101]

二、中国的海峡

两块陆地之间的狭窄水道称为海峡，是连接洋与洋、洋与海、海与海之间的通道。海峡中间多狂风巨浪。中国较大的海峡有渤海海峡、台湾海峡、琼州海峡等。

（一）渤海海峡

渤海海峡是指辽东半岛南端的老铁山与山东半岛蓬莱之间的水道，其最近距离为

---

①　1 海里 = 1852m

109km。西部的渤海通过它与东部的黄海相贯通。渤海海峡中散布着不少岛屿，其中庙岛群岛最为闻名遐迩。群岛共有大小 30 余个岛屿，呈东北—西南走向一字展开。其中较大的有北隍城岛、大钦岛、砣矶岛、高山岛、大黑山岛、北长山岛和南长山岛等。南长山岛陆域面积为 13 万 km^2，是渤海海峡中面积最大的岛。这些海岛海拔高度不大，大多为 150～200m。位于海峡中部的大钦岛高出海面 202m，是海峡中海拔最高的岛。在这些岛上，侵蚀地貌发育良好。

（二）台湾海峡

台湾海峡位于中国东南部。它和渤海海峡不同，渤海海峡是两个半岛之间的水道，而台湾海峡是中国的台湾岛与大陆之间的水道，是中国台湾地区与福建省之间的水上道路，呈东北—南西走向，南北全长 300 多公里，东西平均宽度为 150km。台湾海峡不仅是台湾和福建的自然分界线，也是东海和南海的连接区。台湾海峡海底总的地势是南高北低，从东西两侧向中部平缓倾斜，大部分海底地形平坦开阔。台湾浅滩是海峡中最浅的浅滩地形。海峡中平均水深为 60m，南部最浅水深为 10～15m。中部最大水深为 100m。位于海峡东南部的澎湖列岛是台湾海峡中的主要岛屿。它由 64 个大小岛屿和许多个浅滩岸礁组成，南北延伸 60km。澎湖列岛海拔普遍较低，一般为 30～40m，最高 79m。

（三）琼州海峡

琼州海峡位于华南地区，因海南岛又名琼州岛而得名，是中国的三大海峡之一。海峡东西长约 80km，南北平均宽度为 29.5km。琼州海峡南岸渡江三角洲突出于海峡中，其突出点成为海峡南岸东端的岬角。后海至天尾间的礁石群便成为南岸西端的岬角。北岸西段的突出点位于登楼角，东端的突出点位于排尾角。琼州海峡是连接岛屿与半岛之间的水道，水道中间没有岛屿，海峡两岸的海岸曲折，呈锯齿状，岬角和海湾犬牙交错。琼州海峡连通北部湾和珠江口外海域，是海南省和广东省的自然分界。[104]

三、中国的海岸

我国大陆海岸线绵延曲折，北起鸭绿江口，南到北仑河口，长达 18 400.5km；全国有面积大于 $500m^2$ 的岛屿 6962 个，岛屿海岸线长 14 247.8km。海岸线总长 32 648.3km。[105]

根据塑造海岸的主导因素和海岸的物质组成，中国海岸可分为平原海岸、山地丘陵海岸和生物海岸。其中平原海岸分为三角洲海岸、淤泥质平原海岸和砂（砾）质平原海岸；山地丘陵海岸分为侵蚀基岩海岸、堆积基岩海岸；生物海岸主要分为珊瑚海岸和红树林海岸。[105]

（一）平原海岸

平原海岸又称沙岸，杭州湾以北，除辽东半岛和山东半岛以外的大部分均为平原海岸。三角洲海岸主要分布在黄河、长江、珠江、钱塘江河口。

（二）山地丘陵海岸

山地丘陵海岸又称崖岸，山东半岛、辽东半岛、杭州湾以南、台湾东海岸，大部分属此类。

（三）生物海岸

生物海岸主要有红树林海岸、珊瑚海岸。中国的红树林海岸主要分布在广西、广东、海南沿海、福建沿海。珊瑚礁海岸主要分布在南海诸岛、海南岛沿岸、雷州半岛南部沿海、澎湖列岛、台湾岛南部及其附近岛屿。

1. 珊瑚海岸

中国的珊瑚海岸主要分布在南海诸岛、南海岛屿沿岸、雷州半岛南部沿海、澎湖列岛、台湾南部及其邻近岛屿。总面积 61.7 万 km^2。珊瑚礁的功能较多，不仅能够保护海岸，还能储存油气资源。在珊瑚礁区建立海洋动物园、自然保护区，既是游览胜地，又是科研教学基地。人们将温暖海洋中一簇簇、一丛丛美丽的珊瑚称为"海中雨林"，是海洋中的瑰宝。但近几十年来，这些令人陶醉的瑰宝正面临着严重的破坏，如果再不拯救，几十年后有可能灭绝（详见福建东山的珊瑚自然保护区）。

珊瑚礁是古老海洋动物，约在 2.25 亿年前的中生代就繁衍生息，其中一类称石珊瑚，也称造礁珊瑚，能够从海水中大量吸取碳酸钙后于体外分泌形成石灰质骨骼，它还同光合海藻构成共生关系，互不获取生存必需物质。

（1）珊瑚礁生物多样性

珊瑚礁生物多样性是海洋生物多样性最丰富的储库，这是因为珊瑚礁形成复杂生态环境，容纳庞大生物群在这个环境生存繁衍后代。据记录，澳大利亚石珊瑚 500 多种，斯里兰卡 183 种，越南 250 种，菲律宾 400 多种，中国台湾 280 种，中国南海 250 种。珊瑚礁支撑着 4500 多种鱼类生存于珊瑚礁生态系统中。

从生物生存功能划分，珊瑚礁的生产者包括硅藻、甲藻、裸甲藻、蓝绿藻和自营养的蓝细菌、底栖红菌、绿藻、褐藻和硅藻，以及共生的虫黄藻；消费者有浮游动物，有孔虫、放射虫、纤毛虫、水螅水母、钵水母、桡足类、毛颚类、磷虾类和其他底栖动物海绵、双壳类、螺类、虾、蟹、苔藓、多毛类、棘皮动物和大量鱼类、海龟、蛇类等；分解者是礁内的异养细菌，是碳和氮循环的主要媒介，利用礁内自己调控机制和周围环境变化的反应，保持珊瑚礁生态系统相对稳定和发展。

（2）珊瑚礁生态能流

珊瑚礁在适宜光照、温度环境下，它的能量流通效率是由礁内生物群间相互活动所决定的。礁内底栖大型水生植物、海草、固着生物和微型底栖植物营高水平的光合作用，通过海水中溶解有机物的利用，以及底栖滤食者对悬浮有机物的利用，对维持高水平的生产量具有重要意义。

（3）珊瑚礁生态物质流

进入珊瑚礁内碳、氮素可通过多种途径转化和迁移，其中一个重要途径是生物的摄取，礁内生物群与碳、氮素之间存在动态的相互作用，生物对碳、氮素的吸收和输出取决于季节和碳、氮素浓度的变化。在礁体内的沉积物是碳、氮素储存和再生的主要储库，为浮游生物生长提供大量持久的碳、氮素供应，再循环过程通常也发生在沉积物中，且流失很少，可从潟湖沉积物碳、氮的浓度高于周围水体得到佐证。

（4）沉积物的价值

珊瑚礁孕育着丰富的生物资源。在珊瑚礁内拥有许多重要经济鱼类（石斑、笛鲷、石鲈、鹦嘴鱼、青眉等）、甲壳类（龙虾等）、贝类与章鱼、海参类，是经济生物资源的繁育区，也是海龟产卵孵化场，还有不少装饰品也是从珊瑚礁中采得的。

天然药用资源的宝库。珊瑚礁的生物群具有大量生理活性物质。例如，海洋毒素中的海绵聚醚毒素、海葵的肽类毒素、刺尾鱼素，都是未来研发毒素的重要来源。近20年来，已从软珊瑚、柳珊瑚等分离出前列腺素、萜类、双萜、醇类、生物碱、肽类等物质，其具有抑制癌细胞、抗肿瘤、抗病毒、抗心血管病等功能。目前被分离的天然药物已有百种，中成药70种。

珊瑚骨骼可作为修复人骨的材料，在伤残人的腿骨和颜骨中装接珊瑚，疗效显著，不仅用于骨科，还在矫形外科，颅骨、颌骨外科，美容外科和口腔外科等领域得到应用。

沉积于地下的古珊瑚和地表层的珊瑚化石可以作为鉴别古代地壳、古气候的可靠证据。同时也可以通过珊瑚岩层的厚度来验证海洋地质、地貌的变化。

（5）南海珊瑚礁生态系统

南海海域面积约 $356 \times 10^4 km^2$，大于 $500 m^2$ 的岛屿有 1827 个，珊瑚礁星罗棋布。台湾海峡、海南岛、东沙群岛、中沙群岛、西沙群岛一直到曾母暗沙均有珊瑚礁分布。1997年，曾昭璇研究表明，中国大陆沿海自福建东山岛至广西北部湾都有造礁石珊瑚分布，但没有发育成典型的岸礁。海南岛南岸和台湾岛南岸有典型的岸礁。西沙、南沙、东沙和中沙都有典型的环礁。此外，我国南海珊瑚礁可分为大洋典型分布型、过渡型和边缘型三种类型（表10-1）。

南海诸岛珊瑚礁总面积约$3×10^4 km^2$，占世界珊瑚礁总面积的2.57%。中国海域造礁石珊瑚种类十分丰富，迄今为止已记录的我国造礁石珊瑚有50多属300多种。东沙群岛有造礁石珊瑚34属101种，西沙群岛有38属127种和亚种，南沙有46属124种，台湾岛58属230种，海南岛有34属110种和亚种，广东雷州半岛造礁石珊瑚共13科25属48种，广西涠洲岛有21属45种，香港沿岸水域有21属49种[106]。

表10-1 我国南海珊瑚礁资源的分布[106]

珊瑚礁类型	分布	面积/km²
大洋典型分布型	西沙群岛、中沙群岛及南沙群岛	26 060
过渡型	海南岛	500
边缘型	主要在华南沿海：徐闻（广东省西南，雷州半岛）；南澳岛和大亚湾（广东省东南部）；涠洲岛和斜阳岛（广西壮族自治区）；东山湾（福建省）	30
总计		26 590

南海南部海域，大型底栖动物有114种，其中多毛环节动物34种，软体动物39种，甲壳动物28种，棘皮动物5种，其他动物8种。

我国珊瑚礁资源虽然丰富，但同样面临着严重危机。"我国近海海域环境调查与评价"最新调查显示，福建海域石珊瑚主要分布在东山，是我国珊瑚礁分布的最北缘，珊瑚种类少，核心区域内珊瑚覆盖率较低，靠近东山湾内沿岸和岛屿已经极少有珊瑚分布了，湾内珊瑚资源退化严重；广东海域石珊瑚主要分布在深圳的大亚湾、珠江口和徐闻西海岸，珊瑚礁资源受到一定的破坏，仍需进一步保护；广西海域石珊瑚主要分布在涠洲岛，石珊瑚死亡情况严重，原因仍在调查；海南岛及其离岛的珊瑚礁生长状况较好，但是由于过去大量破坏珊瑚礁，使得海南有的地方珊瑚覆盖率低，恢复缓慢，同时也发现许多炸鱼、毒鱼的情况，珊瑚礁保护宣传仍然迫在眉睫。过去我们认为离岸的珊瑚礁应该很好，但是目前西沙群岛有些海域珊瑚礁死亡情况也相当严重，珊瑚覆盖率低，尤其是珊瑚礁贝类、鱼类已经受到大量破坏，也发现许多炸鱼、毒鱼的现象。因此，对我国珊瑚礁资源的保护工作急需加强。

2. 红树林海岸

红树林是分布在热带、亚热带、潮间带（能够受到潮水周期浸淹的海岸地带）的木本植物群落，通常生长在港湾河口地区的淤泥质滩涂，是海滩上特有的森林类型，素有"海上森林"、"海底森林"的美称，又称"潮汐林"。

红树林是全球生态系统中最具特色的一个，具有陆地和水体两个生态系统的特征。

全世界有红树林23科27属70种；中国有16科15属27种（一个变种），另外还有10种半红树植物，共计16科15属37种。

全世界红树林面积170×10^{4}hm^2，主要分布在南、北回归线之间，中国红树林总面积82 757.2hm^2，主要有木榄群系、红树群系、秋茄群系、角果木群系、桐花树群系、白骨壤群系、海桑群系、水椰群系8个群系，另有少量榄李群系、银叶树群系、海漆群系。主要分布在如下省（市、区）。

海南：红树林总面积为39.3km^2，是中国红树林分布中心，主要在清澜港、东寨港、三亚港及新英港，种类有瓶花木、红树、水椰、红榄李等23种，现建有东寨港、清澜港、花场湾、新盈、彩桥、新英、三亚河口、青梅港等10个红树林自然保护区。

广东：红树林原有面积为8.4×10^{4}km^2，占全国红树林总面积的40%，20世纪70年代之前，由于建造盐田和围塘养殖，遭到严重破坏，80年代后才逐渐恢复，据广东"908"调查项目统计，现有12 546.4km^2，人造未成林940km^2，天然未成林667.4km^2。它主要分布在湛江、深圳、珠海等地区，优势种为桐花树、秋茄、红海榄、白骨壤、木榄等11种。现建有湛江和福刚等8个红树林自然保护区。

广西：红树林总面积83.7km^2，主要分布在英罗湾、铁山港、北仑河口、丹兜海等地区。优势种为桐花树、红海榄、木榄、白骨壤等10种，现建有山口、茅尾海、北仑河口红树林自然保护区。

福建：红树林总面积4038km^2，主要分布在漳江、九龙江、泉州湾等地区，优势种为秋茄、桐花树、白骨壤、木榄4种。现建有九龙江等3个红树林自然保护区。

香港：红树林总面积为3.8km^2，主要分布在深圳湾米埔、大埔汀角、大屿山岛、西贡等地区。优势种为秋茄、桐花树、白骨壤等9种，现建有米埔红树林1个自然保护区。

台湾：红树林总面积2.8km^2，主要分布在台北淡水河口、仙脚石海岸、新竹红毛港等地。优势种为秋茄、白骨壤等4种，建有淡水河口等3个红树林自然保护区。

澳门：红树林总面积0.01km^2，主要分布在仔跑马场外侧、水仔与路环之间的大桥西侧海滩等地区。优势种为桐花树、老鼠勒、白骨壤等9种，现尚未建立红树林自然保护区。

（1）红树林的功能

红树林生长于沿海、河口、港湾的湿地，具有以下特殊功能。

1）维持生物多样性。在红树林区具有丰富的生物多样性。它的叶、花、茎、枝等以凋落物的方式，形成复杂的食物网，创造良好的生存环境，为海洋底栖生物提供丰富营养物质。在这环境中有丰富藻类、底栖动物、浮游生物、鱼类、昆虫等各类生物。红树林具有发达的潮沟，可以吸引深水动物到红树林区觅食、育肥、栖息、繁殖。这区域也成为候鸟越冬及中转站，并为海鸟栖息与繁殖场地。红树林生态系统是联结大陆与海洋的重要媒介，是一个具有全球高度生产力的生态系统之一。

2）防浪护堤。红树林具有不同类型发达的根系，可滞留陆地的泥沙，有较好的固沙功能。它茂密的树体可有效抵御风浪冲击，具有消浪、缓流、减轻风暴破坏力，被誉称"天然海岸卫士"、"海上绿色长城"。例如，50m高的白骨壤红树林带，可以使1m高的波浪削减到0.3m以下。在台风引起的风暴潮中，对减流消浪非常突出，宽100m、高2.5~4m红树林可消浪达80%以上。

3）促淤造陆。红树林促进颗粒泥沙沉积，其速率较非红树林区高出2~3倍，并向海伸展，使海滩面积不断向外扩大和抬升，从而达到巩匿海岸堤坝的作用，为防止因全球变暖带来的海平面上升具有独特功能，具有"造陆先锋"的美誉。

4）净化功能。红树林的净化功能包括大气净化、水体净化和土壤净化功能。它的固碳量高出热带雨林10倍，并将大气CO_2转化为有机碳。同时释放大量氧气，起到净化大气的功能。它的发达根系成为天然污水处理系统，既可以抵抗溢油污染，还可以吸收人类排放各类污染物中大量的氮磷和重金属等，将其吸收到不易转移扩散的根系或树干部位，从而达到净化水体和土壤的功能。[107]

（2）红树林的价值

据专家们保守估计，中国红树林总的生态功能价值为每年23.7亿元。这其中还有大量的直接和间接价值没被计算在内，如景观生态价值、湿地系统营造价值、风险及污水去除价值、降低赤潮发生频率、药用价值、经济用材价值等。如果这些项目均被科学地计算在内，红树林的生态价值将大大提高。因此，红树林是大自然赐予人类的一笔宝贵财富。

1）生态价值。红树林具有巨大生态效益。由于红树林枝繁叶茂、根系发达，能牢固扎根于海滩淤泥中，形成　道与海岸线相平行的天然屏障，故红树林和海岸林在防浪、抗浪、护堤、固岸、抗御台风、海啸及天文大潮中起了决定性的作用，被誉为"海岸卫士"。据测定，覆盖度大于40%，宽度100m左右，高2.5~4.0m的红树林带，其消浪系数可达80%以上，能把10级台风刮起的风浪化为平波[107]。红树林是陆地向海洋过渡的特殊生态系统。作为当今海岸湿地生态系统唯一的木本植物，红树林起到了海岸森林的脊梁作用。红树林还是海洋生物食物链的一个重要环节，通过食物链转换，它可以为海洋生物提供良好的生长发育环境。

红树林是热带海岸重要的生态环境之一，是良好的海岸防护林带，又是海洋生物繁衍栖息的理想场所，对发展生态旅游业有着积极的作用。有关专家曾对全球生态系统的服务价值进行了评价，他们通过对各生态系统在气候调节、水资源更新、水土保持、土壤形成、营养循环、废物处理、生物调控、栖息地维持、食品与原料生产、基因库构成、自然景观形成等多方面功能价值的估算和统计，得出红树林湿地生态服务功能价值在全球 16 种生态系统中名列第四。如果将上述服务价值折算成货币，每公顷红树林湿地每年可以产生高达 9990 美元的效益，相当于珊瑚礁生态系统的 1.64 倍和热带森林的 5 倍。而根据专家的估算，世界红树林对渔业的贡献每年为 7.5 万 ~ 167.5 万美元/km^2。

由于红树林具有热带、亚热带河口地区湿地生态系统的典型特征及特殊的咸淡水交叠的生态环境，为众多的鱼、虾、蟹、水禽和候鸟等海洋生物提供了栖息、繁衍和觅食的场所。因此，红树林生态系统中蕴藏着丰富的生物资源。据初步调查统计，红树林中有价值的水产品有鳗类、泥鱼类、章鱼等 11 种；水体浮生动物 6 种；螺贝类 49 种；甲壳类 44 种。红树林每年有大量的嫩枝绿叶为这些生物提供天然饲料。因为红树林生长于热带和亚热带，并有丰富的鸟类食物资源，所以红树林是候鸟的越冬场和迁徙中转站，更是各种海鸟觅食栖息、生产繁殖的场所。大量候鸟于秋冬或春夏季节交替期间成群结队地栖息于红树林湿地。除了众多的鹃形目、雀形目等留鸟外，每年秋冬季还有大鹤类、鹳类、鹭类、猛禽类候鸟光临。据初步调查，红树林中的鸟类达 82 种，其中留鸟 38 种，候鸟 44 种，属国家一级保护动物的有 4 种，属国家二级保护动物的有 12 种，农业益鸟 32 种，有观赏价值的有 5 种，有肉用及其他用途的近 30 种。

红树林具有巨大的潜在的海洋经济价值。红树林经济是海洋经济的一个重要组成部分，也是海洋经济的一个补充。红树林可以作工业用材，用于建筑、枕木、船舶、家具，如木果莲、小榄、白骨壤等，由于材质坚硬、纹理密致、颜色鲜艳、防腐防虫性强，是制作家具、农具、乐器的好材料。红树林的树皮、树叶可以用于化工、制药。角果木、红海榄、秋茄、木果莲、木榄等的树皮含有丰富的单宁，含量高达 20% ~ 30%。从水椰的花柄中抽取的液汁还可以制糖、乙醇和醋。红树林的根、叶、果可以入药治病；红茄冬、海桑、水椰等的果实可供食用。红树林的嫩叶绿枝含有较高的粗蛋白和微量元素，农民还常用红树林的树叶作农田绿肥，也是畜牧业的饲料之一。

红树林是海上旅游的后备资源。从旅游业角度看，红树林本身就是一种极具观赏价值的植物群落，美丽的红树林为人类提供了一个良好的休闲观光场所。时隐时现的海上森林有各种奇形怪状的根系、底栖动物。红树林中处处鸟语花香，充满诗情画意。

2) 经济价值。红树林生态系统在全球 16 种生态系统中占第四，每公顷红树林湿地每年可产生价值近 1 万美元的经济效益，相当于珊瑚生态系统的 1.64 倍，为热带森林的 5 倍。

红树林湿地是鱼虾、蟹和贝类等海产品主要觅食、栖息繁殖的场地。它提供水产养殖业天然苗种的重要来源，它通过提供丰富食物和保护场地等途径来维持近海渔业高产。

红树林做木材、纸浆、化工原料、香料等，提供多种工业、药物用途。20 世纪 70 年代前，渔民用它提取丹宁染渔网，耐磨损。

红树林中的海蕨、黄槿的嫩叶、秋茄、木榄、海莲、红海榄的胚轴，经脱涩处理均可食用。

3）社会价值。旅游价值：红树林地处海陆交界，环境优美，是具有多种观赏价值的资源，在南海红树林最早开发旅游的是东寨港红树林，在海岸众多选美名单中，能有幸选中，是因为它独特的海岸类型和它胜似江南水乡般的蓝天、绿树、大海组成的一个十分优美的景观。

科普活动场地：红树林也是科普活动、环保教育示范场地，如香港米埔建有野生生物教育中心、居民郊野学习中心，广西山口、深圳福田等都有类似的设施。

科学研究：红树林区保留地球上大陆变迁的痕迹，红树林区生物多样性及其演化，红树林在全球气候变化中的作用等研究。

总之，红树林是我国重要的湿地资源，是生态公益林的组成部分，也是生态环境建设的一项重要内容。红树林作为沿海防护林中一道独特的风景线，其发达的根系互相交错，能固结土壤，促淤造陆，不断扩大滩涂面积，阻隔和削弱风浪的冲击，有效保护堤围的安全，成为渔船的天然避风港。红树林能净化海水，是鸟类、贝类、鱼、虾、蟹等生物栖息繁衍的场所。以景观资源为基础，开展红树林生态旅游，使红树林成为优美的滨海旅游观光场所和良好的科普基地，对改善生态环境，提高人民生活质量有重要作用。

南海海域辽阔，气候温暖，适合珊瑚和红树林生长。海南岛红树林种类多，占全世界23个科中的16个，其中8个科又是海南独有的珍贵品种。红树林形态优美高大，最高可达13m，高低错落，随潮水涨落，墨绿一片，是全国最典型的红树林，被称为"海底森林"。它有鲜红的质材，素雅的绿装，艳丽的花朵和甜美的果实，因而具有较高的观赏价值。公元1100年，苏东坡在海南澄迈通潮阁候船北归，写下"贪看白鹭横秋浦，不觉青林没晚潮"的诗句，其中"青林"即红树林。以后红树林常被诗人吟咏，被画家绘入图中。现在海南岛红树林保护区有两处，一处在琼山东寨港，另一处在文昌清澜港，都是良好的热带风光旅游区。

红树林是湿地盐生植物，即指生长在热带、亚热带海洋潮间带地区，受海水潮起潮落浸淹、干露的耐盐性木本植物群落，也是独一无二保护海岸的植物群体。它们适应于海滨泥滩地带，土壤缺氧、通气性差、水分饱和、质地黏重、贫瘠，土壤的养分不在表层，而在下层，与陆地森林有明显差别。它的生境特点是：①土壤呈酸性，pH小于5.0，泥底硫化物经氧化生成硫酸，增强酸度，pH可降到2.2。②富含有机质，由于植物落叶，根系分泌物多，加上大量微生物作用，提供丰富有机质来源，由于底泥缺氧，有机质分解缓慢，含量可高为2.0%，如广东雷州半岛红树林土壤有机质含量为0.7%~4.9%，平均为2.4%。③含盐度高，不仅水体具较高的含盐量，土壤中盐量也较高，在黏土质内可高达4%，并具有积盐特性。[107]

四、中国的海滩

滩，分海滩、湖滩、河滩，是由水流搬运积聚的沉积物——沙或石砾堆积而形成的岸。海滩是波浪及其派生的沿岸水流合力作用的产物。中国的海滩，面积大、数量多，举例如下。[108]

（一）大连金石滩

陆地面积62km²，海域面积58km²，海岸线长超过30km。三面环海，四季分明，冬无严寒，夏无酷暑。海域不淤不冻，有"东北小江南"之称，是中国北方理想的海滨度假区、国家级地质公园，海岸线凝聚了史前9亿~3亿年的地质景观，被称为"凝固的动物世界"、"天然地质博物馆"、"神力雕塑公园"。

金石滩东部半岛植被茂盛，礁石林立，山海相间，景观秀美。海岸线形成于史前8亿~5.4亿年前的震旦纪，地貌景观形成于6500万年前。例如，沉积岩、古生物化石形成了玫瑰园、恐龙园、南秀园、海蚀洞、海蚀粒。

金石滩奇石馆是中国目前最大的藏石馆，号称石都，内藏珍品200多种，近千件，其中的浪花石、博山文石、昆仑彩玉均为中国之最。

（二）北海银滩

北海银滩原名"白虎头"，位于广西壮族自治区北海市，因为从地图上看整个区域像一个张开嘴的大白虎，银滩似虎头，故名"白虎头"。又因其沙细而洁白，在阳光照射下泛出银光，故又名银滩，冠以所在地地名，就称北海银滩。北海银滩的面积比烟台、青岛、大连、北戴河沙滩面积之和还大，总面积达3km²，海滩宽度为30~3000m，海潮夜涨朝退，海水清洁，特别适合游泳、戏水。在北海银滩的南部海滨建设了一个国家级旅游度假区，距北海市区8km。

五、中国的海岛

（一）海岛数量

我国面积大于500m²的海岛有7288个，包括台湾88个、香港235个、澳门3个。

岛屿海岸线14 247.8km。台湾岛是我国最大的海岛，位于我国东南海域，也是我国唯一直接濒临太平洋的地区[109]。

在我国的海域中，岛屿星罗棋布，有海岛分布的省（自治区、直辖市）主要有：

辽宁省、河北省、天津市、山东省、江苏省、上海市、浙江省、福建省、广东省、广西壮族自治区、海南省、台湾省。

（二）海岛类型

根据不同的体系，我国的海岛可分为6类18亚类19小类（图10-1）[110]。

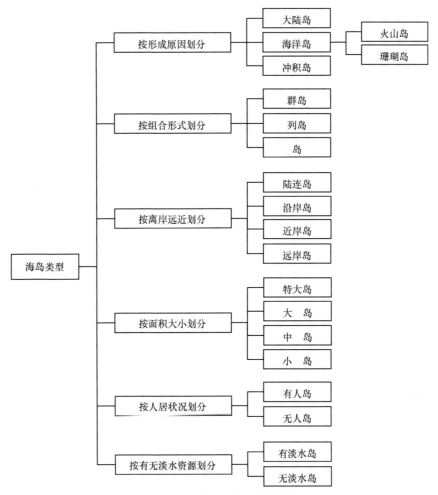

图 10-1 我国的海岛类型图

1）大陆岛：大陆地块延伸到海底，并露出海面的岛屿。

2）海洋岛：又称大洋岛，是海底火山喷发或珊瑚礁集体露出水面形成的岛屿。它又分为火山岛和珊瑚岛两类。火山岛是海底火山喷发物质堆积并露出海面形成的岛屿。珊瑚岛是海洋中造珊瑚的钙质遗骸和石灰藻等生物遗骸堆积而形成的岛屿。

3）冲积岛：又称堆积岛，是江河入海处，由河流携带的泥沙长年累月堆积而形成的岛屿。

4）群岛：彼此相距较远，或成群地分布在一起的岛屿。

5）列岛：成线型或弧形排列的岛屿。

6）岛：四面环水并在高潮时高于水面的自然形成的陆地区域。

7）陆连岛：独立的海岛，由于自然原因或人工原因，使之与大陆相连接的岛屿。

8）沿岸岛：岛屿位置与大陆相距不足 10km 的岛屿。

9）近岸岛：与大陆距离大于 10km 的岛屿。

10）远岸岛：距离大陆超过 100km 的海岛。

11）特大岛：面积大于 2500km^2 的岛屿。台湾岛是我国第一特大岛，面积 35 823km^2，海岸线长 1567km，最高海拔 3996m。海南岛是我国第二特大岛，面积 3392km^2，海岸线长 1617.8km，最高海拔 1867.8m。

12）大岛：面积 100km^2 以上的岛屿。大岛在海洋具有基地和中心作用。我国有 14 个 100km^2 以上的岛屿，见表 10-2。

表 10-2　我国 14 个大岛名称及其面积

所在省（直辖市）	名称	面积/km^2	所在省（直辖市）	名称	面积/km^2
浙江省	舟山岛	502	上海市	崇明岛	71 000
	岱山岛	115.7	辽宁省	长兴岛	7 100
	玉环岛	198.90	广东省	东海岛	289.49
福建省	海坛岛	312.90		上川岛	137.17
	东山岛	238.77		南山岛	120.57
	金门岛	147.65		南澳岛	105.70
	厦门岛	127.58		海陵岛	105.11

13）中岛：面积 5~99km^2 的岛屿。

14）小岛：面积 0.0005~4.9km^2 的岛屿。岛屿调查显示，小岛占全国海岛总数的 98% 左右，约 6800 个。从中、小海岛在各主要海岛地区（辽宁、浙江、广东、福建、台湾）的分布形式看，小岛中绝大多数是无人居住的岛；但这些岛的地位很重要。有些海岛是我国领海基点，在确定内海、领海和海域划界中有重要作用；有些海岛有其特殊性，是重要的海洋资源保护区。例如，蛇岛、大洲岛、南鹿列岛、东岛等海岛，是我国重要物种的海洋自然保护区。

15）有人岛：常年有人居住的海岛。一般面积较大，有一定的行政建制，从事生产和经济活动，是海洋开发基地。全国有人居住的海岛，目前为 434 个。

16）无人岛：无人常年居住的岛屿。其中有少数岛屿季节性有人暂时居住。据调查，我国有 6528 个无人岛，约占总数的 94%。

17）有淡水岛：有淡水资源分布的海岛，一般是有人居住的海岛。全国有淡水的海岛数量在 490 个以上。由于有些海岛面积小，积水面积小，淡水资源量不一定能满足人类生产生活需要。

18) 无淡水岛：无淡水资源的海岛。一般面积较小，没有储存淡水资源的条件，要利用这些岛屿，要在这些岛上开展人类活动，需要创造储存淡水的条件。全国无淡水岛屿约 6400 个，占全国海岛总数的 92% 左右。[110]

（三）台湾岛

台湾岛是我国第一大岛，属特大岛类型，位于我国东南沿海的大陆架上，东临太平洋，西隔台湾海峡与福建省相望。台湾本岛周边有兰屿、绿岛、钓鱼岛等 22 个小岛屿，澎湖列岛包括 99 个岛屿，其中本岛面积占所辖区域面积的 98%。台湾岛是有欧亚大陆板块和菲律宾板块挤压而隆起的岛屿，台湾岛本岛的南北长约 395km，东西宽约 144km，海岸线长 1193km，面积约 $3.6×10^4km^2$。台湾处在西太平洋航道的中心，是国际海上交通的枢纽，地理位置极其重要。

台湾是一个多山的岛屿，山势高大险峻。山势自东北至西南走向，平行排列，中间高，两侧低，平原狭窄，多地震、火山和温泉。台湾的五大山脉有中央山脉、玉山山脉、月山山脉、阿里山山脉、台东山脉，其中玉山山脉主峰 3952m，是台湾的最高峰。

北回归线横穿台湾的中南部，将台湾分为南北两个气候区，北部属亚热带季风气候，南部属热带季风气候。从平原到高山，随海拔升高，气温逐渐降低，形成了同一时空拥有热带、亚热带、温带、寒带气候。台湾森林资源丰富，垂直变化大。台湾物种多样、生物多样性丰富。

台北市人口密度 10 000 人/km^2，是世界人口密度最大的城市之一。台湾居民普遍使用普通话和闽南语。按照迁移至岛的先后顺序，居民可分为四大族群：原住民、闽南人、客家人、外省人。其中，汉族人占总人口的 98%。原住民中有泰雅、阿美、布农、卑南、达悟、排湾、鲁凯、邹、邵、赛夏、噶玛兰、太鲁阁、撒奇莱雅、赛德克等族群。

台湾旅游资源丰富，最著名的有基隆港、渔人码头、野柳地质公园、玉山国家公园、阳明山、日月潭、阿里山、八仙山、寿山、西子湾、澄清湖、垦丁等自然风光；人文旅游资源主要有台湾"故宫博物院"、"孔庙"、101 大楼、淡水古城、汶水法云寺等及各地著名的夜市，如士林夜市、师大夜市、公馆夜市、逢甲夜市、饶河夜市、华西夜市等。台湾的民事祭典活动则主要有妈祖祭、关老爷祭、艋舺船王祭、金门城隍祭、桐花祭等。

（四）海南岛

海南岛是我国第二大岛，属特大岛类型，是南海上的一颗明珠。2010 年 1 月，国务院发布《国务院关于推进海南国际旅游岛建设发展的若干意见》。至此，海南国际旅游岛建设正式步入正轨。我国将在 2020 年将海南初步建成世界一流海岛休闲度假旅游胜地，使之成为开放之岛、绿色之岛、文明之岛、和谐之岛。

海南岛旅游资源丰富。东海岸海滨旅游度假区有风景秀丽的桂林洋，洋溢着椰风海韵的东郊椰林湾，有"天下第一湾"之称的亚龙湾和被誉为"海上乐园"的大东海。有兴隆温泉、官塘温泉、南洋温泉、南田温泉等温泉旅游胜地。著名的风景区有东山岭、天涯海角、鹿回头公园、南山文化旅游区、红树林保护区、五指山和尖峰岭热带雨林森林保护区，南湾猕猴、屯昌坡鹿、霸王岭黑冠长臂猿保护区，以及世界上保存最完整的石山火山口及其火山溶洞。著名古迹有建于清光绪年间的五公祠，建于清康熙年间的琼台书院，北宋文豪苏东坡居琼遗迹东坡书院，以及明代名臣邱浚和清官海瑞的陵墓。

海南岛最南端的三亚市是中国最南端的、也是唯一的热带海滨城市，被称为"东方夏威夷"。拥有海南岛最美丽的海滨风光，三亚是中国日照时间最长的城市，全年有近 300 天艳阳高照，也是中国年平均气温最适宜、空气质量最好的城市，被联合国誉为"世界最适合人类居住的城市"。

六、海洋国土意识

（一）人类海洋领土意识的形成

人们普遍意识中的领土仅限于陆地，其实海洋也是领土的一部分。在封建社会早中期，人类开始形成控制部分海域航行、捕鱼的思想。15 世纪人类开始进入大航海时代，出现了葡萄牙、荷兰等海洋强国，形成了海洋割据局面，当时正值中国鼎盛时期，但中国出于"和顺万方，共享太平"的思想，与外国交往坚持"厚往薄来"的大国君子风度，从未侵占别国一寸土地，从不掠夺别国一分财物，成为世界各国的外交楷模，可惜明朝末年"寸板不许下海，片帆不许出海"的禁令，扼杀了中国的海上活动，闭关自守几百年，放弃了中国的海洋权益。世界进入资本主义时代后，一些新兴的国家要求打破海洋被分割的格局，实现自由航行。第二次世界大战后，联合国制定了《联合国海洋法公约》，将世界海洋中的 2.5 亿 km² 海域划为公海和国际区域，约 1.09 亿 km² 的近海划分为沿海国家的管辖区域。由此，人类的海洋观念和意识发生了变化，形成了海洋领土意识。[111]

（二）中国的海洋意识

按照《联合国海洋法公约》，我国有 300 万 km² 的管辖区域，其中有与领土同等法律地位的领海面积 37 万 km²。中国有广袤的近海海域领土。随着我国国际政治地位的不断提高，我国在国际海洋事务中的作用越来越明显。但是，我们对海洋领土的认识不足，重视不够，因为海洋意识淡薄而失去过许多机遇，为避免重蹈覆辙，必须加强海洋国土意识教育。

第三节　海洋文化概述

　　海洋是地球上最大的生态系统，海洋文化不仅是中华文化的重要组成部分，而且由人海互动产生的海洋文化还是 21 世纪新的、先进的生态文化不可或缺的重要组成部分和体系之一。中国依海而生的先民靠海、吃海、用海、观海、思海、爱海，创造了灿烂的海洋文化，建设了海洋文明，推动了经济发展。

一、海洋文化发轫

　　远古时代，人们认为中国四周都是海，各方大海都有自己的龙王主宰，茫茫大海之上有众多仙山，上面住着众多的神灵。面对变化无穷的浩瀚大海，人们想象出各种神灵加以崇拜敬奉，祈求保佑，创造出许多神话传说，形成了远古的海洋文化[113]。后经历代先民的生产生活实践和精神价值积累，不断丰富着海洋文化，加上历代诗人、词家的艺术加工和提炼，便形成了历史悠久、内容丰富的海洋文化。举例如下。

　　李白，从小博览群书，一生"好入名山游"，足迹遍布祖国大江南北。他以青山为笔，绿水为墨，美酒为魂，用浪漫的言语书写着传奇人生。他的豪情壮志、豪迈气魄全部融入了那些佼俊飞扬、雄浑俊美的诗篇中。李白对海洋情有独钟，借海明志，其作品感情丰富、内容多样。

　　杜甫，诗歌笔力雄厚，气象阔大，多有高山大海的意象，忧国忧民的真情。他经历宦海沉浮、人世沧桑之后内心千疮百孔，需找一片疗伤的净土，于是想到了大海："平生江海心，借宿具扁舟"，想浮舟海上，做一个脱尘出世的"野老"，由此可见诗人在逆境中对高尚品格的追求和坚守。可当他浮于海上，忘不了的仍是故土民生，于是发出了以下雄浑之语：

　　　　　　　　余力浮于海，端忧问彼苍。

　　　　　　　　百年从万事，故国耿难忘。

　　白居易，在生活中体悟出"人生不满百"是因为"不符长欢乐"的缘故。他认为生命的延长在于现实中不贪恋富贵名利。在他的《浪淘沙》中写道：

　　　　　　　　一泊沙来一泊去，一重浪灭一重生。

　　　　　　　　相搅相淘无歇日，会教山海一时平。

　　　　　　　　白浪茫茫与海连，平沙浩浩四无边。

　　　　　　　　暮去朝来淘不住，遂令东海变桑田。

　　启示我们只有持之以恒，不懈努力，才能取得成功。只有不断积累才会有质的变化。

苏轼，一生宦游四海，饱览天下风光，写下众多内容丰富、风格多样的诗词文赋。1701 年到杭州任通判。第二年，借监考的机会，登望海楼观钱塘潮，作《望海楼晚景五绝》，其中第一首便描绘了一幅壮丽的海潮图：

海上潮头一线来，楼前指顾雪成堆。

从今湖上君须上，更看银山二十回。

二、海洋文化概念

文化是指人类在社会实践过程中所获得的物质、精神的创造力和创造的物质、精神财富的总和。文化是社会结构的重要层面。文化的产生依赖于实践，陆地是人类的实践场所，海洋也是人类重要的实践场所。黑格尔说："大海给我们茫茫无定、浩浩无边和渺渺无限的观念，人类在大海无限里感到他自己无限的时候，他们就会被激起了勇气，要去超越那有限的一切。[114]"海洋文化是在长期的海洋生产生活实践中获得的物质和精神的创造力及其创造的物质财富和精神财富的总和。海洋文化是中华文化的重要组成部分。

三、海洋文化价值

海洋文化的价值主要体现在经济、科学、道德、审美四方面。

（一）经济价值

文化本身就是一种财富，而且是一种可以产生财富的财富。随着科学技术的日新月异，文化与经济的联系日益紧密，现代经济已是文化经济、知识经济、人才经济。文化力量是综合实力的重要标志。一个国家综合实力的强弱，不仅表现在经济发达程度，而且还表现在文化发展程度上。一方百姓的思想道德和科学文化素质也从另一个角度反映了一个国家的综合实力。1972 年美国总统尼克松游览长城，他赞叹道："只有一个伟大的民族，才能建造出这样一座伟大的长城。"

文化是社会文明程度的重要标志，文化可以提高素质、凝聚人心、吸引人才、提供动力、塑造形象、优化环境、制造财富。海洋文化在这些方面蕴含的生产力和创造力及其由海洋贸易、海洋运输、海洋药物、海洋化工、海洋旅游、海洋矿产、海洋渔业等大规模产业群所创造的巨大经济价值是不可低估的。

（二）科学价值

远古时候，依海而居的先民享"渔盐之利"、"舟楫之便"的生活，反映了当时的先民已发明了制盐技术和造船技术。依海而居的原始居民经常在海岸礁石坑凹处捡到一些白色结晶体，尝试用来烹调食物，感到咸美可口，视之为宝。先民们由此得到启发并通过实验，将蒸发到一定程度的海水，收集到石坑暴晒一段时间后即可得到食盐。后来，随着需要量增加先民们又发明了用海水煮盐的技术，这种最终的海水制盐技术沿用至今。当然随着人口增加，科技进步，石坑晒盐不能满足需求，现在的海盐多出自颇具规模的盐田，制盐已成为一种产业。同样，郑和下西洋用的大木船，如今的舰船、舰艇，无不起源于远古的造舟技术。因此，古代的"渔盐之利"、"舟楫之便"是远古海洋文化科学价值的重要体现。

宋代名臣余靖留下的关于海上潮汐成因的文字："潮之涨退，海非增减，盖月之所临，则水往从之。月临卯酉，则水涨乎其西；月临子午，则潮予乎南北。彼竭此盈，往来不绝，皆系于月，不系于日。"这是古人留下的科学论文，是中华传统海洋文化中的光辉篇章，科学价值甚高。

滩涂围垦是沿海农民、渔民的一种生产方式，从古至今皆有之。滩涂形成发育，有自然规律，不可逾越。围垦滩涂必须掌握时机，围垦过早，淤沙不足，难以成田；围垦过迟，滩面过高，难以灌溉。珠江三角洲农民在千百年的围垦实践中总结出一套滩涂淤积规律：鱼游、橹迫、鹤立、草涉、围田。这为选择滩涂围垦时间，从物相角度提供了科学依据。长江三角洲的农民，在长期的滩涂海田种植实践中，摸索出一套谷物种植规律：一蚕豆，二棉花，三稻麦。而滩涂围垦后，第一年因土壤含盐分高，只宜种蚕豆，第二年可种棉花，第三年种植稻麦。这些虽是民间经验总结，但反映了海洋文化来自生产实践的真实的科学价值。

现代社会的海洋交通早已不是远古时代的"舟楫之便"，而是游艇、舰艇、远洋游轮；现代社会的海洋渔业、海洋工业、海洋矿业、海洋盐业早已取代了古代的"渔盐之利"；21世纪是海洋世纪，是开发海洋的时代，是发展先进海洋科技的时代，海洋文化的科学价值将更加辉煌。

人类在特定的海洋环境中所进行的科学技术活动，体现了海洋文化的求真性，体现了人类智慧处事的态度和能力。"求真"是海洋文化的核心科学价值。

（三）道德价值

中国佛教文化提倡慈悲为人，将观音菩萨视为大慈大悲普度众生的神灵；沿海居民从古至今一直将"妈祖"当做海上保护神崇敬膜拜，这表明海洋文化中的求善思想真谛。福建沿海一林姓居民几十年如一日，打捞漂浮到附近海面的野尸并予以妥善安葬；渔民海上作业遇到风浪互相救援，沿海居民人与人之间世代和睦相处，人与海之间同生共荣、和谐共存、和谐发展是海洋文化求和求善的具体表现。人类起源于自然，生存于自然，发展于自然，人与自然和谐相处是人类发展的根本存在，人类开发利用海洋的前提必须是保护好海洋环境，善待海洋，这是海洋文化的道德所在。

中国传统海洋文化中的天下一家、四海一家、互通有无、耕海养海、亲海敬海、以海为田、知足常乐的思想体现了中国海洋文化的博大宽容、谦和友善、仁爱厚德的道德价值观。

（四）审美价值

古人形容大海之辽阔云："望之而不见其涯，愈往愈不知其所穷。"海洋辽阔无垠，波涛汹涌，风高浪急，变幻莫测。涉海人常年在海上漂泊与风浪搏斗，需要勇气和力量，其行为壮美无比。沿海居民或"以海为田"，从事采集、捕捞业；或"以海为商"，通过海运进行贸易往来。宋代苏轼过琼州海峡时用"舣舟将济，股栗魂丧"的句子，表述了海洋风波之险恶。涉海人的海上的生产生活不仅要有勇气和胆识，还要有不惜以生命为代价的心态去面对海洋、挑战海洋。涉海人的豪情壮志、宽阔胸怀、壮美心灵、无畏行为，流芳万世。

海洋辽阔无涯，景象变幻无穷。时而风起云涌、白浪滔天、惊涛拍岸；时而风平浪静、祥云万朵、霞光万道、海鸟翱翔、鱼游浅底、千帆竞渡、百舸争流。诗人白居易有诗曰："牙樯迎海舶，铜鼓赛江神。"海洋自然景观之美，美不胜收。

涉海先民在夏、商、周时期就已开始祭海，秦始皇、汉武帝多次遣方士入海求药，伍子胥冤魂驱水为潮的神话，吴越王派强弩手射潮头的故事均广为流传。各地建立子胥祠、海神庙、潮神庙、镇海塔、妈祖庙、天妃祠，置镇海铁牛，投铁符等。海洋沿岸及岛屿上神话传说流行，海洋宗教文化内容丰富。由于古代丝绸业、陶瓷业等系列工业产品外运，国外的香料、胡椒输入，海上贸易繁荣，各国商人交往频繁，开拓了人们的视野，促进了海洋文化发展，提升了人们的审美能力，提高了海洋文化的审美价值。[114]

总之，海洋文化的开拓性、进取性、包容性、丰富性、冒险性、崇商性等多种特性蕴含在真、善、美的文化价值中。其外在表现是：经济活跃、文化丰富、勇敢、外向、开放、广阔。

四、中国海洋文化的发展历程

我国是一个拥有辽阔海洋国土的海洋大国。我国的海洋文化与五千年的文明史同步，源远流长，光辉灿烂。

（一）早期的海洋文化

早在旧石器时代，中国沿海地区就有人类活动。在距今约 1.8 万年前的山顶洞人的遗址中发现很多海蚶壳，其中有些海蚶壳上钻有小孔，可能当时是用来穿成串打扮自己，做饰品而用。河姆渡遗址中曾出土大量龟鱼类骨骸、蚌壳、菱角等水生动植物残骸，还出土了8片用整块硬木制作的桨，有桨必有船。在距今约7000年前的河姆渡人以水生动植物为食的渔猎生活创造了远古的水上渔猎文化。海洋文化由此发轫。在中国澎湖列岛的良文港，台湾的高雄、台中、台南等地发现大陆制造的彩陶、黑陶器物；新石器时期的代表器物"石锛"不仅在浙江、福建、广东、台湾等地屡有出土，而且远到菲律宾、大洋洲岛屿、南美洲的厄瓜多尔等地也有发现。这证明中国大陆创造的陶文化在新石器时期就漂洋过海到达世界许多地方，中国在新石器时期的航海活动创造了早期的海洋文化。[115]

在墨西哥的奥尔梅克遗址中，发现中国殷商时期的16件玉雕和6件刻着汉字的玉圭。这证明中国在夏朝末年（约公元前17世纪）就有了航海文明。

西周时，中国的海上航行已是常事。战国末年，中国沿海地区设置了一系列港口，沿海岛屿和大陆间联系增多，与朝鲜、日本、越南的海上交往日益增加。

秦始皇统一六国后有几次规模较大的航海活动，徐福东渡日本就是其中的一次；汉朝开始远洋，开辟了一条通往欧、非、亚的海上航线；唐宋时期海上贸易兴旺，唐朝开辟了海上丝绸之路；宋朝用指南针在船上指引航向，使航海技术取得了跨越时代的创新，2007年12月22日在南海阳江水域打捞出水的宋代沉船"南海1号"，所载器物及船体足以证明当时的科学技术和海洋文化已发展到相当高的水平；元代以开放的形态沿袭了唐宋的航海观念和技术，元统一全国后，重视发展海上贸易，元世祖至元十六年（1279年）多次派员访问东南亚等地，元代航海家周达观著有《真腊风土记》、汪大渊所著《岛夷志略》都满怀激情地记录了海外见闻。

（二）明清时期的海洋文化

明朝初年的中国，处于经济、政治、军事上的黄金时期。明人祖期望睦邻友好、保境安民，对外实行和平安定政策。明成祖继承和发展明太祖的外交政策。提出"共享太平之福"的理念。明洪武年间，中国与东南亚国家的关系，由从前的偶尔接触或战争讨伐转变为经常性的友好往来。

明成祖以当时明王朝强盛的综合国力为后盾，派遣郑和出使西洋，诏谕："今遣郑和赍敕谕朕意，尔等祗顺天道，恪守朕言，循理安分，勿得违越。不可欺寡，不可凌弱。庶几共享太平之福。"郑和立《天妃灵应之记》曰："和等统率官校旗军数万人，乘巨舶百余艘，赍往赍之，所言宣德化而柔远人也。"可见明成祖派遣郑和下西洋的目的主要是宣扬国威，怀柔海外诸邦，提高明朝德政声望，加强文化交流，扩大国际影响，吸引四方诸侯前来朝贡。

郑和怀着强烈的使命感，于1405年7月11日，第一次率领规模空前的远洋船队，从江苏太仓的刘家港起航，由长江口入东海，一路云帆高涨，昼夜星驰，向南向西进发。郑和船队每到一处，做的第一件事是宣读明朝皇帝的诏书："若有抒诚来朝，咸赐皆赏。"第二件事就是赠送礼物，大行赏赐，以"宣德化"。"宣德化"之意是宣传文教，并赠送中国历书。中国历书的内容包括中国先民在实践中积累的对季节、气候规律的认识，伦理道德、礼仪习俗等，集中体现了中华农业文明的精髓。郑和一行，沿途教当地人凿井、筑路、捕鱼、种植，以改善当地人的生活方式和生活习惯，提升周边国家的文化水平。

郑和船队第二次航海途中，在锡兰加异勤寺院用三种文字镌刻布施碑一块。碑上汉文记载郑和等为祈保航海平安，向神佛敬献供品情况；波斯语的碑文是表示对伊斯兰教信奉的真主的敬仰之意；泰米尔语的碑文是表示对南印度泰米人信奉的婆罗门教保护神毗瑟奴的敬献。这块碑反映了郑和为促进友好往来，尊重各国风俗和尊重各民族宗教感情的事例。此碑 1911 年被发现，存于斯里兰卡科伦坡博物馆，北京国家博物馆存有拓片。

郑和船队的船舶被称为"宝船"，宝船最大的长约 147m（44 丈），宽约 60m（18 丈），船上装载着珍珠、瓷器、丝绸、金银、漆器、麝香、樟脑、果品等，深受各国人民欢迎，宝船一到，倾国轰动，纷纷前往交换。郑和船队用中国物品换回西洋各地的象牙、染料、胡椒、硫黄、宝石等土特产和工艺品。这种商品交易促进了各国经济繁荣，提升了各国的物质文明，传播了中华文化和礼乐文明。

郑和作为当时的外交使者七下西洋，完成了"扬国威，示富强"的使命。郑和船队从明朝永乐三年（1405 年）至宣德八年（1433 年），七次下西洋历时 28 年，"涉沧漠十万余里"，遍及亚非 30 多个国家和地区，遵循"以德服人者王"，反对"以力服人者霸"的告诫，奉行王道，反对霸道。郑和始终怀着"和顺万方，共享太平之福"的愿望，坚持睦邻友好方针，致力于同周边国家和地区建立友好关系，以走向共同幸福和持久和平。郑和七下西洋，从未占领别国一寸土地，从未掠夺他人一分财富，真正完成了和平使者的使命，体现了中华民族是热爱和平的伟大民族。郑和船队七下西洋的壮举，标志着中国已成为当时世界上最大的海洋强国。北京大学何芳川教授说："在整个文明的交流与交汇史上，唯以郑和远航为代表的中华民族对外交往最文明。因为，它最和平"[117]。著名明史专家吴晗先生认为，郑和下西洋"其规模之大，人数之多，范围之广，那是历史上所未有的，就是明朝以后也没有。这样大规模的航海，在当时世界历史上也没有过[118]"。明成祖启动的郑和下西洋，声势之浩大，影响之广泛，堪称"前无古人，后无来者"。郑和下西洋证明了中华民族自古以来就致力于打开国门，走向世界，睦邻友好的辉煌历史。明朝万历年间罗懋登，根据郑和七下西洋史实撰写的百回长篇小说《三宝太监下西洋记》是一本难得的海洋文学。

遗憾的是明宣德之后，以惧怕海上倭寇猖獗为由，采取"寸板不许下海，片帆不许出海"的禁令而闭关自守。清朝统治时期，也不愿对外交流，不发展海洋文化。

明朝后期和清朝，中国的航海事业走向衰落，导致中国的海洋政治文化降为海洋民间商业文化。不过明清时期海洋民间诗歌、小说等作品依然丰富。例如，陈永正编著的

《中国古代海上丝绸之路诗选》一书收录的 419 首诗中，有明诗 39 首，清诗 239 首，清明诗歌共 278 首。清朝初期修成的《明史·外国传》中，收录了 91 个国家和地区的历史、地理、政治、经济、文化。这 91 个国家和地区，大部分位于东南亚、印度洋和东非等地。清朝中叶，李汝珍长篇小说《镜花缘》独步古今，书中充满浪漫情调和丰富多彩的海外故事，至今仍深受读者喜爱，广为流传。[119]

（三）近现代社会的海洋文化

民国时期，中国多战乱，文化发展受到抑制，海洋文化也不例外。这一时期的海洋文化研究多集中在对当时海洋社会群体和民俗的研究。例如，1946 年陈序经的《疍民的研究》、1948 年伍锐麟的《三水疍民调查》等。

新中国成立后，海洋文化得以快速发展，关于海洋文化的论文、著作、音乐、诗歌、戏剧、电影层出不穷。例如，著作有《海洋文化概论》、《海洋文化丛书》、《海洋文化》等；诗歌有郭沫若的"陇畔相思子，迎风待客收"，"红豆春前熟，青山天际燃"。叶剑英元帅的"到鹿回头滨海处，红豆离离，占断天涯路"。杨朔赞美海南天涯海角的诗"斜日渔帆飘海去，穷溟更在海中天。"陈毅元帅游"鹿回头"时填《满江红·鹿回头》词一首，其中有"钦水长来，花鹿好，徘徊一角。惊追逐，回头一顾，扑朔迷离。转瞬化作仙女去，晴空为奏钧天乐"等。

20 世纪 30 年代，由蔡楚生导演，王人美主演的电影《渔光曲》于 1935 年获得莫斯科国际电影节荣誉奖，这是中国历史上第一部获国际奖的影片。蔡楚生与王为一编导的《南海潮》1963 年在全国公演，轰动一时。另外，《南海长城》、《海霞》、《龙江颂》等反映特定时代的海洋生活和斗争的电影片，也是为世人百看不厌的艺术佳作。

1993 年，《中国海洋》报开辟"中国海洋文化论坛"。1995 年以来广东省炎黄文化研究会举办了 6 次海洋文化午会和研讨会并出版文集。1996 年以来中国海洋大学、广东海洋大学、上海海事大学、浙江海洋学院等相继成立了海洋文化研究所。总之，20 世纪末叶，海洋文化研究十分活跃，研究内容集中在海洋文化概念和海洋文化基础理论研究。

2001 年 5 月联合国缔约国指出："21 世纪是海洋世纪"。这一论断很快为国际社会普遍接受，其原因有二：一是陆地资源消耗接近极限，人类将开拓新资源的目光转向了海洋；二是世界各国都越来越看重海洋国土而海洋又难以分割，引起很多海洋权益冲突。

中国"21 世纪海洋世纪"的海洋文化迎来了极好的发展机遇。海洋文化的研究内容将更加广泛、更加深刻。21 世纪中国要成为世界强国，就要大力发展海洋文化，树立和平海权发展观，开发海洋、保护海洋、发展海洋事业和产业。

中国始终坚持"与邻为善，与邻为伴"的周边外交方针，坚持"睦邻、安邻、富邻"的周边外交政策，加强与各海洋国家交流合作，追求繁荣与发展，实现互利共赢。中国坚定不移地走和平发展的道路，在维护世界和平中发展自己，通过发展自己促进世界和平。

21 世纪，中国海洋文化迎来了良好的发展机遇。但是，机遇总是与挑战并存。近年来，"马六甲咽喉危险论"升级影响我国海上石油输送，中日对钓鱼岛主权的争议及东海石油等矿产资源的争夺，成为中国海洋社会文化价值观的新挑战，需要超凡的智慧和胆略使其化险为夷，转危为安，和谐发展。[119]

第四节　海洋文化的存在形式

文化的存在形式有四种：物质文化、精神文化、制度文化、行为文化。海洋文化的存在形式也不例外，表现为海洋物质文化、海洋精神文化、海洋制度文化、海洋行为文化。

一、海洋物质文化

海洋物质文化的研究内容涉及海洋资源、海洋产业、海洋城镇、海港、渔村、渔民生活生产、饮食服饰及民间庙宇宗祠等许多方面。

（一）海洋资源

海洋资源属于自然资源，是一种特殊的自然资源。广义的海洋资源指海水中的生物、溶解在水中的化学元素、海底矿产、淡水、海水、港湾、航线、海产资源加工、海洋上空的风、海底地热、海洋景观、海洋里的空间、纳污能力等；狭义的海洋资源仅指海洋生物、海水中的化学元素、海底矿产、淡水、海水水体及其直接相关的物质和能量。[120]

在辛仁臣等编著的《海洋资源》中，海洋资源是指海洋所固有的，或在海洋内外营力作用下形成并分布在海洋地理区域内的，可供人类开发利用的所有自然资源[121]。海洋资源种类繁多，按其属性和用途可分为 7 大类：海水及水化学资源、海洋生物资源、海洋固体矿产资源、海洋油气资源、海洋能量资源、海洋空间资源、海洋旅游资源。每一大类又可细分为若干类别。《海洋资源》一书中共划分 7 大类 26 个类别。据探测，我国海洋石油资源量约 250 亿 t，天然气资源量约 14 万亿 m^3，矿种 65 种，矿床 83 万个，沿海旅游景点 1500 多处。[121]

海洋是个生物资源宝库。生物有 20 多万种，其中动物 18 万种，植物 2.5 万种，藻类近万种，鱼类 2 万种，甲壳类约 2 万种。[121]

这些种类繁多的海洋物质资源，承载着丰富的海洋物质文化。

（二）海洋物质文化

1. 海洋物质文化种类

古往今来沿海居民"以海为田"，从事滩涂围垦和海洋捕捞，以此为生计，依赖海洋生存。古时候，人类依靠一叶扁舟，战狂风、斗恶浪，凭着勇敢和机警捕捞鱼虾，采集海洋植物，这些船、捕捞工具和滩涂围垦的农耕用具，种植的谷物及其加工工具等都是沿海先民在长期海洋生产中制造的海洋农耕物质文化的体现。沿海居民，通过滩涂围垦，化荒原为沃土，变荆榛为稻粱；或围海成塘，放养鱼虾、珍珠贝类；或引海水晒盐，提取各种化学元素；或利用潮汐、风能发电，创造物质材料，建造低矮房屋，在房顶上压石头，在房屋四旁栽树，在村落周围种植防护林等都是直观、实在的物质层面的海洋文化。

涉海居民，除从事围垦、捕捞之外，也"以海为商"，通过海运进行贸易往来。海上经济活动，涉及众多领域，如海洋交通、海洋渔业、海洋工业、海洋手工业、海洋矿业、海洋种植业、海洋养殖业等。将这些行业生产的产品通过异地交流形成海洋商业物质文化，与此相关联的造船技术、导航技术、港口、航线、沿海城镇等也都是物质层面的海洋文化。

海洋生物物质文化的种类见图 10-2。

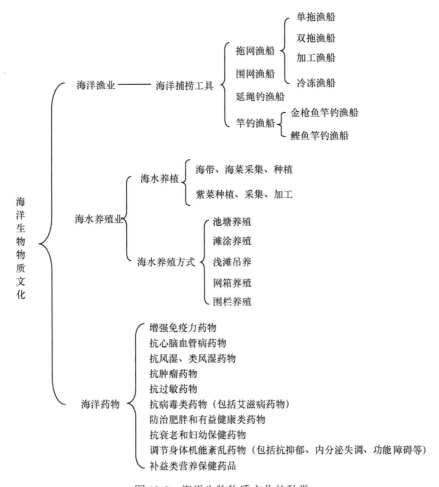

图 10-2　海洋生物物质文化的种类

此外，海水中的化学元素、矿物、油气等资源，以及海洋旅游资源、海洋运输、海洋军事等涉及的生产方式等都承载着海洋文化。

鱼类是人类食用的动物蛋白质的主要来源之一，现在世界人口消费的动物蛋白质，15%来自海洋。

近20多年来，中国人的食物结构发生了很大变化，从以谷类、薯类为主逐渐过渡到以动物性食物为主，水产品又在其中占很大比例。各类肉食在人体转换为所需营养物质的转换率不同。例如，牛肉为10%、猪肉为25%、家禽肉为40%、鱼肉为67%，鱼肉转换率最高，最容易消化吸收，所以对鱼的需求量将越来越大，海水养殖和增殖将成为海洋开发的热点。

2. 海洋渔业生产方式

海洋渔业的传统生产方式主要是捕捞。所谓捕捞是指捕捉生活在海洋自然环境中有经济价值的海洋生物。主要捕捞方式有以下4种。[122]

（1）拖网

用拖网进行捕捞的渔船统称为拖网渔船。拖网渔船又分为大型、中型、小型三种。一艘船拖一顶网的称单拖渔船，两艘船拖一顶网的称双拖渔船。拖网渔船又可分为拖网加工船和拖网冷冻船；近海拖网渔船和远洋拖网渔船；舷拖渔船和尾拖渔船。

渔网在海底被拖拽，要求海底地势平坦，鱼群密集。渔民一般采用变水层拖网，即拖网时，渔网不在海底而在海水中层。拖网可捕捞到鳕类、鲽类、鲷类及黄鱼、带鱼等。

（2）围网

围网分灯光围网、金枪鱼围网。转网进行捕捞的渔船统称围网渔船。围网属于过滤性围旋用具，是捕捞中、上层鱼类规模最大、效率最高的渔具。

（3）延绳钓

延绳钓渔船是捕捞大型鲸鱼类的主要方法之一。以放钓单位——箩或筐衡量渔具规模。一般每天要放400~480个单位，干线总长150~180km。早晨放绳时多个单位速成一体，起绳时盘绕成网，放绳时，渔船全速前进。

（4）竿钓

竿钓分为金枪鱼竿钓、鲣鱼竿钓渔船。鲣鱼钓鱼场主要分布于赤道附近的印尼外海、夏威夷群岛、印度洋和澳洲南部等。1978年以来，已有48个国家开展捕鲣鱼渔业等。其方法是由船员用一根4.5~6m长的竹竿钓鱼，整个船舷外侧置有带喷水设备的钓鱼台。钓鱼台在船头成长弓形，上甲板比较陡峭，可使钓得的鱼自动滑落到中仓。日本1700年开始鲣鱼竿钓，至今鲣鱼竿钓的渔船还有很多，已经发展到用机器自动钓鱼，一艘渔船安装4~12组自动鲣鱼竿钓机，模仿钓鱼人的各种动作。

海水养殖生产方式有池塘养殖、网箱养殖、滩涂养殖、浅滩吊养、围栏养殖等。

为了海洋渔业的持续发展和海洋生物的增殖，海洋渔业采取了人工放流增殖、工程技术增殖、繁殖保护、过鱼工程、规定禁渔区和禁渔期等许多方法。

3. 海洋药业

人类利用海洋生物作为药物的历史悠久。在中国的《黄帝内经》、《神农本草》、《本草纲目》中都有海洋药用生物的记载。例如，海带治疗甲状腺肿大，石莼利尿，乌贼的墨囊治疗妇科疾病，鲍鱼的石决明明目，鹧鸪菜驱蛔虫，海蜇能"消疾引积，紫带祛风"，可治"妇人劳损，积血带下，小儿风疾丹毒"，海龙、海马对身体有滋补强壮作用等。随着人类对海洋药用生物资源的研究，新的海洋生物药源不断被发现。例如，从海产黏盲鳗中提取的盲鳗素，是一种强效心脏兴奋剂和升血压剂；鲨鱼肝可提取肝油，肝油内含有大量鲨肝烯，可作为皮肤润滑剂、脂肪性药物的携带剂；鳕鱼肝油是治疗维生素 A、维生素 D 缺乏症的良药，还可以治疗伤口、烧伤和脓疮；乌贼的内壳即海螵蛸可以治疗胃病，用作止血剂，还能治疗皮肤、耳朵、面部神经痛等，还可以治疗气喘、心脏病、疟疾等；贝类种的砗磲壳则有镇静、安神、解毒等功能。海洋生物中，有许多种类含有毒素，临床上可作为肌肉松弛剂、镇静剂和局部麻醉剂。现在已经有人把现代海洋药物的发展与海洋生物毒素的研究联系在一起，使药用海洋生物的研究与开发更加广泛。

我国海洋生物的药用大致可分为 3 种类型。第一类是传统中药对海洋生物的使用，单方使用或与其他药物配合使用或制成中成药；第二类是在传统中药的基础上用现代科学方法进行成分和药理等一系列分析测试，用价廉而药源丰富的海洋生物替代珍贵而药源稀少的动植物，拓展药源，变单一药源为多种药源，如用珍珠层粉替代珍珠；第三类是新开拓的药源，即从药用生物中提取有效成分，作为医药制剂或医药与保健食品工业的原料。在海洋药物的研究开发方面，我国依靠传统中医药的经验，在临床实际应用中，处于世界领先地位。20 世纪 80 年代以前，我国海洋中药已超过 100 味。据 1977 年版的《中华人民共和国药典》记载，海洋生物药物有 16 项，海洋药物与其他药物配合制成中成药有 23 项，由海洋生物提炼而成西药的有鱼肝油、琼脂、鱼精蛋白等 6 项。据 1977 年版的《中药大辞典》记载，1974 年以前记载的海洋中药已达 128 味。20 世纪 80 年代以来，我国海洋中药研究和开发有了新进展，涌现了一批新一代海洋中成药和保健滋补品。我国药用海洋鱼类有 200 多种，已知我国海洋鱼类能够防治 130 多种疾病，利用鱼类或与中药配合，能够防治更多病症。多年来，用鱼类提取药物治病已取得较大进展。[123]

目前在海洋生物中发现可作为药物和制药原料的已有千余种。从微生物到鲸类都有，最重要的有海洋微生物，各种藻类、腔肠动物、海绵动物、软体动物、棘皮动物、被囊动物及各种鱼类等。其中一些食用价值低的生物类群，其药用价值往往更高。据研究已知有 230 种藻类含有各种维生素，246 种海洋生物含有抗癌物质（表 10-3）。20 世纪 90 年代以后，利用高新技术研制海洋新药物已成为药用海洋生物资源开发的主流。当前，国际上海洋药物开发的主要方向有：①增强机体免疫功能的药物；②抗心脑血管疾病的药物；③抗风湿、类风湿方面的药物；④抗肿瘤药物；⑤抗过敏药物；⑥抗病毒药物（包括艾滋病药物）；⑦防治肥胖和有益健美药物；⑧抗衰老和妇幼保健药物；⑨身体机能紊乱调节药物（包括抗抑郁、内分泌失调、功能障碍等）；⑩补益类营养保健药。

表 10-3　部分海洋抗癌药物和保健品[123]

药物名称	原料	主要成分	主要功能
海拿登（marinactar 1）	海洋细菌		有极强的抗癌作用，已进入临床试验
Brvostatin 1	海洋苔藓虫		抑制白血病细胞，正在进行 I 期临床
海鞘隶 B（Didemin B）	海鞘	环肽	明显的抗癌、抗病毒和免疫调节作用，正在进行 I 期临床，可作为新的抗癌药
Dolastatin 10	海兔	小肽	抗癌，极具临床应用前景
络氨酸代谢物	海绵		对乳腺癌、肺癌有极强的抑制作用，已进入 II 期临床
鲨鱼软骨胶囊	鲨鱼软骨	多肽	抗癌，已有产品进入市场
鲨鱼油乳剂	姥鲨肝		抗癌，已通过 I 、 II 期临床
角鲨烯胶丸	鲨鱼肝	角鲨烯	缓解心脑缺氧症，提高机体免疫力
海力特	海藻		提高免疫力，抑制疝症，是癌症治疗的辅助药物
海嘧啶	海藻等	海藻多糖	抗肿瘤化疗药
复方海藻多糖	海带、羊栖菜等	多糖	抗癌中药制剂
藻酸双酯钠（PSS）	海藻		治疗心血管病
甘露醇烟酸酯	海藻		治疗心血管病
多烯康胶囊	海洋鱼类	二十碳五烯酸（EPA）、二十二碳六烯酸（DHA）	降血脂、降血压、降血黏、抗血凝等
鱼油制品	海洋鱼类	EPA、DHA	功能同上
金牡蛎	牡蛎	多糖、牛磺酸	降血脂、抗凝血、抗血栓，增强免疫
金贻贝胶囊	贻贝	牛磺酸、PUFA 等	保肝抗氧化
β-胡萝卜素	杜氏盐藻等		抗自由基、抗衰老
牛磺酸	贝类、头足类、鱼类等		抗氧化、抗突变、抗肿瘤
Zidovudine（AZT）	海洋鲱鱼的精液	胸腺嘧啶脱氧核苷	目前世界上批准正式使用于临床的抗艾滋病药物
甲壳质	虾、蟹壳		抑制肿瘤、消炎、抗辐射、防治心脑血管病；作为药物载体、包衣剂等
喜多安	虾、蟹壳	几丁聚糖	免疫调节

药物名称	原料	主要成分	主要功能
奇美好、海肤康、康肤灵人工皮肤	虾、蟹壳	几丁聚糖	不致敏、无刺激、无吸收中毒及占位排斥现象
海藻多硒营养液	海藻等	海藻硒、海藻磺、海藻多糖	增强免疫力、抗肿瘤
碘晶	海带、裙带菜等	有机酸	补碘
螺旋藻片（或胶囊）	螺旋藻	螺旋藻粉	减肥、免疫调节、增强体质

二、海洋精神文化

海洋精神文化，包括人类的海洋意识和对海洋的认识。海洋意识是指对海洋的态度和认识，以及对海洋资源价值和战略价值的认识。人类对海洋的认识过程从畏惧、敬奉到平等和谐；人类对海洋的认识的表现形式有：海洋神话、伦理道德、文学作品、歌曲舞蹈、绘画雕刻、诗词戏剧、科学技术、医药医术等。海洋精神文化主要表现有下列 6 种。[124]

（一）勇敢无畏精神

渔民在海上生产生活，时刻受到大海狂风恶浪的威胁，必须以惊人的智慧和超凡的勇气去面对大海，挑战大海。涉海人这种生产生活实践，创造了勇敢无畏的海洋精神。

（二）博大宽容精神

水流千里归大海，海水不停地流动，接纳涌入的万物并将其溶解，真可谓海纳百川，包容万物。大海除了包容自然界的万物，在精神文化上也大度宽容，例如，中国的岭南文化，除了南海本土的海洋文化，还接受了海外传来的印度文化、波斯文化、阿拉伯文化、西洋文化等，这些文化互相渗透、互相融合，又合而不同，各具特色，自由发展，形成一种十分复杂、十分典型的岭南海洋文化。同样，我国的传统文化，通过海上贸易等多种渠道传播四海。例如，郑和七下西洋取得的丰功伟绩，不仅仅是"显国威，示富强"，不仅仅是"和顺万方，共享太平之福"，郑和通过赠送礼品，参与宗教，教当地人凿井、筑路、捕鱼、种稻，改善当地人的生活方式和生活习惯，向世界传播了中国文化。海洋文化的无私厚德由此可见一斑。上述种种，充分显示了海洋文化的博大宽容精神。

（三）刚毅冒险精神

渔民出海捕捞，商贾海上航行，除了面对海洋的狂风恶浪，还要面对海盗的劫掠剽杀。出海者为了生存和使命，必须冒险，甚至不惜以生命为代价。大海陶冶了人的情操，培育了人类勇敢刚毅的性格。涉海人在长期的海上生活中显示出海洋文化的刚毅冒险精神。[118]

（四）开放交流精神

海上贸易是海洋文化的重要组成部分。海上贸易不仅发生在沿海，而且穿越海洋腹地，抵达远方港口进行商贸交流。远在七八千年前，浙江萧山跨湖桥、余姚河姆渡的先民就能驾驶木船穿梭海上，跨出了近海航行的第一步。唐宋时期，浙江对外远洋航行到达日本、朝鲜、东南亚，借道印度洋到达欧洲与非洲，造就浙江人敢于闯荡，永不服输的海洋文化性格，培育了涉海人的开放交流精神。

（五）勤勉崇商精神

广东自古以来就是中国最活跃的贸易中心，唐代广州就成为著名的"广州通海夷道"，宋代与50多个国家通商，元代与140多个国家通商，明清时期几乎形成全民经商狂热。改革开放后，广东商品经济更加大放异彩，形成"东西南北中，发财到广东"的时代热潮。众所周知，经商除了冒险，更多的是辛苦操劳，因此，海洋文化具有勤勉崇商精神[118]。

沿海居民以海为田，以海为商，生产生活离不开海洋，大海茫茫，天气莫测，恶劣多变的自然环境，培育了涉海人既细腻精致，又粗犷豪放的性格，培育了沿海居民不怕困难、敢于进取、昂扬向上、豪爽不羁的精神。

（六）开拓自强精神

中国古代曾长期处于世界先进行列。西欧还在中世纪"黑暗时代"徘徊时，中国的隋唐宋元文明已璀璨夺目，直至明代，中国的发展水平仍然处于世界领先地位，对外自信、主动、开放。中国郑和下西洋的时间比麦哲伦到达菲律宾早116年，比哥伦布发现新大陆早87年，比迪亚士发现好望角早83年。郑和船队使用的航海图和采用的航海技术证明中国拥有当时世界上最先进的造船技术和航海技术，证明郑和是历史上最早的、伟大的、有成就的航海家。郑和七下西洋的壮举，展示了中华民族的高超智慧和非凡勇气，体现了中华民族勇于开拓、自强不息的民族精神，证明了中华民族自古以来就致力于打开国门，走向世界，与各国人民进行经济、文化交流，睦邻友好的辉煌历史。

海洋文化的开放交流精神、博大宽容精神、勇敢无畏精神、刚毅冒险精神、勤勉崇商精神、勇于开拓精神、自强不息精神构成了深厚悠远的海洋精神文化。

三、海洋制度文化

海洋制度文化研究内容包括海洋开发的规章制度、海洋法、海洋管理制度、渔业管理制度、海洋交通法规、海事档案、海事处理与国际惯例研究等。制度层面的海洋文化还可以包括与海洋相关的各种政府组织和非政府组织，学会、协会、海洋馆等。本文主要讨论法律、法规。

随着海洋在社会经济中的作用日益显现，海洋权益争端成为当今世界的突出矛盾。1982 年《联合国海洋法公约》通过和后来的实施，尤其是 200 海里专属经济区的划分，使临海国家在海洋权益上的矛盾和争端更加复杂和尖锐，需要用法律和国与国之间平等协调方式解决。

我国是世界上较早实行海洋行政管理的国家之一，有些制度可以追溯到 2000 多年前的战国时期。例如，禁渔期、海盐管理等管理办法和制度自古就有。

新中国成立后，特别是改革开放以来，我国的海洋行政管理机构进一步健全，海洋法制进一步完善。

大海苍茫无际，人类在海上的活动漂泊自由，难以监管；海洋上海盗出没，劫掠商船、海上走私活动猖獗，需要整治。这不仅需要国际社会进一步完善法律，依法整治，也需要世界各国加强海洋法制建设，各自依法整治。我国目前海洋法律、法规建设与陆地比较，相对滞后，更需加快完善。中国制定的《中国海洋 21 世纪议程》明确指出："海洋综合管理应从国家的海洋权益、海洋资源、海洋环境的整体利益出发，通过方针、政策、法规、区划、规划的制度和实施，以及组织协调、综合平衡有关产业部门和沿海地区在开发利用海洋中的关系，以达到维护海洋权益、合理开发海洋资源，保护海洋环境，促进海洋经济持续、稳定、协调发展的目的。"《中国海洋 21 世纪议程》给我国海洋开发利用和海洋保护指出了方向，制定了目标。各涉海省（自治区、直辖市）、各个涉海行业和产业已经制定或正在制定或即将制定自己的海洋发展规划和海洋管理办法。现行的主要法律、法规如下。

（一）全国人民代表大会指定的涉海法律制度

1）1983 年颁布《中华人民共和国海上交通安全法》。

2）1992 年 2 月 25 日颁布《中华人民共和国领海及毗连区法》。

3）1996 年 5 月修正《中华人民共和国水污染防治法》。

4）1998 年 6 月 26 日颁布《中华人民共和国专属经济区和大陆架法》。

5）1999 年 12 月 25 日颁布《中华人民共和国海洋环境保护法》。

6）2000 年 10 月颁布《中华人民共和国渔业法》。

7）2001 年 10 月 27 日颁布《中华人民共和国海域使用管理法》。

8）2002 年 10 月颁布《中华人民共和国环境影响评价法》。

9）2009 年 12 月颁布的《中华人民共和国海岛保护法》。

（二）国务院颁布的涉海法律制度

1）1961 年颁布《国际航行船舶进出口中华人民共和国口岸检查办法》。

2）1979 年颁布《中华人民共和国对外国籍船舶管理规定》。

3）1983 年颁布《中华人民共和国防止船舶污染海域管理条例》。

4）1988 年 5 月颁布《中华人民共和国防止拆船污染环境管理条例》。

5）1990 年 6 月 22 日颁布《中华人民共和国防治陆源污染物损害海洋环境管理条例》。

6）1992 年颁布《中华人民共和国海上航行警告和航行通告管理规定》。

7）1993 年 2 月颁布《中华人民共和国船舶和海上设施检验条例》。

8）1995 年颁布《中华人民共和国船舶登记条例》。

9）2003 年批复《省级海洋功能区审批办法》。

10）2006 年 11 月颁布《中华人民共和国防治海洋工程建设项目污染损害海洋环境管理条例》。

11）2007 年 4 月颁布《中华人民共和国船员条例》、《中华人民共和国防治船舶污染海洋环境条例（送审修改稿）》。

12）2010 年 9 月 25 日颁布《中华人民共和国防治海岸工程建设项目污染损害海洋环境管理条例》。

13）2011 年 9 月 30 日《国务院关于修改<中华人民共和国对外合作开采海洋石油资源条例>的决定》第三次修订。

（三）国家海洋局、国家海事局颁布的涉海规章制度

1）1992 年国家海事局颁布《铺设海底电缆管道管理规定实施办法》。

2）1995 年 5 月国家海洋局发布《海洋自然保护区管理办法》。

3）2003 年国家海洋局、中华人民共和国民政部、中国人民解放军总参谋部联合发布《无居民海岛保护与利用管理规定》

4）2004 年 7 月国家海事局颁布《中华人民共和国海事局重点跟踪船舶监督检查管理规定》。

5）2004 年 12 月国家海事局颁布《海事行政执法过错和错案责任追究暂行规定》。

6）2004 年 12 月国家海事局颁布《中华人民共和国海事行政强制实施程序暂行规定》。

7）2006 年 7 月 5 日财政部、国家海洋局联合颁布《海域使用金减免管理办法》。

8）2006 年 10 月 13 日国家海洋局颁布《海域使用权管理规定》。

9）2007 年财政部、国家海洋局发布《关于加强海域使用金征收管理的通知》。

（四）　交通部颁布的涉海规章制度

1）1957 年颁布《中华人民共和国打捞沉船管理办法》。

2）1982 年颁布《中华人民共和国船舶装载危险货物监督管理规划》。

3）1989 年颁布《中华人民共和国海员证管理办法》。

4）1993 年颁布《中华人民共和国船舶签证管理规划》。

5）1997 年颁布《中华人民共和国船舶安全检查规划》。

6）1998 年颁布《中华人民共和国海船船员适任考试、评估和发证规划》。

7）1999 年 12 月颁布《关于发布<因公临时随船人员申办海员证管理规定>的通知》。

8）2000 年颁布《中华人民共和国水上水下施工作业》。

9）2003 年 7 月颁布《中华人民共和国海上海事行政处罚规定》。

10）2004 年 6 月颁布《中华人民共和国船舶最低安全配员规定》。

11）2004 年 6 月颁布《中华人民共和国海船船员适任、评估和发证规划》。

12）2004 年颁布《中华人民共和国船舶检验机构资质认可与管理规划》。

13）2005 年 7 月颁布《关于实施船舶滞留专家复审制度的通知》。

14）2006 年 1 月 9 日颁布《中华人民共和国海事行政许可条件规定》。

15）2006 年 3 月颁布《中华人民共和国高速客船安全管理规划》。

16）2006 年 8 月颁布《老旧运输船舶管理规定》。

17）2007 年 5 月颁布《中华人民共和国船舶签证管理规划》。

18）2007 年 5 月颁布《中华人民共和国航运公司安全与防污染管理规定》。

19）2008 年 5 月颁布《中华人民共和国船员注册管理办法》。

20）2008 年 5 月颁布《中华人民共和国引航员注册和任职资格管理办法》。

21）2008 年 7 月颁布《中华人民共和国船员服务管理规定》。

（五）　国家其他相关部委的涉海规章制度

1）1985 年 5 月中华人民共和国港务监督局（国家港务监督局）发布《关于颁发〈船员服务簿〉实施办法的通知》。

2）1994 年 12 月国家港务监督局发布《关于颁布〈中华人民共和国船舶登记条例〉若干问题说明的通知》。

3）1988 年 7 月国家港务监督局发布《关于发布<船员教育和培训质量体系审核员培训、发证规定>的通知》。

4）1988 年 11 月国家港务监督局颁布《关于颁布<中华人民共和国船舶登记条例补充说明>的通知》。

5）2002 年 3 月中华人民共和国农业部（农业部）颁布《完善水域滩深养殖证制度试行域行方案》。

6）2005 年国家质量监督检验检疫总局、国家标准化管理委员会发布《风暴潮预报和警报发布国家标准》。

7）2006 年 2 月 7 日国家安全生产监督管理总局颁布《海洋石油安全生产规定》。

8）2006 年 3 月 27 日农业部颁布《中华人民共和国海洋渔业船员发证规定》。

9）2007 年农业部颁布《关于加强老旧渔业船舶管理的通知》。

10）2007 年中华人民共和国渔业船舶检验局发布《关于加强老旧渔业船舶检验管理的通知》。

11）2008 年财政部发布《关于海域使用金减免管理有关事项的通知》。

（六）国家海洋制度建设的司法解释

1）1958 年 9 月 4 日发布《中华人民共和国政府关于领海的声明》。

2）1995 年 5 月 1 日发布《中华人民共和国政府关于中华人民共和国领海基线的声明》。

3）2006 年 8 月 22 日发布《关于加强游船管理的通知》、《海洋行政执法监督办法》、《极地活动管理条例》、《全国海洋主体功能区规划》。

沿海各省（直辖市、自治区）地方政府均有海洋渔业和海洋交通等涉海法律、法规制度。例如，广东省人民代表大会 2011 年 9 月 21 日公布《广东省渔港和渔业船舶管理条例》。浙江的涉海规章制度十分完善。

四、海洋行为文化

海洋行为文化包括涉海生产行为文化、生活习俗行为文化、涉海祭祀庆典行为文化、涉海艺术与娱乐行为文化等。

（一）涉海生产行为

早在旧石器时代，中国沿海地区已有人类活动。新石器时代人类活动遗址遍布沿海各地。浙江河姆渡出土 7000 年前的船桨。这些说明中远古时代的先民们就有海洋生产行为。到春秋战国时，沿海先民已享鱼盐之利，捕鱼、晒盐已具规模，成为北方齐、鲁、燕，南方吴越的富国之本。秦汉时开始养殖牡蛎。宋代养殖珍珠珠贝、江珧。明代养殖鲻鱼、明清时东南沿海出现了蚝田、蚶田、蛏田。近现代围海造地、围垦滩涂、深海捕捞、海水制盐，已是惯常的生产行为。

第二次世界大战后，随着科学技术的进步及其应用于海洋，人类利用海洋的手段明显提高，海洋生产已发展为高科技行为。海水养殖、捕捞和海产品加工形成产业，海洋运输和港湾资源开发，海洋石油开采，以海洋油气为中心的石油化学工业在南海崛起等。海洋生产已有传统生产方式步入产业化、现代化阶段，海洋生产水平大幅度提高。海洋渔业、海洋油气业、海洋矿业、海洋盐业、海洋化工业、海洋生物医药业、海水利用业、海洋交通运输业、海洋工程建筑业、海洋电力业、滨海旅游业等均已发展成为比较成熟的产业。海洋教育、海洋科研、海洋环保、海洋服务等行业水平的迅速提高有力促进了海洋生产能力的提高；与此同时，海洋文化也与海洋生产获得同步发展。[125]

（二）海洋生活行为

海洋生活行为主要表现在居住习俗、饮食习惯、衣饰习俗、交通习惯等方面。沿海居民和海岛居民为适应海风含盐、风力大的特点，建造的民房一般矮小；福建沿海渔民的房屋从屋顶到墙壁都用抗风抗盐的石材，屋顶还压着厚厚的石块；有些以捕捞为业的渔民，终年海上漂泊，以船为家，南海海域"以舟楫为家"的疍民就是这样一个特殊的社会群体。终年海上生活的群体生产生活方式，全都依赖海洋开展，其婚姻、习俗等均与陆地居民不同。沿海居民的服饰与陆地居民的服饰差别很大，南海渔民为方便撒网捕捞，多终年穿短衣短裤；东海渔民多穿"拷衣"、"笼裤"，为了耐穿，将外衣用拷胶染成棕红色，俗称"拷衣"，裤子也用拷胶或拷皮染成酱色，裤子较短，裤脚肥大。穿起来好像提着两盏大灯笼，俗称"笼裤"。这是沿海居民在长期海上捕捞实践中为避免衣着容易被海水打湿和被海水腐蚀而创造的海洋服饰文化中的一种，深海潜水、海底石油钻探等服饰有异于渔民的服饰。海洋饮食习惯：主食与内地差别不大；副食主要是鱼、蟹、各种贝类，辅以蔬菜和肉类。交通习惯，沿海渔民的祖先驾一叶小舟在海上来往穿梭，风险很大；后来发展为木船[126]；如今随着造船业的发展，远古征帆已经不见，现在海上交通有了游艇、万吨邮轮、大军舰和航空母舰。

（三）涉海宗教行为

海洋波涛汹涌，变化无常，神秘莫测。恶劣的海洋狂风巨浪与自然环境导致沿海及海岛居民信仰神灵，崇拜海神，敬奉龙王、观音、妈祖。

涉海居民信仰的主题神是海神，早在《山海经》问世之前就有了海神的信奉，随着社会发展，海神信仰逐渐演绎成各种神生活习俗而湮没不彰，但并没有消失。在今天沿海居民的各种生活习俗中，海神的影响仍随处可见。例如，人们认为海上出生的婴儿是与海神结缘，涉海人做寿会请海神吃肉，涉海人死亡后会向海神报丧；海上生产习俗中的新船祭、开捕祭、采贝祭、庆丰祭、谢洋祭等诸多祭祀行为及海上流行的酬神歌、"行文书"均是原始海神的渗透和烙印。

1. 敬奉东海龙王

龙王是中国神话传说中统领水族之王，掌管成云致雨。浙江沿海居民十分崇拜东海龙王，现在还设有龙王宫，龙王寿诞和龙王出游出巡的习俗还保留至今，渔业生产活动重大环节中的祭典习俗始终贯穿在渔民的日常生活中。沿海龙宫设置，非常讲究，龙宫内诸神的造型、排场、排位、陈列位置都有标准，不能违反惯例，否则被视为不敬。龙王寿诞前后三天，居民味素，挂龙王旗，挂出船灯、龙灯、鱼灯。龙王出巡成为"行龙会"，一般在干旱严重、海况恶劣、渔业庆丰收时均有人发起这项活动。渔民造船祭奠龙王，渔汛到来渔民出海开捕敬龙王，丰收谢洋时供祭龙王。其祭法各阶段不尽相同。渔汛开始前，先用鱼、肉等祭品送到龙王庙供奉龙王，以示敬意；渔船出海时，渔民们敲锣打鼓把龙王神像或供奉在庙里的船旗（又称龙王旗）请上船，此时船头要用猪首等丰盛礼品供祭龙王，船主或船老大要燃烛、敬酒、跪拜，以祈求龙王保佑渔船出海丰收，人船平安。祭典完毕，船老大要从祭品中摘取少许鱼、肉、糖、米和一杯酒一齐撒向大海，以敬龙王，这一行动俗称"行文书"。捕捞丰收或谢洋时要谢龙王，如果海上遇灾得以解脱时要谢龙王，渔汛结束时供谢龙王的礼仪最隆重。

渔民结婚时拜龙王，抱龙灯；生儿育女时求龙王；寿宴时的对联中要有龙，还要龙须面；丧葬时，选"龙穴"为坟地，供奉龙王牌；饮食习俗中的汤称"海龙汤"；服饰中的"笼裤"习俗；节庆活动中的"舞龙灯"等习俗贯穿在渔民生活的各个方面。[127]

中国人是龙的传人，不仅沿海居民信仰龙，内地居民同样爱龙、敬龙，具有龙的意识。全国各地端午节的"龙舟竞渡"，节庆活动中的"舞龙灯"便是很好的例证。只是沿海居民信仰更深刻，气氛更浓烈。

2. 信奉南海观音

观音是佛教的菩萨。在渔民心目中，观音"救苦救难，大慈大悲"。每年农历二月十九观音生日，六月十九观音成道日，九月十九观音涅槃日为观音菩萨的"三大香期"，其中以二月十九香火最盛。每逢香期东海诸岛居民，尤其是舟山群岛渔民和海内外香客纷纷前往普陀山进香礼佛，香客多时超过 10 万人。全国各地的佛教寺院、观音寺内均香火鼎盛。三大香期的活动内容、形式和范围基本相同。农历十七、十八两天，各岛各地香客陆续进山，或去普陀山，或在本地，沿阶登山，逢庙叩拜，见佛烧香，称为"朝山进香"。十八日夜，全山寺院，所有僧众在方丈的领导下，身披袈裟，手执佛器，在大殿做佛事至深夜。香客们则夜坐大殿通宵不眠，称为"祝圣普佛"，通宵坐夜称"宿山"。除"宿山"香客，更多的香客则和渔民在深更半夜，手执清香，口念佛号，三步一拜，跪拜至山顶，称为"登山礼佛"，第一个登上山顶进庙烧香者称为"烧头香"，此乃大吉大利之事。十九日凌晨，寺院做早课，中午全寺"斋友会"，称"敬佛"，又称"全体专供"。十九日夜，僧众为香客做佛事，至此香期结束。在正香期的前后7天，渔民中的佛家弟子都要沐净身子，穿干净内衣，并在家里的观音像前摆上水果等祭品，点香念佛。有的专念"阿弥陀佛"，有的念《华严经》。可以数人聚一室，也可单人一室念，人人虔诚念佛、吃素、行善，祈求观音菩萨保佑人船平安，渔丰财发。每逢三大香期日，海上渔船都要挂上各色彩旗，观音的佛旗、令旗。

吃斋、念佛是信奉观音的又一行为习俗。在东海诸岛，不论渔船或渔家住宅，大多设有观音堂。吃斋有长斋、短斋之分。长斋终年吃素，力戒荤腥。短斋又分为观音斋和间花斋。观音斋每逢农历初一、十五吃素，间花斋又称"一七十斋"，即每月初一、初七、初十、十一、十七、二十、二十一、二十七、三十加上十五，共吃十天斋，其他时间不戒荤腥。每逢吃斋日，信徒清早起床、做好净茶、点燃香烛、念经诵佛、叩求观音，或求今生赐福，或求来世好运，或为赎罪，或为还愿，立志戒荤，食素静心，希望有个好结果。[128]

3. 信奉天后妈祖

信奉妈祖始于北宋年间，相传妈祖是由人死后的鬼魂转化为神的。电视剧《妈祖》中有如下剧情：妈祖是由东海湄洲岛上民女林默娘死后转化成海神的，她观天象为渔民指引捕捞，行医治病为岛民除疾解难，只身撞黑甲岛除匪安良，救苦救难于民。

对妈祖的信仰习俗有两种：一种是元宵、诞辰、升天三大节庆；一种是贯穿渔民生活、生产和人生礼仪中的习俗。妈祖三大节庆中的元宵节，又称尾晚元宵，时间在正月二十九晚或正月三十晚，主要活动是举行灯节：敬灯、送灯。敬灯，要敲锣打鼓放鞭炮，要报村名、人名、船号，要做祈祷。送灯，先到庙中供灯，成为"拜灯祭"，再提灯至海滩，绕渔船三周，先照船头，后照船尾，再照船舵，意为神灯驱邪，然后焚香燃鞭炮，直到送灯入海。妈祖诞辰，农历三月二十三是妈祖生日，这天活动内容很多，有"妈祖寿典"、"妈祖出巡"、"妈祖回娘家"等。祭祀场面宏大，礼仪繁多，供祭丰盛，热闹非凡。妈祖升天，时间是农历九月初九，又称妈祖忌日，其程序、内容、规模与妈祖生日庆典相同。妈祖信仰中还有一些奇特习俗，如诞辰禁捕、送船还愿、泛槎挂席、装点烛山等。[129]

沿海居民，特别是海岛渔民信仰妈祖，怀念妈祖之情，从这首民歌中可见一斑：

远古的征帆已经不见了，

动人的故事说到今天。

风里浪里传来声声呼唤，

有妈祖同在，有妈祖同在，来去平安。

你圣洁的光环照亮海天，

美丽的身影若隐若现，

风里浪里你救苦救难，

你恩义昭昭，

如日月高悬，如日月高悬。

千里万里，风轻云淡。

天地祥和，岁岁平安。

第五节　海洋文化与大陆文化的区别

海洋是深邃的，更是无情的。

在海上惊涛骇浪中搏斗的人，认准了一个真理：消极退缩等于死亡，积极搏斗才有生路。希腊有句谚语说："渔夫们知道海的危险和风暴的可怕，但他们从未把这些当作待在岸上的充足理由。"

一、生产方式的区别

大陆文化的生产方式是固定的。种植业，固定在土地上；养殖业，固定在江河湖畔或圈舍中；加工制造业，固定在场地上。"固定"贯穿在全部大陆文化的实践中。

海洋文化的生产方式是动态的。流动，是海上生产的核心，无论是渔业还是海上运输，都要在茫茫大海上不停航行。"流动"贯穿在一切海洋文化的实体中。

二、人生观的区别

大陆文化在中国词典中描述："人生是指人的生存及全部的生活经历。"而海洋文化在美国教科书中的描写是："人生就是人为了梦想和兴趣而展开的表演。"

大陆农耕文化的根是土地，土地是固定的，家乡的土地再贫瘠也是自己的家所在，"金窝银窝，不如自己穷窝"的观念根深蒂固，迫不得已离乡背井后，总要找回原处，叶落归根的观念很普遍。

在海上拼搏的人认为大海就是生命的起源，也是人的灵魂归宿之处。涉海工作危险、辛苦、经常要长时间离家。渔船出海前，家家都要做些好菜款待亲人出航，因为出海后，能否安全回来，谁都无法料定。

三、价值观的区别

价值观首先表现为人生的最高理想和追求。

海洋文化生产方式造就了个人奋斗的环境。在与风浪搏斗中，几乎借不上任何家庭、家族的力量，长此以往就形成了以"个人"为本位的价值单位。这几乎贯穿在一切海洋文化的法规、制度、道德、规范及民间习俗中。

人是以"个性"相区分的，无论是外貌与品格，以"个人"为本位，必然强调"个性的张扬"，所谓"穿衣戴帽，各爱一套"本是人的本性。以"个人"为本位，必然崇尚自由精神。

中国大陆文化是以"家"为本位，在"正心、诚意、修身、齐家、治国、平天下"的人生奋斗链条中，"家"是中心；海洋文化以"个人"为本位，张扬个性，崇尚个人自由。

大陆文化相信"勤能补拙"、"奖勤罚懒"。"勤"就等于生产力，几乎成了铁律。

海洋文化：海上生产"勤"固然很重要，但机遇更重要，只有在及时抓住机遇的情况下，所流淌的汗水才有价值。

大陆文化像山，巍然屹立，循规蹈矩，靠道德力量在支撑。

海洋文化像水，活泼流动，无孔不入，要靠法的力量管制它。

海洋文化与大陆文化因形成的地区不同，海、陆自然环境的不同，形成迥然不同的地域文化[130]。为了简明，将其差异列入表10-4。

表 10-4 海洋文化与大陆文化的比较[130]

事项	大陆文化	海洋文化
生产方式	农耕、畜牧、狩猎、采集	渔业、运输、海盗
经济类型	自给自足的小农经济	天然的市场经济
生活环境	七分天注定，三分靠努力	三分天注定，七分靠打拼
世界观	天人感应，天人合一	顺应天意，科学探索
人生观	重勤劳	重机遇
财富观	重守成	重开拓
劳动观	一分汗水，一分收获	以小搏大，快速致富
义利观	重义轻利	重利轻义
思维方式	保守	开放

事项	大陆文化	海洋文化
治国方略	以德服人	以法治人
社会观	亲情为纽带的家族集团	利益联系的作业联盟
信仰观	信仰专一，迷信	诸神并尊，信而不迷
诚信观	一诺千金	遵守契约
迁徙观	故土难离，叶落归根	流动创新，随遇而安
感恩	感谢上天	感谢父母
复仇	君子报仇，十年不晚	现世现报
节烈观	三从四德	跟着感觉走
对外来压力	忍让	反抗
成功观	升官发财，光宗耀祖	实现理想，出人头地
成功途径	读书中举	行行出状元
衣	尊卑有制，从众	独出心裁，随意
食	民以食为天	民以食为美
住	财不外露	外装饰，内舒适
行	父母在，不远游	世界任我游
性	万恶淫为首	率性而为
亲情	百善孝为先	子女独立
做事方式	重过程，一步一个脚印	重结果，三分天注定，七分靠打拼
看人态度	人之初，性本善	人之初，性本善
对人态度	友好，不设防	警惕，防备
做事态度	稳重	冒险
看先进态度	出头椽子先烂	敢为人先，乐于效法
个人品质	像山，岿然不动	像水，无孔不入
道德保证	慎独	监督
风格	严肃，夹着尾巴做人	活泼，张扬个性
外表	不苟言笑的先生	不守章法的孙悟空
总之	循规蹈矩，忠孝节义	勇于拼搏，突破规定

注：此表改自隗芾著《中国海洋文化与潮汕》，略有增减。

主要参考文献

[1] 李军林. 中国传统文化概论. 合肥: 合肥工业大学出版社, 2009: 1

[2] 干春松, 张晓芒. 中国传统文化百科全书. 北京: 经济科学出版社, 2008

[3] 叶郎, 费振刚, 王天有. 中国文化导读. 北京: 生活. 读书. 新知三联书社, 2007

[4] 陆扬. 文化定义辨析. 吉首大学学报 (社会科学版), 2006, 27 (1): 151-154

[5] 菲雷蒂埃. 科学和艺术通用词典. 1690. 鹿特丹 (荷兰)

[6] 孙隆基. 中国文化的深层结构. 桂林: 广西师范大学出版社, 2011: 20

[7] 刘向 (汉). 说苑译注. 十五卷: 指武. 北京: 北京大学出版社, 2009

[8] 司马云杰. 文化社会学. 济南: 山东人民出版社, 1990: 4-5

[9] 余谋昌. 文化新世纪——生态文化的理论阐述. 哈尔滨: 东北林业大学出版社, 1996: 5

[10] 周鸿. 人类社会学. 北京: 高等教育出版社, 2001: 40

[11] 梁漱溟. 中国文化之要义. 上海: 上海人民出版社, 2011

[12] 钱穆. 中国文化精神. 北京: 九州出版社, 2011

[13] 黄高才. 中国文化概论. 北京: 北京大学出版社, 2011: 31-81

[14] 周一良. 中日文化关系史论. 南昌: 江西人民出版社, 1990: 18

[15] 李铭. 听余秋雨讲文化. 西安: 陕西师范大学出版社, 2009

[16] 王卫平. 辽宁文化大发展大繁荣研究. 大连: 辽宁师范大学出版社, 2011: 4

[17] 季羡林. 季羡林谈文化. 北京: 人民日报出版社, 2011

[18] 沈振辉. 中国文化概说. 北京: 北京大学出版社, 2011

[19] 高丙中. 主文化, 亚文化. 反文化与中国文化的变迁. 北京: 北京大学社会学人类学研究所, 1997

[20] 朱志勇. 越文化精神论. 北京: 人民出版社, 2010

[21] 许国彬. 中国文化精要. 广州: 华南理工大学出版社, 2012

[22] 中共中央宣传部 《党建》 杂志社. 文化中国. 北京: 红旗出版社, 2011

[23] 张开诚. 哲学·世界·社会. 南京: 广西民族出版社, 2002: 311

[24] 佩切伊 A. "21 世纪的全球性课题和人类的选择" 大会上的演讲. 世界动态学, 1984: 99-107

[25] 庹德政, 刘胜祥. 湖北湿地. 武汉: 湖北科学技术出版社, 2006

[26] 盖志毅. 草原生态经济系统可持续发展研究. 北京: 中国林业出版社, 2007: 11, 99-112

[27] 杨从明. 苗族生态文化. 贵阳: 贵州人民出版社, 2009: 21

[28] 吴楚材, 吴章文. 森林: 人类健康的摇篮. 北京: 中国旅游出版社, 2012: 18

[29] 邓楠. 从战略到行动: 实施中的 《21 世纪议程》. 管理现代化, 1998, 2: 3-7

[30] 吴章文, 吴楚材, 谭益民. 生态旅游背景体系研究. 中南林业科技大学学报, 2009.29 (5): 10

[31] 宣裕方, 王旭烽. 生态文化概论. 南昌: 江西人民出版社, 2012

[32] 吴楚材, 吴章文, 郑群明, 等. 生态旅游概念辨析. 旅游学刊, 2007.1: 7-12

[33] 文首文. 生态旅游地教育干预研究. 北京: 中国旅游出版社, 2010

[34] 朱忠保. 森林生态学. 北京: 中国林业出版社, 1991

[35] 苏祖荣, 苏孝同. 森林文化学简论. 上海: 学林出版社, 2004

［36］郑小贤，刘东兰．森林文化论．森林资源管理，1999，5：19-21

［37］郑小贤．文化与美学层次的森林经理．森林资源管理，2000，增刊：209-214

［38］但新球，但维华．森林生态文化．北京：中国林业出版社，2012

［39］胡德平．森林与人类．北京：科学普及出版社，2007：38

［40］韩琳．中国的森林．北京：外文出版社，2009

［41］李作林．森林小火车．中国绿色时报，2012-08-13

［42］林方．中国南方最长的森林铁路——建西林区铁路．中国绿色时报，2009-12-03

［43］樊宝敏，李智勇．中国林业生态史引论．北京：科学出版社，2008

［44］赵小鹏，杨文基，梁海鸥．怀化民俗．北京：线装书局，2007

［45］黄任远，那晓波．鄂温克族．沈阳：辽宁民族出版社，2012

［46］王为华．鄂伦春族．沈阳：辽宁民族出版社，2012

［47］北京古树管理处．北京古树古木故事多．中国绿色时报，2007-10-08

［48］重修西天目山志编纂委员会．西天目山志．北京：方志出版社，2009

［49］吴楚材，吴章文，罗江滨．植物精气研究．北京：中国林业出版社，2006

［50］祁承经，林亲众．马尾松——新变种．植物研究，1988，8（3）：143-145

［51］吴章文，吴楚材，陈奕洪，等．8种柏科植物的精气成分及其生理功效分析．中南林业科技大学学报，2010.30（10）

［52］国家林业局．中国树木奇观．北京：中国林业出版社，2003

［53］［美］W. 爱博哈特．陈建先译．中华文化象征辞典．长沙：湖南文艺出版社，1990

［54］世界自然保护联盟保护区管理分类体系的新指南．2008年第四届世界自然保护大会

［55］蒋明康，王智．我国自然保护区分级分区管理制度的优化．环境保护，2006，11A：35

［56］叶万辉．中国自然保护区建设、管理回顾与国际管理思维．见：叶万辉．栉风沐雨，开创进取．广州：广东科技出版社，2012：57-58

［57］环境保护部自然生态保护司．全国自然保护区名录．北京：中国环境科学出版社，2012

［58］周生贤．在自然保护区发展五十周年纪念大会上的发言．环境教育，2006，11：6

［59］方叶．一个村级森林公园诞生记．中国绿色时报，2007-08-31

［60］查尔斯．E．利特尔．余青，莫文静，陈海林译．美国绿道．北京：中国建筑工业出版社，2013

［61］周亚琦，盛鸣．深圳市绿道网专项规划解析．风景园林，2010，5：45-46

［62］费世民．竹类生态研究．北京：中国林业出版社，2011

［63］陈其民．观赏竹配置与造景．北京：中国林业出版社，2007

［64］奉树成．竹趣雅谈．上海：上海科学普及出版社，2011：10

［65］杜佑（唐）．通典．北京：中华书局，1984：160

［66］赵世荣，谢朝柱．中国现代竹业概论．长沙：湖南人民出版社，2012：192

［67］陈佐忠．走进草原．北京：中国林业出版社，2008：1

［68］李凤彬．草原文化研究．北京：中央编译出版社，2010：3

［69］陈寿朋．草原文化的生态魂．北京：人民出版社，2007：114-117

［70］王玺，师尚礼，张德罡．藏族的草原游牧文化（Ⅳ）．草原与草坪，2011，31（4）：90-91

［71］李世东，陈辛良．新中国生态演变60年．北京：科学出版社，2010：159

［72］赵哈林，赵学勇，张铜会，等．我国西北干旱区的荒漠化过程及其空间分布规律．中国沙漠，2011，31（1）：

[73] 王文彪. 荒漠化防治. 呼和浩特：内蒙古大学出版社, 2011：序 1

[74] 李江风, 魏文涛. 荒漠生态气候与环境. 北京：气象出版社, 2012

[75] 陈克龙, 苏旭. 生物地理学. 北京：北京科技出版社, 2013：148-149

[76] 海唐码城邦咨询有限公司北京分公司. 新疆自助游. 北京：人民邮电出版社, 2013

[77] 海唐码城邦咨询有限公司北京分公司. 甘肃自助游. 北京：人民邮电出版社, 2013

[78] 海唐码城邦咨询有限公司北京分公司. 宁夏自助游. 北京：人民邮电出版社, 2013

[79] 张一诺. 温总理的胡杨情. 中国绿色时报, 2009-02-18

[80] 丁付林, 张一栗. "胡杨精神"造就新的额济纳. 中国绿色时报, 2009-11-03

[81] 李发明, 张莹花, 贺访印, 等. 沙产业的发展历程和前景分析. 中国沙漠, 2012, 32（6）

[82] 刘青松. 湿地与湿地保护. 北京：中国环境科学出版社, 2003：9-13

[83] 于洪贤, 姚允龙. 湿地概论. 北京：中国农业出版社, 2011：4-5

[84] 吕宪国. 湿地生态系统保护与管理. 北京：化学工业出版社, 2004：13-15

[85] 刘子刚, 马学慧. 中国湿地概览. 北京：中国林业出版社, 2008：19

[86] 吴锋. 第二次全国湿地资源调查结果公布. 中国林业, 2014, 1：16-17

[87] 闫传佳, 林海翔. 城市经济·中国魅力城市·呼伦贝尔指南. 呼和浩特：内蒙古出版社, 2007

[88] 但新球, 吴后建. 湿地公园建设理论与实践. 北京：中国林业出版社, 2009

[89] 李宗新. 再论水文化的深刻内涵. 水利发展研究, 2009, 7：79-80

[90] 蔡克骄, 刘同彪. 民代温州民俗文化. 北京：北京知识产权出版社, 2011：191

[91] 绍兴市镜湖新区管委会. 镜湖湿地文化. 杭州：西泠印社出版社, 2006

[92] 吴胜兴. 100 条江河湖泊. 南京：河海大学出版社, 2009

[93] 唐靓. 巧妙布局借物言志——范仲淹《岳阳楼记》赏析. 秘书工作, 2007, 7：41-42

[94] 崔丽娟. 湿地北京. 北京：北京美术摄影出版社, 2012

[95] 李永旺. 阳光下的青海湖. 中国绿色时报, 2007-10-8

[96] 刘四运. 水科学与水文明. 合肥：合肥工业大学出版社, 2011

[97] 张光义. 河之思. 郑州：黄河水利出版社, 2009

[98] 杨玉经. 黄河文化研究. 银川：宁夏人民出版社, 2012

[99] 李宗新, 闫彦. 中华水文化文集. 北京：中国水利水电出版社, 2012

[100] 姜文来, 袁军. 湿地. 北京：气象出版社, 2004

[101] 金强. 中国的海洋. 长春：吉林出版社, 2012

[102] 殷庆威, 杨立敏. 简明海洋文化普及读本. 青岛：海洋大学出版社, 2012

[103] 孙立新, 曲金良, 修斌, 等. 海洋历史地理论. 济南：山东教育出版社, 2010

[104] 曲金良. 海洋文化百科知识. 长春：吉林人民出版社, 2012

[105] 侯国祥, 王志鹏. 海洋生物与环境. 武汉：华中科技大学出版社, 2013

[106] 于洪贤, 姚允龙. 湿地概论. 北京：中国农业出版社, 2011

[107] 刘文胜. 神奇的红树林. 厦门：海峡出版社发行集团, 2011：46-55

[108] 金强. 中国的海滩. 长春：吉林出版集团有限公司, 2012

[109] 柳河勇, 华海坤. 海洋文化研究与海岛调查. 北京：海洋出版社, 2012

[110] 张耀光. 中国海岛开发与保护——地理视角. 北京：海洋出版社. 2012

[111] 司徒尚纪. 中国南海海洋国土. 广州：广东经济出版社, 2007

[112] 杨宁. 浙江沿海地区海洋文化资源调查与研究. 北京：海洋出版社，2012

[113] 青岛市"益民书屋"适用图书系列读书编委会. 简明海洋文化普及读本. 青岛：中国海洋大学出版社. 2012

[114] 张开城. 海洋社会学概论. 北京：海洋出版社，2010：163

[115] 曲金良. 海洋文化百科知识. 长春：吉林人民出版社，2012

[116] 丁玉柱，朱玉芬，杨桂荣. 海洋文化. 广州：中山大学出版社，2013

[117] 刘志达，冯蕾. 郑和远航：伟大的和平使者. 光明日报，2005-02-22

[118] 吴晗. 十六世纪前之中国与南洋. 清华学报，1936，11（1）：137-186

[119] 司徒尚纪. 中国南海海洋文化. 广州：中山大学出版社，2009

[120] 沈国英，黄凌风，郭丰，等. 海洋生态学. 北京：科学出版社，2010

[121] 辛仁臣，刘豪，关翔宇，等. 海洋资源（第三版）. 北京：化学工业出版社，2013

[122] 唐启升. 中国区域海洋学——渔业海洋学. 北京：海洋出版社，2012

[123] 辛仁臣. 海洋资源. 北京：海洋出版社，2008

[124] 苏群. 浙江海洋文化产业发展研究. 北京：海洋出版社，2011

[125] 张开诚，徐质斌. 海洋文化与海洋文化产业研究. 北京：海洋出版社，2008

[126] 张开诚. 海洋社会学概论. 北京：海洋出版社，2010

[127] 黄鸿钊. 澳门海洋文化的发展和影响. 广州：广东人民出版社，2010

[128] 张伟. 浙江海洋文化与经济. 北京：海洋出版社，2011

[129] 易茗. 大爱弥天. 电视剧《妈祖》主题曲，2012

[130] 隗芾. 中国海洋文化与潮汕. 汕头：汕头大学出版社，2011：30-31

后　记

　　我，湖南慈利人，生于 1940 年，2010 年退休，是一个从事自然科学教学与研究的大学教师，可以说是一个有点文化的人。退休后，周围环境条件有所改变，如果继续原来的工作，缺乏实验条件和人力资源，而我又是一个精力充沛、不甘寂寞的人，总想还干点什么，琢磨很久后选择了社会科学研究。当今社会是一个各种文化、文明大融合的社会，其中生态文明当仁不让的成为了主流文明。因此，我尝试开始将自己所学的自然科学与社会科学相结合，以"生态文化"为主题展开跨学科研究。之后，我开始广泛搜集和学习文化方面的知识，买了好多文化方面的书籍，经常泡在国家图书馆，早上六点多出家门，不到九点钟就守在国家图书馆门口等待开门，中午不出来，晚上闭馆才依依不舍的地离开。因为我不是北京人，近几年平均每年在北京居住的时间不到半年，能去国家图书馆读书的时间并不充足。书读不够，于是我复印了许多书籍、杂志、报纸等相关材料带回常住地长沙阅读，越读越发现自己这么没"文化"。"文化"知识浩瀚如海，深不可及。博大精深、光辉灿烂、历史悠久、延绵不断的中华文化，有取之不尽的知识和力量。越学越有兴趣，越学越感到自己文化素养不足，甚至是"无知"。

　　从 2011 年年初开始，我结合过去所从事的专业，围绕"生态文化"这一主题，着手开始研究，之后的三年，我边学习，边整理，撰写成这本《生态文化概论》，权当是学习小结，是我步入社会科学领域所做的第一份试卷，留下的第一个脚印。

　　我深知自己的"无知"，从现在开始，我将继续致力研习文化和历史知识，充实和提高自己，在"义化"大洋里不断求索、进取。

　　感谢文化领域的前辈和同仁们，为我的学习和探索，提供了丰富多彩和宽阔无际的知识源泉。感谢在此书撰写过程中帮助和支持过我的各位朋友，谢谢！期望得到前辈们的指导和支持，以及同仁们的帮助与指正！

　　在此，再次致以深深的感谢！致礼！

2014 年 6 月 15 日